CONTINGENCY FAMILY

权变型家庭

中国农村家庭的结构流变与伦理实践

王欣 ◎著

北京大学出版社

图书在版编目(CIP)数据

权变型家庭:中国农村家庭的结构流变与伦理实践/王欣著. —北京:北京大学出版社,2021.11

ISBN 978-7-301-32552-0

Ⅰ.①权… Ⅱ.①王… Ⅲ.①农户—家庭—社会变迁—研究—中国 Ⅳ.①D669.1

中国版本图书馆 CIP 数据核字(2021)第 192774 号

书　　　名	权变型家庭:中国农村家庭的结构流变与伦理实践 QUANBIANXING JIATING：ZHONGGUO NONGCUN JIATING DE JIEGOU LIUBIAN YU LUNLI SHIJIAN
著作责任者	王　欣　著
责任编辑	尹　璐
标准书号	ISBN 978-7-301-32552-0
出版发行	北京大学出版社
地　　　址	北京市海淀区成府路 205 号　100871
网　　　址	http://www.pup.cn　新浪微博:@北京大学出版社
电子信箱	sdyy_2005@126.com
电　　　话	邮购部 010-62752015　发行部 010-62750672 编辑部 021-62071998
印　刷　者	三河市博文印刷有限公司
经　销　者	新华书店
	965 毫米×1300 毫米　16 开本　21 印张　244 千字 2021 年 11 月第 1 版　2021 年 11 月第 1 次印刷
定　　　价	69.00 元

未经许可,不得以任何方式复制或抄袭本书之部分或全部内容。
版权所有,侵权必究
举报电话:010-62752024　电子信箱:fd@pup.pku.edu.cn
图书如有印装质量问题,请与出版部联系,电话:010-62756370

探问中国式家庭的韧性（代序）

王欣女士的博士论文要出版，嘱我作序。博士论文是一个人对于自己青年时代学术思考的最高总结，我不敢说作序，却是想要借此机会发表自己关于家庭问题的看法，也是在阅读之后引发的一个思考。

王欣在这本书中很有创意地提出一个"权变型家庭"的概念来理解当代农村家庭形态，一种个体已经崛起但整体依然存在的状态。在长距离大范围的流动和谋生的过程中，中国人的家庭尤其农民的家庭承受了巨大的压力，一个个纤微的"家"驮负着巨大的社会整体缓慢地前行。如果要来比喻这种重压下的家庭，大概要这样说：打断了骨头连着筋，打断了筋还连着肉。过年的时候坐在一桌的8个人平时可以是生活在7个地方的，类似的情况绝不鲜见。但毕竟也还有一种力量，让他们还是要坐在一起吃顿饭。从8个人住在1个地方到8个人住在7个地方，其中的组合模式非常之多，加上利益和情感的因素，组合就更多。关键是，这些组合是会变化的，要根据具体情况来作出调整，所以王欣称之为"权变"。

如果说是权变，其实还是在一定程度上假设了一个能够权变的家庭实体。为什么家庭关系能够经得起如此的拉扯而不容易彻底断掉？显然，不能认为这是人类家庭的普遍和永恒的必然，家庭制度

权变型家庭：中国农村家庭的结构流变与伦理实践

本身也难说会永恒存在。这种能够权变的家庭一定是特殊的，在特殊中有普遍的条件，所以，还必须说明这种权变型家庭背后的普遍条件。

一、家庭韧性的两种模式

家庭貌似实体，其实也是一个关系中的存在。它是个人、私人生活圈子、公共生活、宗教、国家等非常多的因素的复合体，这里列出的是我想要用到的因素。按照人们的交往模式，从这些因素中可以组合出两种基本的活法：以私人生活为中心与以公共生活为中心。在很大程度上，家庭的韧性其实出自活法的韧性。在这两种活法中的家庭的韧性是不同的，前者的韧性会更加强大，一般中国人的活法属于前一种。

这个区分并不是全新的。在弗朗西斯科·福山那里区分了低信任的社会和高信任的社会，其中低信任的社会就是家庭和国家都很强大，但是中层结社稀少的社会形态，高信任社会则几乎与此相反。福山认为像华人社会、拉丁天主教国家都类似于这样的低信任社会，而日本、德国和美国则属于高信任的社会。这种差异也解释了为什么在华人社会中，大企业稀少，如果有的话通常也就是国有企业，而在日本这样的国家中能够建立起理性化的大企业。我们不能不赞叹西方主流思想家的理论建构能力，这是我们相当欠缺的。不过，他的这种理解也让人诟病，因为，在中国这样的社会中，固然我们对于陌生人的防范心在刚开始接触时是很强的，但是，我们对于熟人的信任恐怕也是日本人学不来的。正如梁漱溟所说，中国人固然是有自私的时候，但无私的时候也真的很无私。福山急于作出价值评价，断定是非好坏。如果撇开这种倾向，我们得承认中国人的活法确实是更加依靠私人交往的，似乎公共生活处于自己的生活之外。

学术界一直都将中层结社的发育看作现代社会的标配，汉语称为"社会发育"，并将社会发育写进社会现代化的时间表中。福山这么一说倒是启发我们提出一个问题来：我们能将自己的活法"发育成"高度依靠公共生活的模式吗？笔者是不太相信这一点的。如果真能如此，王欣女士的权变家庭观也要受到挑战。

这就要问以私人生活为中心的活法之韧性出自哪里。在很大程度上就出自家庭中。爱德华·班费尔德在《落后社会的道德基础》(*The Moral Basis of a Backward Society*) 一书中，毫不客气地提出一个说法："无道德的家庭主义"，用于描述意大利南部乡村社会中公德缺失的情况。可见他也是将问题的焦点归结到家庭中。笔者很纯粹地同意他将这种以私人生活为中心的活法归因到家庭上来，但很不同意这种对别人的活法"恨铁不成钢"的文明评判员心态。

从一种整体的活法进入到家庭中，还可以再往前走一步，就是从伦理走到心理中来。笔者有一个大胆的想法，称为"人心的父母之门"。人的恋父恋母情结是天生的，或者如弗洛伊德所说是在幼儿时期形成的，总之是人的社会化的起点状态。这种心理无疑也是一种动力，运用得好是好事，否则就是坏事。但这种心理本身看上去并不是一种纯粹的好东西，因为它涉及贪欲与性欲。

一种做法就是阻止这种恋父恋母情结的发展，从幼儿期开始，尤其在青春期拉开与父母的心理距离，所谓父母就是与自己有特殊关系的男人和女人。这就是没有通过"父母之门"，折向了自我的人格独立性。另一种做法是顺应这种恋父恋母情结的发展，但是限制它的发力方向，使之具有建设性。比如增加感恩心，将天然的恋父恋母情结转化为对父母的孝敬。我们说中国人的文化是顺乎人情，

权变型家庭：中国农村家庭的结构流变与伦理实践

首先就是从这里开始的，我们保护了人对于父母的天生的依恋。顺乎人情使得人情通过了"父母之门"，理想人格的设定就不是人格的独立性，而是人格的完整性。我们获得了建立各种紧密私人关系的通行证。对父母的关系就是对一切权威关系的原型。父母获得了权威后，又会要求子女和睦相处，和兄弟姐妹的关系就是一切同事关系的原型，以此类推，将所有的熟人关系都抹上了一层亲厚之谊。由于这种关系网的功能很强大，在传统社会甚至可以说是包罗万象，那么和陌生人的公共交往确实也就不那么重要。

完美的人格可能是既独立又完整的，中国人的出发点是人格的完整性，欧洲人的出发点是人格的独立性。只强调某一方面都是不合理的，我们都必须寻找一种独立和完整之间的平衡，对不同的文化和不同的具体的人，这个平衡的方案是有差异的。人类活法的核心就是这个人格平衡的方案，一定要说什么方案更加优秀，或者代表了未来，是很难站得住脚的。我们只能说，在每一个文化中，这个平衡方案的格局都是有很多级别的，普通人只能在一个较小的格局里做到独立和完整的平衡，而非凡的人可以在非凡的格局中实现它。

为什么有些文化会鼓励人心通过"父母之门"，而另一些文化却不鼓励呢？如果按照梁漱溟的解释，估计他会说是因为宗教。中国文化以伦理替代了宗教，结果就形成一个路径依赖。但是意大利南部、中部和北部的差异却部分地挑战了这个说法。意大利南部、中部是以私人生活为中心的活法，而北部却是以公共生活为中心的。福山认为意大利中部与中国更加类似，私人生活更加发达，家族活动更加有活力，而意大利的南部私人生活也不是很发达，人们更加局限于狭隘的小家庭生活中。原因是南部曾经有更加悠久的王权绝对主义，文艺复兴的风气对南部影响很小。而中部和北部有更早的去中央集权化，尤其是意大利中部，既享有了北部的相对自治，受到了文艺复兴的反神学熏陶，同时，也受到来自南部的家庭主义传统的影响，相对而言，其宗教信仰和王权都不是很强大，才能造就这种以家庭为中心的私人生活的发达状态。有这两点还不够，让子女孝敬父母，不仅因为父母的权威，还有外在的权威的支持，比如国家或者教会鼓励孝敬父母。在中国，是国家提倡的儒家伦理在鼓励孝敬，在意大利则是天主教会在鼓励孝敬。

在笔者看来，存在鼓励孝敬的外部权威是形成中国式活法的主要因素，宗教信仰与王权的影响力属于次要的因素。穿越"父母之门"要经过两个阶段：在第一个阶段，文化模式中对于人格的设定，使得孩子从小就生活在一个注重伦理和关系的氛围里，他们总是被当作一个"小孩"或"晚辈"看待，而不是一个人格独立的作为儿童的"人"。在第二个阶段，这种人格设定必须面对青春期的叛逆，乃至于在成年期中，也会存在种种背离人伦的情况，比如不孝敬父母。必须存在一种机制阻止这种叛逆，这就需要一些社会强制措施。尤其是，伦理不是宗教，它强调的是人心的发挥，它缺少一种宗教的神秘约束，结果对于外来的约束就更加依赖。所以，五四运动以来的中国人会说中国的伦理压抑人性。吴飞的作品《人伦的"解体"：形质论传统中的家国焦虑》也是延续了这个说法，但是，我们不要忘记了中国人的伦理是顺应人情而来的。

二、更换活法需要的条件

通过以上的分析，我们已经能够理解，要保持这种中国的传统家庭伦理，其实非常艰难。今天的社会不容易再形成一种强制性机

权变型家庭：中国农村家庭的结构流变与伦理实践

制来保护这种家庭伦理。当父母从传统的人格出发，对子女倾尽全力之后，却无力处理子女的心理叛逆，期盼的孝敬到处落空。子女从传统社会中的"资产"变成现代社会中的"债务"。转过来又改变了新一代父母的心理预期。他们会减少生育，会减少对子女的心理期待，早早地通过社会化的方式准备好自己的养老，这同时也意味着不能继续毫无保留地对待子女。同时，我们也看到了家庭的个体化，尤其是夫妻之间的财产共同体的瓦解，他和她不仅各自谋生，而且各自存钱，各自照顾各自的老人。在手机时代，交往活动延伸到业余时间中，夫妻两人坐在一起，也是心不在焉地各自划拉手机。中国的家庭看上去确实走向了个体主义。虽然这不是普遍的现象，但确实已经形成了一种趋势。在阎云翔看来，中国人的家庭正在从"无道德的家庭主义"走向"无公德的个人主义"，看上去真是非常糟糕。

但是，有很多的研究不同意阎云翔的悲观看法。我们团队的陈辉在《过日子：农民的生活伦理》这本书中观察了中国中部地区乡村依然存在的"过日子"的伦理。在王欣的研究中，看到的是主干家庭的苦苦支撑。尤其是作为长辈的父母或爷爷奶奶们对于家庭的坚守。他们承受了家庭个体化带来的各种风险，比如子女的家务、留守的孩子，还有结婚不成家的种种牵扯等。这里面有一种看问题的角度的差异：如果我们从小家庭的父母一方来看，就会看到更多的家庭主义的实践；如果从小家庭的一方来看，就会看到更多的个体主义的实践。但中国的家庭确实是双层的，是大小搭配的。会不会随着时代的推演，这些小家庭将来再也不会复制今天的大家庭的行为模式呢？

首先，我们要看中国家庭发挥的宗教功能如何替代。以伦理代宗教，伦理就有宗教功能，尤其是父权制的家庭更是具有宗教功能，人们通过父亲和自己的祖先联结，建立程度不等的祖先崇拜。我们团队的莫艳清的一项研究发现，在人情更加理性化的江南地区，夫妻双方各自在自己的原生家庭做主要继承人，如果下一代是两个孩子，那么，两个孩子一个随父姓一个随母姓，形成所谓"两边开门"的婚姻制度。尽管小家庭看似高度个体化了，但原生家庭的完整性得到了强化，同时也强化了基于宗祧继承的家门意识。这种解决方案不会遍及全国，它更多地适合人口流入型地区。在王欣研究的人口流出型地区，小家庭和大家庭在空间上会有很大的距离，而且原来的大家庭也没有多少财产，无所谓"开门"与否，关键是小孩子给谁带。伦理衰落，宗教应该会得到更多的发展机会。在十年前，我们看到很多农村老人在子女离开后选择加入宗教组织，从中获得心理的慰藉。但是，近几年的变化很大，世俗生活迅速地变得非常丰富多彩，各种消费活动占据了原来用于思考玄妙问题的时间和心情，这种生活模式通过移动互联网深入到中国社会的每一个角落。在中国，宗教不会获得广泛传播的机会。家庭的宗教功能尽管是衰落了，但是，这个衰落不是无限制的。在这方面，中国很不同于基督教发达的韩国。我们可以思考，手机的发展对于家庭伦理和宗教发展的负面影响到底哪一方更加严重？对此，我们暂时还没有答案。

其次，另有一个事实是很值得注意的：以往我们会关注中国人对于长辈的孝敬，但实际上，中国人对于自己子女的责任心也非常突出。比较典型的就是世界各地的华人社会对于孩子教育的普遍重视。各种调查都证明：华人社会是更愿意在孩子身上投资的群体。笔者曾经做过一项研究，考察经过集体化的生活实践之后家庭伦理的韧性，得出集体化构成了对于中国家庭伦理的严峻考验的结论，并记录了检验数据。统计发现，最能解释人民公社晚期家庭经营大发展的因素不是通常所说的人地关系的紧张，而是家长的人生任务

权变型家庭：中国农村家庭的结构流变与伦理实践

的大大增加，这是通过婚龄子女的数量来体现的。也就是说，自上而下的责任感远比自下而上的孝道顽强。这是为什么呢？是因为一种生存焦虑感？或是对于人格的完整性的过于关注转移到了下一代？或是因为体力上的相对弱势使得对于智力上的强势更加执着？显然，这个现象的背后也设定了对于去家庭主义的一个限制。

最后，我们还要在家国关系中看待家庭主义的前途。中国人注重人情关系的人际交往模式出于中国人的家庭伦理，源于中国人通过了人心的"父母之门"。我党的群众路线就建立在这种注重人情关系的文化上。否则，一个共产党的扶贫干部甚至走不进普通群众的家门。即使走进了家门，帮扶也未必能得到感恩。我们难以想象，一个人如果对于父母之恩都不肯去报答，又怎么会去感恩一个组织？这种恩报关系如果瓦解了，绩效合法性也就失去了它的文化基础。在这里，我们会看到家庭主义衰落的一个社会底线。实际上，国家已经在采取一些措施阻止家庭的瓦解。如果说乡村都应该振兴，那么，家庭伦理的维护也就是自然而然的了，因为家庭和乡村都是我们这个社会的根基和后方。

如果中国人还是注重人情关系的话，那么，中国的治理体系就可以延伸到每一个人的身边，对每个人进行差异化的对待。中国的社会原型是一个"具象的社会"，国家直接面对每一个有差别的个人。相比较而言，西方社会是"抽象的社会"，人们通过中层结社来面对国家，结社的过程就是一个将人抽象化的过程。比如，一个渔业协会中的每一个会员就不是一个具体的真实的人，而是一个"从事渔业的人"。我们不能认为一个具象的社会就一定是低级的，而抽象的社会就一定是高级的。偏重家庭主义和具象的社会一起构成了我们的活法的主干，在这种活法里，我们建立人格独立和完整之间的平衡。

三、要重建亲子关系中的施受平衡

家庭的韧性已经到了一个崩断的边缘，有些家庭的韧性已经崩断，无论是夫妻之间还是代与代之间。有人说，根本就没有什么爱情，也没有什么婚姻。有的父母看上去很愿意为孩子花钱，但是他们不肯在孩子身上花时间。把孩子交给市场化的教学与娱乐机构，这到底算不算是对孩子负责？这是可以讨论的。总的来说，从中西部乡村的留守老人到大城市用补习取代亲子互动的白领，我们都看到了一种单方面的付出，这是贺雪峰领衔的"华中乡土派"所总结的"恩往下流"现象。贺雪峰的看法是，中国人的代际关系将要从厚来厚往，转到厚往薄来，再到薄来薄往。笔者对此看法有所保留。因为，我们看到海外华人也和我们大城市的白领一样，在孩子身上寄托了宗教般的热情。所谓华人社会重视教育，其实也就是这种单方面付出的一个效果。所以，中国人的家庭伦理是衰落了，但不能说它就会转型成西方家庭关系一样的平等和平淡。

如果我们还是要在中国人的活法中寻找进一步自我完善的空间，当前要解决的问题的症结，可能就不是如何让家长放下责任感，去和孩子发展平等的亲子关系，而是如何重建亲子关系中的施受平衡。施受平衡是人际关系中的基本准则，长期处于施受不平衡的关系中，对于人的心理健康是一个考验。所以，"恩往下流"不仅仅不符合伦理，实际上也危害心理健康。强调施受平衡不是说要重建孝道，而是说要培养孩子对于家庭的责任感。这是一个复杂的专业的问题，教育专家会有很丰富的想法。这里笔者认为最应该做的事情是让孩子参与家务劳动。

权变型家庭：中国农村家庭的结构流变与伦理实践

有的家长为了让孩子搞好学习，通常就会包办所有家务，对孩子说："你只要把学习搞好，其他什么都不要你做"。这看上去是在爱孩子，但它的后果，真是很糟糕。而且，以后即使有心让孩子做家务，孩子不愿意的话，家长也没有办法。最近国家出台规定，说是要在学校里开劳动课，可见劳动在教育中很重要。但是，这个做法很容易沦为形式主义，劳动课必定会比体育课和音乐课更加容易被主课占用。孩子的劳动可以分为三种：家务劳动、社区劳动和学校劳动。在上海，学校一直有让孩子参与社区公益的要求，这是一个不错的探索，但也容易流于形式，比如孩子到社区盖章，却没有劳动。如果提倡家务劳动，不仅仅是劳动，也是在提倡感恩和报恩。如果能够解决考核环节的问题，这种做法对于扶正亲子关系将会非常有帮助，这会成为国家体制帮助建设家庭伦理的一个极佳抓手。

以上从抽象的理论问题到具体的实施建议，谈了不少。但也不可能把中国式家庭的韧性问题谈清楚。不过，我和王欣一样，都对于中国家庭的未来抱有谨慎的有条件的乐观心态。家是中国人活法的核心，家庭好了，人生幸福就不远了，社会和谐也不远了。讨论这样的话题不能当作单纯的学术问题来谈，一定要有温情。笔者在此诚恳地希望王欣在家庭问题上继续探索，在这个巨变的时代帮助中国人理顺活法，让更多的家庭能够和睦、幸福！

熊万胜

2020 年 11 月 13 日

前　言

中国当代农村家庭在社会变迁的过程中并非单向度个体化趋势，而是有本土化特色的。它从传统伦理一体的结构中走来，正经历着现代化的社会转型，未来将走向何处，只能从多元而复杂的本土实践中去寻找线索。

本书以与日常生活密切关联的血缘直系家庭为基本分析单位，以豫北林村的日常生活实践为线索，将家庭的结构转型的研究从静态的、宏观的分析转向动态的、微观的解析，把外在的人口结构、空间格局的变动和内在的经济、权力、人情结构分析相结合，以此全面剖析转型社会中农村家庭的生活实践样态。本书试图以村庄为切入点，在对林村13个生产队的个案研究基础上，提炼出对当地农村家庭结构、关系和伦理的一般性理解，并提出"权变型家庭"的概念和分析视角。

权变本身就是一种将个体和结构进行弥合统一的分析视角。在市场化流动背景中，家庭成员的外出务工导致人员结构的不断变动，家庭功能受到威胁，如何兼容个体成员的需求和家庭的整体利益，便成为每个家庭应对这场千年未有之大变局的实践起点。在中国农村家庭中，从青年到老年，已经被现代化洗礼的成员个体都在追求独立和自由，但面对市场化和城市化竞争又具有天然的依附性，个

权变型家庭：中国农村家庭的结构流变与伦理实践

体既独立又依附的双重属性使家庭结构因个体生存需求而合，因独立自由追求而分。家庭成员在主客观因素的共同作用下达成对家庭生活的权宜性安排和阶段性调适，在夫妻和代际的不同分工领域中便形成了灵活多变的伸缩结构和权力关系。而受城市化、市场化发展的影响，发生在村庄内和家庭中的婚嫁、抚幼和养老伦理在实践中发生了名与实的错位，传统儒家的基本道德规范被现实中多样化的实践方式所替代。

现代农村家庭在日常生活实践中的动态权变跨越了个体主义和家庭主义的二元论争，并于生活中达至共存之势，表现为家庭结构的灵活变动和家庭伦理功能的多样化实践。它的形成既是崛起的个体主动塑造的结果，又是在国家体制和市场竞争结构下被动适应的产物。一方面，在发展的现代化进程中，成员个体对独立自由的追求深深影响了生活领域的日常实践，周全个体发展和家庭完好运转的现实需求成为结构和关系不断调整的缘由之一；另一方面，家庭作为承载人口再生产的单元体，其自身的发展需求使之在转型社会中不得不以变通形式以维系基本的伦理功能，这是个体和家庭发展的共识所在。因此，家庭伦理的维系既是个体之需又是家庭绵延之责，既是被动的又是主动的。在城市化和市场化的冲击中，农村家庭既主动又被迫联合代际之力共同承接现代化的风险，家庭的工具性价值由于血缘直系家庭内父子轴的代际联合而表现出极强的韧性，并构成了转型社会的最大缓冲带，成为关乎社会秩序与稳定的基石。

目 录
CONTENTS

第一章　现代化进程中的中国家庭 // 001
　　第一节　问题及缘起 // 003
　　第二节　现代化家庭变迁的文本叙事 // 006
　　第三节　理论视角与核心概念 // 031
　　第四节　田野与方法 // 040

第二章　权变型家庭的理论与现实 // 055
　　第一节　"权变"概念的语词辨析 // 058
　　第二节　权变型家庭的理论辨析 // 067
　　第三节　现代农村家庭之权变 // 082

第三章　个体婚嫁与家庭谋略 // 097
　　第一节　家庭关系中的青年个体 // 100
　　第二节　多元的婚恋模式 // 109
　　第三节　多重价值充斥的婚嫁伦理 // 124
　　第四节　非个体化的个体 // 135

第四章　成家：家庭内部的结构演变 // 139
　　第一节　经济单位的伸缩延展 // 142
　　第二节　家庭权力的动态平衡 // 155
　　第三节　人情交往的双元结构 // 170

第四节　结构与关系的平衡 // 187

第五章　分家：时分时合的生活模式 // 191
　　第一节　分而不分的家庭结构 // 194
　　第二节　不同节点的聚与散 // 199
　　第三节　合中有分的幼代抚养 // 209
　　第四节　分中有合的亲代赡养 // 219
　　第五节　流变的结构与实践的伦理 // 238

第六章　权变逻辑下的个体与家庭 // 243
　　第一节　农村家庭权变的结构表征 // 247
　　第二节　农村家庭权变的内在逻辑 // 255
　　第三节　个体主义与家庭主义的兼容并蓄 // 265

第七章　转型社会中权变型家庭的形成机制 // 269
　　第一节　迈向城市化的结构性压力 // 271
　　第二节　市场化流动中的个体困境 // 275
　　第三节　国家制度体系下的福利家庭需求 // 281
　　第四节　村庄场域中的伦理规则与家庭实践 // 286

结　语 // 293
　　第一节　权变型家庭的韧度与限度 // 295
　　第二节　中国农村家庭的权变与本土化转型 // 301

参考文献 // 307

后　记 // 320

第一章
现代化进程中的中国家庭

第一节　问题及缘起

家庭是中国社会的细胞,是中国人最基本的生活单位,[①] 每个人都从家庭中来,最终还要回归到家庭中去。传统时期,家庭嵌套于稳定的熟人村落中,人员结构、关系、资源是静态、低流动的,尊卑有序的伦理纲常和村落人情体系共同塑造了稳定的家庭结构与秩序,使之承担起国家的政治伦理、社会管理、赋税徭役、法律和福利功能。[②] 随着市场化的到来,工业经济和现代化进程为社会发展注入高速流动剂,原有的稳定、低流动状态被打破,"变"成为时代的特写。

当下中国处于"千年未有之大变局",社会剧烈转型,人员高速流动,家庭也面临着巨大变动——原本结构稳定、关系紧密、功能齐全的家庭变得日益松散。农村家庭呈现出人口规模减小,关系简

---

① 费孝通:《论中国家庭结构的变动》,载《天津社会科学》1982年第3期。
② 孟宪范:《家庭:百年来的三次冲击及我们的选择》,载《清华大学学报(哲学社会科学版)》2008年第3期。

权变型家庭：中国农村家庭的结构流变与伦理实践

化，结构小型化、核心化的特征；① 个体更加关注个人的情感和欲望，家庭向资源供给场和情感生活的私人领地蜕变。② 婚后即分家的现象日益普遍；③ 农村家庭开始出现人口与户籍、居住与休闲、吃与住相分离的结构性变动，核心小家庭在直系大家庭中呈现"时分时合""疏而不离"的多元流变形态，甚至连最具稳定性的父母子（女）三角结构也因代际的市场化流动削弱了其固有的稳定性，"变"同样成为家庭的现代特征。然而，在这样一个瞬息万变的时代，作为人类基本单元的家庭并没有出现大面积的混乱和失序，家庭中"无公德的个人"也有待验证。一方面，个体的崛起对家庭的冲击有目共睹，另一方面，家庭依然作为一个稳定有序的单元体在有效地运转着。那么，家庭是如何调适内部的利益与变动，权衡个体与家庭需求，使之以一种相对均衡的状态继续维持其基本的稳定与秩序呢？本书正是基于这一主题而展开的实证调研和逻辑思考。

转型时期，对家庭造成重要影响的无外乎市场经济的形塑、国家行政力量的改造、传统文化的绵延维系和西方意识形态与价值观

---

① 邓伟志、徐新：《当代中国家庭的变动轨迹》，载《社会科学》2000年第10期；潘允康、林南：《中国城市现代家庭模式》，载《社会学研究》1987年第3期；王跃生：《当代中国家庭结构变动分析》，载《中国社会科学》2006年第1期；徐安琪：《对家庭结构的社会学与人口学的考察》，载《浙江学刊》1995年第1期；曾毅、李伟、梁志武：《中国家庭结构的现状、区域差异及变动趋势》，载《中国人口科学》1992年第2期；刘英：《中国农村核心家庭的特点》，载《社会学研究》1990年第4期。

② 〔美〕阎云翔：《私人生活的变革——一个中国村庄里的爱情、家庭和亲密关系（1949—1999）》，龚小夏译，上海书店出版社2006年版，第7页；沈奕斐：《个体家庭iFamily：中国城市现代化进程中的个体、家庭与国家》，上海三联书店2013年版，第289页。

③ 〔美〕阎云翔：《私人生活的变革——一个中国村庄里的爱情、家庭和亲密关系（1949—1999）》，龚小夏译，上海书店出版社2006年版，第167页；王跃生：《家庭结构转化和变动的理论分析——以中国农村的历史和现实经验为基础》，载《社会科学》2008年第7期。

念的冲击等，各因素的力量（例如，华南地区的宗族文化影响、华东地区的发达市场经济影响和西北地区的民族文化特色等）强弱不同，对各地区的影响程度亦不同。不同的区域，家庭的转型亦表现出不同的特点。华北地区作为中原农耕文明的发源地，在社会转型过程中，其传统的伦理秩序、人情结构及道德规范因生产方式的延续而得以有效保留。但与此同时，市场化大潮无孔不入的侵入使得村庄里的农村家庭不断改变其原有的形态。当少子化、独子化成为普遍的家庭事实后，农村家庭的生活实践便从横向的兄弟家庭转向纵向的血缘直系家庭，代与代之间的灵活分工与配合将核心小家庭的认同边界打破，深度介入市场经济的成员关系夹杂着多元成分，家庭结构分合流变。那么，家庭内部的分与合、独立与共产是基于什么逻辑而实现的？这种分中有合、合中有分的家庭变动形态在农村得以普遍实现的社会性基础又是什么？是被世人惋惜的日渐淡薄的家庭伦理，还是市场经济所预设的个体本位？显然，不可能是单一因素的决定性结果，而是家庭在传统与现代的张力中不断地自我调适与权变，在多元思潮的共塑中通过兼容传统与现代元素，努力实践的中国家庭本土化变迁之路。

外部世界动荡变迁，家庭内部却通过各种变体依然固守着其作为社会基本单位的稳定性。那么，农村家庭能否以及如何在现代与传统的夹缝中寻求平衡点？又是如何去调和个体发展与家庭利益、权利与义务的？基于此，本书将农村家庭的日常生活实践作为分析的起点，以血缘直系家庭为观察实体，试图去探寻现代农村家庭的权衡基础和权变逻辑，最终描绘出一幅我国农村家庭的本土化变迁图景。

第二节 现代化家庭变迁的文本叙事

1. 关于家庭的定义

家庭虽然是一个古老的话题,但不失其重要性。人类学诞生之初,就把目光锁定在家庭范畴内,摩尔根在考察原始部落遗迹时最先提出人类婚姻家庭的著名进化发展模式"血缘家庭—普纳路亚家庭—对偶家庭——夫—妻家庭"①。同样,列维-斯特劳斯在考察不同地区的部落文化时也发现,家庭生活存在于所有人类社会当中。②

19世纪中叶,西欧学者开始关注家庭的变迁,直到20世纪三四十年代中国的家庭研究才初见成果。纵观国内外学术界关于家庭的研究,家庭的定义主要沿着三个方向展开:一是家庭的历史—文化内涵;二是家庭的构成要素、性质及其功能;三是家庭的结构分类(人口、规模等),以及家户辨析。

从历史进化和区域文化出发,列维-斯特劳斯在亲属关系网络中探寻对家庭的定义,认为家庭是"社会通过庄严宣布,使之在宗教、亲属中建立联系,力图确认子女与父系或母系的亲属关系"③。同样从历史文化视角出发,中国自古便视婚姻家庭为"合两姓之好,上以事宗庙,下以继后世"的和亲与传宗单位,宗族无限繁衍的家系

---

① 〔美〕路易斯·亨利·摩尔根:《古代社会》,杨东莼、马雍、马巨译,商务印书馆2012年版,第437—438页。
② 〔法〕克洛德·列维-斯特劳斯:《遥远的目光》,邢克超译,中国人民大学出版社2007年版,第45页。
③ 同上书,第51—53页。

结构是社会发展的动力所在，家庭只是父子一体无限绵延链条中的一环。① 家庭人丁兴旺可扩展为家族甚至宗族集团，家庭寒门凋敝则收缩为核心三角结构。中国的家庭是一个伸缩性极强的单位，它作为一种具体的文化结构表现在姓氏、宗族和家户之中，作为一个组织单元，它可以发展成一个单姓村落；作为一种象征符号，它可以扩展到国家和社会的秩序组织。② 这样在历史—文化内涵中对家庭进行界定，则家庭的文化意义被凸显而实体意义消失，变成社会发展与国家历史长河中的一个切入点，通过家庭可以理解从宗族、亲属网络扩展至社会的发展结构，却看不到家庭作为一个实体的影子，缺少对其进行实体化的解剖，更看不到家庭内部中的人和关系。可以说，这是一种绝对家本位的文化诠释，在整体结构和集体关系中对家庭进行定位和释义。

在文明起初，地域纽带是家庭的重要特征，古罗马时代，家庭指代一个男人在住所内所有的附属物，包括妻子、子女、奴隶、获得自由身的奴隶及其牲口，直到发展至近代，家庭才被狭义化，指代那些共同居住、具有亲属关系的人们。③ 从家庭的构成要素、性质和功能出发，家庭具有不变的属性：以婚姻为起源，核心成员包括丈夫、妻子和他们的婚生子女（其他亲属也可以参加），并由法律、

---

① 〔美〕许烺光：《祖荫下——中国乡村的亲属、人格与社会流动》，王芃等译，南天书局2001年版，第48—51页。
② 费孝通：《乡土中国》，商务印书馆2018年版，第25—32页；麻国庆：《家与中国社会结构》，文物出版社1999年版，第18页；杨懋春：《一个中国村庄——山东台头》，江苏人民出版社2001年版，第132页；〔英〕莫里斯·弗里德曼：《中国东南的宗族组织》，刘晓春译，上海人民出版社2000年版，第27—30页。
③ 〔德〕乌尔里希·贝克等：《全球热恋——全球化时代的爱情与家庭》，樊荣译，北京大学出版社2014年版，第17页。

权变型家庭：中国农村家庭的结构流变与伦理实践

经济、宗教等权利义务，在性方面准确定义的权利和禁忌体系等因素相连。① 传统社会②的家庭是一个多要素单元，它是家国一体结构中最基本的单位，集生产、生活、消费、分配、宗祧继嗣、娱乐、教育、生育、抚养与赡养于一体，承担了国家政治伦理、社会管理、赋税徭役、法律和福利功能，③ 因此是由多种要素组成的。在乡土社会中，就其构成要素而言，"家庭是一个包括家庭成员、财产、牲畜、声誉、传统和神祇的复杂组织"④，其中，人和土地是传统农村家庭的两大支柱。日本学者滋贺秀三将共同维持家计功能的生活共同体称为"家"，由人和财产共同作用的同居共财构成家庭的核心。⑤ 孔迈隆延续了滋贺秀三的定义，认为"家庭是一个经济合作单位，成员之间具有血缘、婚姻或者收养的关系，并且还有共同的预算和共有财产"⑥，其重要的特征是同财共居。弗里德曼综合不同学者的核心要素，将生计纳入家庭的范畴，认为"家产、群体和生计是构成家庭的三个基本成分"⑦。这样从要素和功能来看，家庭是集多种功能于一体、以人和财产为核心的社会基本单位。就家庭的本质而言，家庭是以婚姻和血缘关系或收养关系为纽带的社会生活

---

① 〔法〕克洛德·列维-斯特劳斯：《遥远的目光》，邢克超译，中国人民大学出版社2007年版，第49页。
② 这里的"传统社会"泛指鸦片战争之前的非现代社会。
③ 孟宪范：《家庭：百年来的三次冲击及我们的选择》，载《清华大学学报（哲学社会科学版）》2008年第3期。
④ 杨懋春：《一个中国村庄——山东台头》，江苏人民出版社2001年版，第47—48页。
⑤ 〔日〕滋贺秀三：《中国家族法原理》，张建国等译，商务印书馆2013年版，第59—64页。
⑥ Myron L. Cohen, *House United, House Divided: The Chinese Family in Taiwan*, Columbia University Press, 1976, p. 57.
⑦ 〔英〕莫里斯·弗里德曼：《中国东南的宗族组织》，刘晓春译，上海人民出版社2000年版，第26页。

组织形式,①是两性结合的生物团体和衣食共同的生活团体,是具有共同预算和共有财产的经济合作单位。市场经济兴起后,学界对家庭进行定义时,在"以婚姻、血缘或收养关系为基础"这一点上达成了基本共识,②但是否同财共居、共灶、共同消费等则存在巨大分歧。现代社会转型过程中,家庭要素变更,其性质、功能也随之发生变动。城乡中不断涌现的丁克家庭、同性恋家庭、同居家庭等多样化的类型更新了原有的家庭结构,部分家庭功能向市场和社会转移,家庭财产也随着市场经济的到来而变得多元,多样化的生活实践为家庭的定义带来了巨大挑战。

当我们观察具体家庭时,首先看到的是成员构成和成员间的相互关系,③所以在界定"家庭"的概念时,最常用的是从人口结构与成员关系来定义"家庭"并进行分类。最早国家统计的人口普查按照家庭户进行分类,包括一人户、一对夫妇户、核心家庭户、隔代家庭户、三代直系家庭户、四代或四代以上直系家庭户、二代—四代以上联合家庭户、其他户等。④王跃生结合"人口学"和"社会学"的概念,从20世纪八九十年代的人口结构出发,将家庭分为核心家庭(夫妇核心家庭、一般核心家庭、残缺核心家庭、扩大核心家庭、过渡核心家庭)、直系家庭(二代、三代、四代、隔代直系家庭)、复合家庭(两代、三代复合家庭)、单人家庭、残缺家庭、

---

① Olga Lang, *Chinese Family and Society*, Archon Books, 1968; Myron. L. Cohen, *House United*, *House Divided*: *The Chinese Family in Taiwan*, Columbia University Press, 1976, p. 57;潘允康:《关于家庭和家庭结构的研究》,载《社会》1984年第5期。
② 潘允康:《家庭社会学》,中国审计出版社、中国社会出版社2002年版,第183页。
③ 同上书,第153页。
④ 曾毅、李伟、梁志武:《中国家庭结构的现状、区域差异及变动趋势》,载《中国人口科学》1992年第2期。

权变型家庭：中国农村家庭的结构流变与伦理实践

其他家庭等六种类型，并对每种类型进行了概念界定。① 西方家庭发展进化论认为，随着工业化的推进，家庭结构会朝着核心化的方向发展。"核心家庭"概念最早由美国人类学家默多克在《社会结构》（*Social Structure*）一书中提出，② 古德将这种夫妇式的核心家庭视为工业化的产物，并提出，工业化导致核心家庭的出现和普及，扩大家庭的瓦解和向夫妇式家庭制度的变化会成为全世界的共同趋势，由此建立起最早的西方家庭现代化理论。③

在现代化浪潮中，中西方对家庭的分析都绕不开核心家庭的发展命题，费孝通在对比中西文化不同之前，将家庭视为一个由父母子（女）基本三角结构的关系演变而成的基本社会组织。④ 基于此，他采纳西方的分类概念，从结构上把家庭结构分为四类，残缺家庭、核心家庭、主干家庭和联合家庭。⑤ 现代社会学一般从家庭成员、夫妻对数、代际居住等方面来定义不同类型的家庭，具体包括单身家庭、夫妇家庭、核心家庭、隔代家庭、主干家庭、联合家庭、其他家庭等，⑥ 他们将家庭结构类型的宏观变迁和横向比较作为基本研究内容，以核心家庭和扩大家庭为两极书写家庭变迁的现代化叙事，却忽略了中国农村家庭变迁中的独特性和本土性。⑦ 这些家庭类型及其概念是一种静态结构分析的理想类型，在相对传统的、家户边界

---

① 王跃生：《中国当代家庭结构变动分析——立足于社会变革时代的农村》，中国社会科学出版社2009年版，第2—7页。
② 潘允康：《家庭社会学》，中国社会出版社2002年版，第210页。
③ 〔美〕W. 古德：《家庭》，魏章玲译，社会科学文献出版社1986年版，第245页。
④ 费孝通：《乡土中国·生育制度·乡土重建》，商务印书馆2011年版，第220页。
⑤ 费孝通：《三论中国家庭结构的变动》，载《北京大学学报（哲学社会科学版）》1986年第3期。
⑥ 徐安琪：《对家庭结构的社会学与人口学的考察》，载《浙江学刊》1995年第1期。
⑦ 姚俊：《"临时主干家庭"：城市家庭结构的变动和策略化——基于N市个案资料的分析》，载《青年研究》2012年第3期。

一致的集体时期仍具有效性,但随着市场经济的到来,人口流动加速,静态结构被打破后,以结构类型为依据对家庭作出的定义,很容易遮蔽掉实际生活中多样化的家庭形态。① 在实际生活中,家庭的人口和规模总是处于变动状态,使得家庭类型的划分标准有待商榷。如果用一种"样板家庭"(benchmark family)来覆盖家庭形式的多样性难免会有失偏颇,即使某些家庭形式在数量上占有绝对的优势,但把它作为所有家庭形式的理想类型仍然是欠妥的。②

"家庭不是单一的概念,很难用简洁的语言来加以概括。"③ 家庭的定义始终是有关学者颇感兴趣却又难以界说的问题,古往今来,人们对"家庭"所下的定义已达数百种,但仍缺乏一个大家普遍认可的确切定义。④ 本书的主旨不在于为"家庭"下一个放之四海而皆准的普遍性定义,而是在以上三种定义方式之上,将"家庭"视为生活实践的动态结构与伦理关系体,在日常生活中同样关注那些多元的变量,尤其是已经崛起的个体影响,在此基础上,添加了从个体成员主观认同和身份归属出发对"家庭"边界的认定。这样,农村家庭的变迁就不再局限于社会转型的被动体结构,而是具有成员个体主观能动性的主动实践体。

学者对"家庭"概念进行界定时,很容易忽略家庭中个体的能动性和作用力,可是生活实践中的个体常常会因其经济、情感、利益等诉求而对家庭结构和伦理进行重构,从而使家庭的样貌变得多

---

① 姚俊:《"临时主干家庭":城市家庭结构的变动和策略化——基于 N 市个案资料的分析》,载《青年研究》2012 年第 3 期。
② 〔美〕马克·赫特尔:《变动中的家庭——跨文化的透视》,宋践、李茹等译,浙江人民出版社 1988 年版,第 167 页。
③ 〔美〕W. 古德:《家庭》,魏章玲译,社会科学文献出版社 1986 年版,第 250 页。
④ 岳庆平:《中国的家与国》,吉林文史出版社 1990 年版,第 3 页。

样而灵动。另外，个体本身是社会创造出来的，其身体和心灵都打着传统的烙印，其创造都留有传统的影子。① 家庭成员的选择往往受到家庭整体利益、村庄结构、社会环境的牵制，致使其对家庭的重塑力需要在日常实践中进行权衡与摸索。在以血缘和婚姻为纽带组建的多代直系家庭中，不同家庭成员主观上认同的家庭范畴和村落大众对家庭的主流认定、身份归属意义上的家庭和成员行动指向的家庭、血缘基础上的家庭结构和日常生活中的家庭形态并非总能保持一致。于是，家庭在实践中的动态性与权变性便成为常态。可以说，在变动的时代中，以婚姻、血缘或收养关系为客观依据，以情感认同和身份归属为主观条件，以生活需求为实践基础的日常互动构成家庭的多元边界，在不同的情境下，家庭的主客观边界未必一致，由此产生了随现实具体情境进行权衡调适的权变型家庭样态和实践性的家庭伦理。

2. 现代化进程中的家庭研究

（1）国外早期家庭研究的发展历程

国外学者早期对家庭的研究起始于两条路径：

一条路径是西方发达国家早期工业化、城市化进程中社会剧变引发的家庭结构与家庭关系的巨大转型。社会的深刻变化使得亲属、邻里关系和社区的重要性降低，为了应对社会急剧变迁给家庭带来的危机，家庭研究被搬上了历史舞台。发展中的工业化、市场化是肢解群体、催生个体的最强大力量，市场将家庭关系温情脉脉的面纱撕下，将人与人的关系变成了赤裸裸的利害关系和纯粹的金钱关系。在西方工业化的发展脉络中，个体主义与家庭主义是相互对立

---

① 沈奕斐：《个体家庭 iFamily：中国城市现代化进程中的个体、家庭与国家》，上海三联书店2013年版，第2页。

的，学者普遍认为，个人意识的觉醒加速了家族的衰败，正如古德提出的，在世界各地，所有的社会制度都在或快或慢地走向某种形式的夫妇式家庭制度和工业化。① 由早期工业化引领的现代化叙事将家庭研究带入进化论的一维链条中，正如奥格本所言，家庭制度的更替是技术变迁的结果，家庭便是适应文化的佐证，② 他旨在强调个体主义价值观念与夫妇式家庭制度之间的适应性，以及核心家庭制度与工业化、市场化之间的适应性。③ 从传统到现代的文明发展中，父系制度、扩大的亲属群体和专制权威的传统型家庭位于现代化进步叙事的开端，而在工业社会中占主导地位（绝对比重）的核心家庭位于进步链条的末端，二者在进步叙事中处于现代化发展的进化两端，从而将核心家庭（包括夫妇式家庭）推上全球现代化的舞台。在西方话语中，核心家庭是与个体主义的现代叙事相捆绑的。虽然勒普莱和齐默尔曼认为，在面临西方社会转型与家庭危机时，核心家庭与个体主义作为现代社会中的必然产物存在巨大隐患，勒普莱认为不稳定家庭具有破坏作用，是社会解体的诱因，齐默尔曼则称原子式家庭将导致文化的没落。④ 但他们均没有否认个体主义价值主

---

① 〔美〕W.古德：《家庭》，魏章玲译，社会科学文献出版社1986年版，第245页。
② 〔美〕威廉·费尔丁·奥格本：《社会变迁——关于文化和先天的本质》，王晓毅等译，浙江人民出版社1989年版，第4页。
③ 唐灿：《家庭现代化理论及其发展的回顾与评述》，载《社会学研究》2010年第3期。
④ 勒普莱认为任何社会的基本特征都受制于这个社会中的家庭类型，按照家庭是否稳定、是否接受传统约束并为个人提供保障为划分依据，他把家庭划分为三种基本类型：父权或扩大家庭、不稳定或核心家庭、主干家庭，其中父权家庭以传统和血缘为基础，并具有专制性的特点，不稳定家庭存在于西方工厂制度中，是脱离了亲属关系网络的核心家庭，个体主义成为社会关系中的统治力量，主干家庭是前两种类型的优势结合，既具有稳定的结构和家庭亲属关系，又是自由的。转引自〔美〕马克·赫特尔：《变动中的家庭——跨文化的透视》，宋践、李茹等译，浙江人民出版社1988年版，第21页；〔奥〕迈克尔·米特罗尔等：《欧洲家庭史》，赵世玲等译，华夏出版社1987年版，第23页。

权变型家庭：中国农村家庭的结构流变与伦理实践

导的核心家庭是现代社会发展的必然趋势。帕森斯曾就勒普莱和齐默尔曼的悲观主义在《美国的亲属制度》中纠正说，核心家庭的出现是家庭功能专门化的结果，而不是家庭解体和非功能化。① 古德将家庭的现代变迁从经济的单维因素引向多元变量，"家庭领域所发生的一切并不仅仅取决于工业化制度，工业化和城市化本身没有很强的说服力，不能用简单的依附变量或经济力量来分析家庭"②。可见，早期发达国家的家庭研究都没有脱离家庭结构类型的核心化演变与现代化命题。

另一条路径是帝国主义的扩张与殖民时期对非西方"原始形态"社会的家庭和婚姻的呈现。通过对婚姻制度和亲属关系的研究，透视社会生活的基本结构和组织原则，找寻社会发展的普遍规律，最终建立起一套家庭进化论的西方叙事。摩尔根从不同方言的亲属称谓中推论家庭制度的发展形态，提出血婚制家庭—伙婚制家庭—专偶制家庭—偶婚制家庭—父权制家族的文明谱系，"这些亲属制度，在其各自形成的期间，记录了当时家族内的亲属关系，从而包含足以说明家族由血婚制、中间过渡形态而进入专偶制形态的人类经验的记录"③。韦斯特马克也从生物本能和两性关系论证一夫一妻制家庭的古老性、永恒性和普遍性。④ 而齐默尔曼通过梳理公元前1500年至工业革命的西方社会史，总结出与巨大的历史震荡或宏观的历史周期相一致的家庭周期运动规律，即委托式家庭—分户式家庭—

---

① T. Parsons, The Kinship System of the Contemporary United States, *American Anthropologist*, Vol. 45, 1943, pp. 22-38.
② 〔美〕W. 古德：《家庭》，魏章玲译，社会科学文献出版社1986年版，第7页。
③ 〔美〕路易斯·亨利·摩尔根：《古代社会》，杨东莼、马雍、马巨译，商务印书馆2012年版，第5页。
④ 〔芬兰〕E. A. 韦斯特马克：《人类婚姻史》，李彬等译，商务印书馆2015年版，第2页。

原子式家庭，与进化论截然不同的是，三种类型的家庭权力、活动范围和在一定社会内所承受的社会控制程度不同，它们可逆、可共存。① 伴随社会学理论的发展，到 19 世纪，延续进化论思想的结构功能主义学者不再苦寻普遍的规律，他们视家庭、婚姻、亲属制度为相互联系的社会有机体，共同维持社会的平衡和秩序。马林诺夫斯基认为人类的生活和文化需要催生了外部的婚姻家庭制度，亲属关系产生于人类需要，其属性是社会性关系，亲属关系中的家庭是集生育、经济、宗教、文化于一体的组织，家庭制度和亲属关系适应并调节着成员关系。② 拉德克利夫-布朗从社会需求和社会内部结构规则出发，认为"每个社会都需要自己的规则体系，任何方式的人类社会都建立在一定的社会结构上，这种结构由个人或团体间的关系网构成"，表现在家庭中即为亲属制度，亲属制度作为个人关系调节的基础，确保了婚姻家庭中个人的地位和权力，亲属称谓与社会风俗存在一致性，亲属关系网最终构成社会结构，维持着社会秩序与平衡。③ 列维-斯特劳斯则把婚姻家庭纳入包括父系、母系在内的两性世系群内，在亲属网络中认识婚姻家庭。事实上，婚姻在过去、现在和将来都不可能是个人的私事，正是在群体之间才建立了婚姻联系，通过婚姻编制亲属网络建立社会的骨架。④

虽然论证方式不同，但学者们都围绕着家庭的亲属关系、结构

---

① 转引自〔美〕马克·赫特尔：《变动中的家庭——跨文化的透视》，宋践、李茹等译，浙江人民出版社 1988 年版，第 24 页。
② 〔英〕布罗尼斯拉夫·马林诺夫斯基：《西太平洋上的航海者》，张云江译，中国社会科学出版社 2009 年版，第 30 页。
③ 〔英〕A. R. 拉德克利夫-布朗：《原始社会的结构与功能》，丁国勇译，中国社会科学出版社 2009 年版，第 31、50 页。
④ 〔法〕克洛德·列维-斯特劳斯：《遥远的目光》，邢克超译，中国人民大学出版社 2007 年版，第 58 页。

权变型家庭：中国农村家庭的结构流变与伦理实践

网络与社会秩序的有机统合进行深入探究。他们通过观察、分析称谓体系的变化与发展，建构起庞大的非文明地区的家庭制度，从而将文明社会与非文明社会的家庭进行对比和连接，探寻家庭的内在本质和发展脉络。在这种宏大的发展叙事中，家庭往往作为结构与功能的整体而存在，家庭的变迁与社会的进步紧密相关，个体被淹没在历史的长河中。另外，在殖民文化的背景下，尽管资料翔实、论证严密，但这些人类学家透过自身的道德色镜来观察其他非文明社会的风俗习惯，带有明显的民族优越感和种族主义倾向，终究难以脱离进化论色彩的家庭发展谱系。

早期海外家庭研究受进化论影响，以西方为中心建立起从原始到现代、从低级落后到高级文明的普适性发展链条，通过文明社会与非文明地区的家庭对比，用现代化叙事解释社会结构与家庭制度的形成与演变机制。这是一种以欧美社会发展为普世模式的单线式归纳路径，在传统与现代的两极对立中否定了传统要素的积极作用，忽视了传统文化与现代因素交织的多元可能性。[①] 所以自20世纪七八十年代开始，早期经典的西方家庭现代化理论备受批评，学术界开始不断反思和修正，尤其是对中国家庭研究的大门打开之后，家庭的现代化理论得到了进一步的拓展与深化。

（2）中国家庭研究的近现代转型

家庭在中国社会里的重要性再怎么强调也不过分，因此对家庭变迁和制度转型的研究也就成了研究中国社会转型的学者们长期关注的中心。早期人类学者关于家庭的研究集中于中国宗族结构、亲

---

① 唐灿：《家庭现代化理论及其发展的回顾与评述》，载《社会学研究》2010年第3期。

属关系和家族制度,① 通过深度剖析家庭结构与文化制度,在家国一体的历史脉络中探寻社会秩序的原点,以期觅得步入现代化的"良药"。受西方进步叙事的影响,自新文化运动以来,中国知识分子以实现现代化、赶超英美为宏志,以个体本位的核心家庭和自由婚姻为标准,将矛头直指压抑个体平等的传统父权家族制度,因此对传统家族的研究成为修正西方经典家庭现代化理论的开端。早期学者,如明恩溥、葛学溥、弗里德曼、岳庆平、费孝通、麻国庆等在华北满铁调查村落研究和华南宗族研究的基础上,结合儒家文化和土地制度,在重新认识和反思中国社会的文化浪潮中深度剖析了传统宗族和村落社会的家庭结构。

研究之初,何为家庭或家庭之全貌为何,是要回答的首要问题。1923 年,美国传教士明恩溥用经验描述的方式展示了支撑中国华北农民生活世界的各构成要素,以此说明在战乱时代,构成家庭基本单元的各要素是极其不稳定的,在外部环境中,男丁外出、疾病、赌博、官司等都是导致贫困家庭离散的力量,内部媳妇离心、代际分家皆因个体私心而使家庭处于不稳定状态,② 虽然没有对这些离散力量作深入分析,但他通过对离散家庭的各要素分析展现了内战中农村家庭的全貌。中华人民共和国成立后,杨懋春继续沿着这条道路,试图透过山东台头村农民的生活境况展现中国社会的面貌,他认为家庭是初级群体,是包括未出生的后代和早已死去的祖先的复杂组织,从初级群体到村庄群体的复杂关系之间存在许多过渡集团,

---

① 马春华主编:《家庭与性别评论(第 4 辑)》,社会科学文献出版社 2011 年版,第 1—2 页;〔美〕阎云翔:《私人生活的变革——一个中国村庄里的爱情、家庭和亲密关系(1949—1999)》,龚小夏译,上海书店出版社 2006 年版,第 5 页。
② 〔美〕明恩溥:《中国的乡村生活》,陈午晴、唐军译,电子工业出版社 2016 年版,第 258—274 页。

权变型家庭：中国农村家庭的结构流变与伦理实践

它们共同构成了社会。① 在论述中，他对家庭构成和礼仪的分析是以家族为单位的，而对于内部成员关系和家庭经济的理解却以具有生命周期的小家庭为单位，是一种泛化意义上的家庭描述，回避了家庭研究的边界和范围，对家庭单元也没有一个确切而明晰的界定。林耀华则直接以同姓宗族为研究单位，将家庭研究的单元边界放大到宗族村落的范围，他在早期《义序的宗族研究》中将宗族视为有经济、祭祀、仪式、防护等功能的组织体，单元体的现实生活由个人生命史中的不同文化仪式体现，描述了未受外来文化影响的宗族乡村样态，但并未涉及家庭自身运转的制度安排问题。

从现象到制度研究，始于美国学者葛学溥的《华南的乡村生活》，他率先提出"家族主义"的概念来概括中国家庭生育、经济、宗教和祖先神灵重叠的复杂性，指出家族的价值是由家庭的生计、延续、功能所决定的，个体无论做什么都要以增添群体成员的福利和社会功能为目标，家族主义就是家庭运转的制度核心。按照家族主义发挥作用的范围大小，他将家庭分为四类，范围从小到大为自然家庭即核心家庭、宗族—传统家庭即单系氏族、宗教家庭即支系家庭和经济家庭，② 但在实际的区分过程中，各类型的家庭之间边界很模糊。对此，许烺光绕开对家庭的边界界定，而从制度文化的视角对家庭进行剖析。他认为家族的核心在于父子一体的香火延续，其他所有的关系都是父子关系的延伸或补充，亲属关系内的各种关系都是为了延续家族的父系，③ 从祖先荫庇与单系祭祀到现实生活的

---

① 杨懋春：《一个中国村庄——山东台头》，江苏人民出版社2001年版，第7页。
② 〔美〕丹尼尔·哈里森·葛学溥：《华南的乡村生活——广东凤凰村的家族主义社会学研究》，周大鸣译，知识产权出版社2012年版，第80—105页。
③ 〔美〕许烺光：《祖荫下——中国乡村的亲属、人格与社会流动》，王芃等译，南天书局2001年版，第94页。

父子关系,都在揭示家族制度对个体人格的影响。同样是对中国农村家庭的制度剖析,日本学者滋贺秀三在华北满铁调查的基础上,围绕家产中每个人的权利关系解释了这一制度核心,即以继承为核心,将围绕家产的家族每个人的权利作为承继的原理结成的祖先子孙的连锁关系——人格连续关系,而且是祭祀与被祭祀的关系——总不外乎是"宗","宗"的身份关系可以还原成父子、夫妻、兄弟关系。① 他试图用近现代的法律关系揭示中国家庭的运行内核,但毕竟是借用的二手资料,与中国家庭的现实生活尚有些距离。

对中国家庭制度研究最深入的当属费孝通先生,他在中美对比中提出"差序格局"的家族亲属关系网络和父母子(女)稳定三角的家庭结构。家是伸缩自如的,家庭原则上是一贯的、单系的差序格局,以同性为主、异性为辅,赘婿制只是父系制的补充,从家庭到家族,其关系边界总是以己为中心,如波纹般向外推出一层层的关系结构。② 这样,以家庭为本位,构成以自我为中心的立体结构,横向维度中是弹性关系网,纵向维度中是刚性的等级化秩序。③ 麻国庆在费孝通的研究基础上,把家看作一种抽象的社会结构模式,从具体的亲属制度和家庭结构中抽离出具有一般意义的家文化,在"分中有继、继中有养、养中有合"的动态中,构成传统社会结构中分化与统一的有机联系体。④ 这些学者站在近现代社会转型之交,他们对家庭的研究源于解读中国社会的民族情怀,通过透视家庭这一基本社会单位,试图回答中国从哪里来、将走向哪里去的社会转型

---

① 〔日〕滋贺秀三:《中国家族法原理》,张建国等译,商务印书馆2013年版,第137页。
② 费孝通:《乡土中国·生育制度·乡土重建》,商务印书馆2011年版,第25—32页。
③ 〔美〕阎云翔:《差序格局与中国文化的等级观》,载《社会学研究》2006年第4期。
④ 麻国庆:《家与中国社会结构》,文物出版社1999年版,第218页。

权变型家庭：中国农村家庭的结构流变与伦理实践

问题。因此，对家庭的研究自然是放在村落社区和社会结构的联动之中以期剖析家国结构，本质上是一种静态社会的解剖和重构，对家庭的深入研究是为了理解社会的变动，家庭只是作为国家与社会文化的一角被淹没在社会的变迁之中。

20世纪80年代社会学恢复重建后，随着改革开放和工业化进程的推进，家庭本身在市场化浪潮中变化巨大，对家庭的研究领域也随之发生巨大变化。首先家庭作为一个独立的研究实体进入学术领域；其次对家庭研究的重心也从家庭制度转向内部具体的家庭结构、成员状况与家庭关系等。

受现代化叙事的影响，学者沿用西方概念将家庭分为核心家庭、联合家庭、直系家庭等，从共时性和历时性两个维度研究家庭类型和结构的变化情况。① 在分析历届人口普查数据的基础上，学者们对家庭的结构变迁基本达成共识：家庭类型以核心家庭为主体，三代直系家庭占据重要地位，联合家庭比例不断缩小；② 家庭小型化、核心化、家庭结构简单化和亲属关系削弱是现代家庭的显著特征。③ 为了寻找家庭结构变迁的原因，曾毅等建立家庭类型与经济水平的相关模型，发现除北上广和天津外，社会发展水平越高，核心家庭比例越高，三代家庭比例越低；因此家户平均规模与社会经济发展水

---

① 曹锦清、张乐天、陈中亚：《当代浙北乡村的社会文化变迁》，上海人民出版社2014年版，第301页。
② 王跃生：《当代中国家庭结构变动分析》，载《中国社会科学》2006年第1期；徐安琪：《对家庭结构的社会学与人口学的考察》，载《浙江学刊》1995年第1期；曾毅、李伟、梁志武：《中国家庭结构的现状、区域差异及变动分析》，载《中国人口科学》1992年第2期；刘英：《中国农村核心家庭的特点》，载《社会学研究》1990年第4期。
③ 李银河等：《一爷之孙》，内蒙古大学出版社2009年版，第1—12页。

平呈负相关关系。① 杨善华、沈崇麟也试图寻找中国家庭变迁的规律,假设了现代化速度不同的"城乡社会发展梯级模式",在东中西部、沿海内陆、城乡的区域比较中透视经济发展的不同速度下家庭的变迁。② 但是,家庭变迁和经济发展的错位说明工业经济的单因素进化论无力解释中国家庭的多样性。正如古德所言,"工业化和城市化本身并没有很强的说服力,家庭进程并不完全取决于政治和经济结构,实际上它们互相依存,且各有其独立性"③。从经济单因素影响论中走出来的同时,也是对西方进化论的单线式发展的反思过程。随着中国社会转型的多轨并行、多元交织,对家庭变迁的理解开始尝试着走出西方进化论的单线发展预设,一方面,保留着大规模的数据分析与家庭类型划分及其变动的宏观趋势描述;另一方面,研究重点从静态的家庭结构转向家庭关系、家庭生活、代际关系、亲属网络等具体的生活领域。

费孝通将中国家庭的代际关系概括为互馈模式,即在家庭内部,亲子关系是核心,甲代抚养乙代、乙代赡养甲代,乙代抚养丙代,丙代又赡养乙代,代际反馈是家庭内部均衡互惠的基础,养儿防老是均衡世代间取予的根基。④ 这是静态社会的稳定家庭关系模型,是通过家长掌握生产生活资料、"多年媳妇熬成婆"共同维系的,具有内循环的平衡特性。然而,集体化和市场化改变了家庭的经济基础,反馈模式开始动摇。贺雪峰等从交换和价值维度分析代际关系的平

---

① 曾毅、李伟、梁志武:《中国家庭结构的现状、区域差异及变动分析》,载《中国人口科学》1992年第2期。
② 杨善华、沈崇麟:《城乡家庭:市场经济与非农化背景下的变迁》,浙江人民出版社2000年版,第2—7页。
③ 〔美〕W.古德:《家庭》,魏章玲译,社会科学文献出版社1986年版,第6—7页。
④ 费孝通:《家庭结构变动中的老年赡养问题——再论中国家庭结构的变动》,载《北京大学学报(哲学社会科学版)》1983年第3期。

权变型家庭：中国农村家庭的结构流变与伦理实践

衡性，提出了"厚来厚往的平衡—厚来薄往的失衡—薄来薄往的再平衡"的区域代际关系变迁路径，认为有限义务、低度情感、少量交换的理性化个体是代际关系再平衡的现代价值基础。① 这在某种程度上是一种以伦理价值为基础的代际交换规律说，起点是传统伦理的美善，终点是现代理性化个体，究其本质仍然停留在中国传统—西方现代的二元发展论中。然而，就传统和现代因素之间的关系来说，两者并非截然对立，相反，它们是相互融合甚至补充的，在不同的情境下出现不同的组合，使中国家庭的变迁模式和路径呈现出多元和多因素共同推动的局面。②

当论及对家庭的影响因素时，焦点往往集中在四个方面，即市场经济的侵蚀、西方意识形态的传播、国家力量的塑造和传统文化的维系。而对中国家庭关系变动的解释，多数学者倾向于把国家的影响力摆在第一位。王跃生对冀南和冀东地区农村20世纪90年代以前的家庭变动进行历时性的对比分析，发现婚姻行为和家庭结构影响的重要形塑力是来自国家自上而下的经济体制改革和制度改革，尤其是家庭政策的推行，通过90年代末的城乡对比，进一步论证了计划生育政策下"少生"和"独生"环境中城乡家庭结构的简化趋势。③ 同样，郭于华在考察河北农村后指出，伴随国家权力对乡土社会的全面渗透，代与代之间的公平交换逻辑发生变化，导致巨大的

---

① 贺雪峰：《农村代际关系论：兼论代际关系的价值基础》，载《社会科学研究》2009年第5期；贺雪峰、郭俊霞：《试论农村代际关系的四个维度》，载《社会科学》2012年第7期。
② 马春华、石金群、李银河、王震宇、唐灿：《中国城市家庭变迁的趋势和最新发现》，载《社会学研究》2011年第2期。
③ 王跃生：《社会变革与婚姻家庭变动——20世纪30—90年代的冀南农村》，生活·读书·新知三联书店2006年版，第474页。

代际裂痕，表现为突出的农村养老问题。① 阎云翔一贯主张国家政策是推动家庭与村落当地道德观变化的主要动力，在东北下岬村调查时，他用"无公德的个人"来形容国家政权抽离之后处于社会和道德真空中的家庭成员关系。② 显然，一味强调国家行政力量的干预机制，并不能真正认识家庭实体的内在演变，除外在的国家政策环境外，还有市场化经济力量的形塑和其他因素的多重作用力。中国的家庭并非国家、市场和社会中的因变量，否则，它只能被动地追随外在自变量的变化而变化，完全成为一个被影响的实体单元。

所以，要真正研究中国家庭的变迁，必须要放弃西方所预设的经典现代化理论中二元对立的变迁路径和个体化终点，从中国本土出发，将传统性和现代性元素作为两个各自独立的变量，视家庭及其成员为被动与能动合一的单元体，从一元走向多元，从规律走向实践，从普世走向本土。

（3）中国农村家庭研究的本土化进程

要对中国农村家庭进行本土化研究就必须在社会制度的结构之下深入家庭内部，在代际关系、婚姻支付、生育、分家、赡养等家庭互动中去理解家庭的重要习俗，如结婚、婚后居住、家庭分裂、养老等模式的发展变化均是衡量中国农村家庭变化的主要指标。③ 家庭结构与代际关系的变动意味着家庭伦理的现代适应，一方面，传

---

① 郭于华：《代际关系中的公平逻辑及其变迁——对河北农村养老事件的分析》，载《中国学术》2001年第4期。
② 〔美〕阎云翔：《私人生活的变革——一个中国村庄里的爱情、家庭和亲密关系（1949—1999）》，龚小夏译，上海书店出版社2006年版，第21页。
③ Deborah Davis, Stevan Harrell (eds.), *The Impact of Post-Mao Reform on Family Life*, *Chinese Families in the Post-Mao Era*, University of California Press, 1993, p. 83; Martin King Whyte, Revolutionary Social Change and Patrilocal Residence in China, *Ethnology*, Vol. 18, No. 3, 1989.

权变型家庭：中国农村家庭的结构流变与伦理实践

统的道德伦理依旧被奉为家风，要求时时遵行；另一方面，受转型社会和市场经济的影响，其内在伦理体系有所动摇。由此，对家庭变迁的讨论逐渐从静态的结构分析转向动态的互动关系分析、从家庭合作社模式的制度与结构探析走向私人生活崛起的微观生活解剖。虽然绕不开传统与现代二元相对的现代化叙事，但学界已经承认传统与现代的多元交织性，对家庭的本土化研究便是在这种传统与现代元素交织的转型背景下开启的，而不同的解释路径形成了不同的理论视角。

性别视角倾向于从家庭中女性成员的身份出发，来透视家庭的权力关系变动。在父权制家庭中，婆媳主要依赖于握有家庭主权的男性进行地位争夺，完全处在父系宗族体系内。[1] 但这并不意味着女性成员的被动性，实际上，家庭行为的发生是行动者在文化所提供的多种选择中的一种策略决定，它代表着人们控制实际情况的方式，但又在文化的局限下。[2] 沃尔夫根据她在我国台湾地区的田野调查指出，汉族妇女在父系宗族制度的框架下致力于经营自己的小家庭，她们基于安全感和情感需要而建立自己的"子宫家庭"，使之在宗族体系下形成以己为中心的归属圈，但随着她的去世"子宫家庭"也逐渐消亡。[3] 女性在正式制度与具体实践之间往往是有一定自主空间的，已婚女性在娘家和婆家的积极能动性角色能够使之很快适应父权制度，[4] 而娘家的甥舅关系既是她们的支援力量，又是父权制度的

---

[1] 笑冬：《最后一代传统婆婆》，载《社会学研究》2002 年第 3 期。
[2] Ann Swidler, Culture in Action: Symbols and Strategies, *American Sociological Review*, Vol. 51, No. 2, 1986, pp. 273–286.
[3] Margery Wolf, *Women and the Family in Rural Taiwan*, Stanford University Press, 1972, p. 23.
[4] 马春华主编：《家庭与性别评论（第 4 辑）》，社会科学文献出版社 2011 年版，第 233—256 页。

延续。① 李霞以已婚妇女的主位立场为起始点，在"娘家—婆家"及其背后的两类亲属关系范畴中展现了女性的亲属关系实践。她将女性的实践场域从单一的婆家拓展为两个父系家族结构，但并没有脱离男性单系继嗣的父权制度，女性以依附者的身份，在婚前的娘家亲属关系内享有亲情，婚后开始逐渐适应并努力融入另一个不同的、以丈夫为核心的、婆家的、父系亲属关系体系，她们因拥有两个家族的资源而具备一定的自主能力，但也只能在"婆家—娘家"有限的制度范围中左右逢源，拓展由自己经营的、核心小家庭生活空间。② 虽然女性个体拥有足够的资源搭建起以自我为中心的实践平台，但其行为受到父权文化的牵制，是被家庭伦理所制约的，本质上仍然是一种依附于父系资源的个体实践。

女性身份和权力地位的变化离不开家庭制度的影响，市场经济到来后，以合作经济为内核的宗族父权体制被打破，已婚女性的自主性空前提高，以货币经济为价值标杆的市场原则将婆媳关系进行调整，代与代之间的情感维系力量从"礼教"转换为"合作互惠"的需要，③ 婆媳关系的紧张程度反而在现代职业分化、家庭分工中被削弱了，家庭关系趋于平等化，有学者将此现象称为个体的理性化和私人生活的崛起。

个体化与理性化视角虽有差异，却常被融为一体，尤其在对现代家庭关系进行分析时。在多子家庭中，分家是一种约定俗成的民间文化惯习，是农民的理性选择，正如同树大分权，分家被视为一

---

① 〔日〕植野弘子：《台湾汉民族的姻戚》，东京风响社 2000 年版，第 33 页。
② 李霞：《娘家与婆家——华北农村妇女的生活空间与后台权力》，社会科学文献出版社 2010 年版，第 1—9 页。
③ 费孝通：《家庭结构变动中的老年赡养问题——再论中国家庭结构的变动》，载《北京大学学报（哲学社会科学版）》1983 年第 3 期。

权变型家庭：中国农村家庭的结构流变与伦理实践

种常态。① 从代际理性博弈中来看，许烺光认为分家与否取决于家庭内部子代与亲代力量的对比，当横向"夫妻一体"分的力量强于纵向"父子一体"合的力量时，分家就在所难免了，② 这是发生在家庭内部的代际权力更迭的必然过程。在日常生活中，很多分家伴随着代际紧张，也就是说，在多子家庭中，闹分家成为解决家庭代际矛盾、缓和紧张关系的迫不得已的办法。③ 分家本是兄弟各自成家独立生活的意思，④ 在市场经济条件下很容易演变成代际财产分割和"甩包袱"独立生活的契机，因为在货币经济的标尺下，财产意识的觉醒和子代权利的上升造就了小家庭"私"的财产观念。⑤ 阎云翔在下岬村对年轻一代婚嫁财产的代际转移和分家现象的关联性分析有力地证实了这一点。

理性个体的出现是现代社会发展的必然产物，市场经济的发展孕育了个体的私有财产观，家庭中个体独立自主的权利意识觉醒，个体的欲望、情感和能动性在家庭生活的重要性中上升。为了追求个人的幸福，家庭变成为个体提供幸福的私人生活港湾，个体成为家庭关系的中心。⑥ 在农村家庭中，提早分家，分别单过，已经被中

---

① 麻国庆：《家与中国社会结构》，文物出版社1999年版，第55、56页。
② 〔美〕许烺光：《祖荫下——中国乡村的亲属、人格与社会流动》，王芃等译，南天书局2001年版，第98页。
③ 尚会鹏：《中原地区的"分家"现象与代际关系——以河南省开封县西村为例》，载《青年研究》1997年第1期。
④ 费孝通：《家庭结构变动中的老年赡养问题——再论中国家庭结构的变动》，载《北京大学学报（哲学社会科学版）》1983年第3期。
⑤ Myron L. Cohen, *House United, House Divided*: *The Chinese Family in Taiwan*, Columbia University Press, 1976, p. 57.
⑥ 〔美〕阎云翔：《私人生活的变革——一个中国村庄里的爱情、家庭和亲密关系（1949—1999）》，龚小夏译，上海书店出版社2006年版，第11页。

老年人普遍接受，他们喜欢单过给他们带来的自由自在，①并且越来越多的人认为单过的现代价值能帮助已婚子女提高家庭生活能力。②但是，当成员个体的私利性追求超出家庭整体的伦理性规范时，代际关系便会失衡。一般在代际关系中，当子代未婚时，父母与子女共同生活于核心家庭中，亲代对未成年子代是抚养关系；当儿子结婚后从母家庭分出，代际关系成为家与家之间的交换关系；待到直系家庭成为空巢家庭时，成年子代对年老亲代形成赡养关系。③这是基于家庭生命周期而发生的伦理性代际关系模型。若年轻一代的个体理性逾越了家庭伦理，则会出现父辈单向度的付出和大面积老无所养的局面。当家庭伦理岌岌可危时，家庭将面临解体的危机，这正是转型社会中农村家庭变迁的痛点所在，也是家庭研究中个体主义与家庭主义争论的焦点之所在。

中国农村家庭正在走向现代化，市场化为家庭成员带来独立的经济收入，代际关系趋于平等，家庭中个体的情感表达加强、私人空间与私人权利扩大。家庭成员根据个人的需求和认同能够重塑家庭的结构，使家庭单元成为个体成就自我的手段。④在现代化的发展叙事中，个体理性化被抬至高位，但当个体理性与家庭伦理发生冲突时，家庭功能也将呈现式微态势，这便是在个体化视角下私人生活崛起后的负面效应，本质上是一种原子化个体过度理性的结果。

---

① 〔挪威〕贺美德、鲁纳编著：《"自我"中国：现代中国社会中个体的崛起》，许烨芳等译，上海译文出版社 2011 年版，第 71 页。
② 边馥琴、约翰·罗根：《中美家庭代际关系比较研究》，载《社会学研究》2001 年第 2 期。
③ 王跃生、伍海霞：《当代农村代际关系研究——冀东村庄的考察》，中国社会科学出版社 2011 年版，第 4、5 页。
④ 沈奕斐：《个体家庭 iFamily：中国城市现代化进程中的个体、家庭与国家》，上海三联书店 2013 年版，第 32—39 页。

权变型家庭：中国农村家庭的结构流变与伦理实践

但中国农村家庭中个体的理性空间有多大，个体理性与家庭的利益结合点于何处少有人提及。受西方现代化理论的影响，似乎只要发生个体化和理性化，家庭主义就在其对立面中不断被削弱，形成一进一退的对立格局。但是，中国农村家庭中的个体主义与家庭主义的发展未必对立，个体理性与家庭利益未必不能共存，由此，我们不禁要一遍遍询问，现代化进程中家庭的变迁是个体化的一维进程？抑或是更加多元复杂的路径？那么，当代中国农村家庭正在发生怎样的转型？这一转型又是如何发生的？回答这些问题，正是家庭本土化研究的主旨所在。

3. 一个简要的评述

西方早期对家庭的研究源自危机社会的出现与对普世性规律的探寻，学者多在传统与现代的谱系内解析家庭的现代化变迁轨迹。西方家庭理论传入中国后，以进化论和结构功能主义为主的家庭制度研究紧紧围绕"为什么近代以来中国的现代化发展步履维艰，作为社会的基本单位，家庭在社会秩序与现代化的进程中起到什么作用"而展开。由此，国内外对中国家庭的结构、伦理、宗亲关系等展开一系列研究，以此透视整个转型社会的结构与发展。这是一种宏大视野下的家庭结构研究，通过对风俗习惯、丧葬礼仪、婚嫁、居住安排、经济生产、生活、生育、养老等研究，探寻家庭背后父子一体的单系（男嗣）家庭绵延体系，[①] 并以家庭单元为基础往外

---

① 乔健主编：《中国家庭及其变迁》，香港中文大学社会科学院暨香港亚太研究所1991年版，第15—22页；林耀华：《义序的宗族研究》，生活·读书·新知三联书店2000年版，第75页；杨懋春：《一个中国村庄——山东台头》，江苏人民出版社2001年版，第48页；〔美〕许烺光：《祖荫下——中国乡村的亲属、人格与社会流动》，王芃等译，南天书局2001年版，第49页。

扩展，"类"比组织，最终"推"向社会结构和家国一体秩序的终极探讨。① 当国家工业化、市场化打破原有的结构与秩序时，家庭开启了变迁之旅。

传统的家庭结构受到冲击、传统的孝道伦理观念发生扭变，家庭作为一个独立的实体从家国一体结构中脱离出来，重新进入学术视野，宏大叙事转向中层理论和微观分析，关注的焦点集中在家庭关系、成员互动、家庭结构的形变，家庭及其成员个体作为独立、能动的对象出现在学术视野之中。但是，纵观已有的家庭研究，终究没能逃开西方个体化的理论框架和中国"政治正确"的传统家庭价值观，② 或以西方个体化为理论预设，从个体出发来分析家庭代与代之间的互惠和交换关系，用个体理性化的视角解释家庭成员在日常生活实践的策略选择；③ 或以传统伦理和文化秩序为原点，在市场化负面效应全面出现的时候，以批判的视角解读转型中的变化，痛惜德之沦落。④ 然而，中国家庭的变迁之路远非西方理论所能解释，也非传统伦理价值所能评判。中国历来没有根植于文化之中的自由主义，也非福利选票国家，制度上体现个体化的法律和基本权利体系尚未完全建立，即便个体意识觉醒，也必然是一种与众不同，甚

---

① 陈其南：《房与传统中国家族制度——兼论西方人类学的中国家族研究》，载《汉学研究》1985年第1期；麻国庆：《家与中国社会结构》，文物出版社1999年版，第55、56页。
② 吴小英：《"去家庭化"还是"家庭化"：家庭论争背后的"政治正确"》，载《河北学刊》2016年第5期。
③ 〔美〕加里·斯坦利·贝克尔：《家庭论》，王献生、王宁译，商务印书馆1998年版；沈奕斐：《个体家庭iFamily：中国城市现代化进程中的个体、家庭与国家》，上海三联书店2013年版；〔美〕阎云翔：《私人生活的变革——一个中国村庄里的爱情、家庭和亲密关系（1949—1999）》，龚小夏译，上海书店出版社2006年版。
④ 陶自祥：《论家庭继替：兼论中国农村家庭的区域类型》，中国社会科学出版社2015年版；郭俊霞：《农村家庭代际关系的现代性适应：以赣、鄂的两个乡镇为例》，山东人民出版社2015年版。

权变型家庭：中国农村家庭的结构流变与伦理实践

至与欧美文化相反的个体发展。① 中国的现代性是高度压缩的，经历着时间和空间上的浓缩式变迁，是糅合了迥然不同的历史和空间元素的复杂体，而家庭恰恰是承载这种压缩现代性的接收器。② 在多元并轨的社会转型中，家庭变迁必然呈现出多样化，既不是全然的个体化，也不是传统的落幕和现代的霸权，而是一种在传统与现代的张力中的兼容并存。

在这样一个瞬息万变的时代，家庭作为社会转型的承接者，也在不断于传统和现代的张力之间权衡利益、平衡情感、调适自我。虽然个体意识觉醒、权利要求增多，但理性化的不只是青年一代，家庭中所有的个体均被市场经济所冲击着。在微观生活的日常实践中，家庭作为一个与市场发生直接关系的单元体同样变得理性化，它由个体构成却大于个体之和。个体与家庭之间并非单向度的资源索取关系，而是在互动与协商的过程中不断调衡的动态权变关系。在整个家庭生命周期中，变动常在，却并未出现大面积的混乱和失序，反而在家庭内部动态地维持着一种新的较为均衡的发展状态。社会剧烈转型，人员高度流动，"变"成为时代的特性，家庭中的人、关系、资源以灵动的姿态应对变动不居的现实环境。在中国农村家庭的转型与实践中，个体既是资源结构的贡献者，也是资源关系的使用者和缔结者，以此维系着家庭单元体的绵延发展。

---

① 〔挪威〕贺美德、鲁纳编著：《"自我"中国：现代中国社会中个体的崛起》，许烨芳等译，上海译文出版社2011年版，第5—8页。
② 张景燮：《无个体主义的个体化：东亚社会的压缩现代性和令人困惑的家庭危机》，刘汶蓉译，载上海社会科学院家庭研究中心编：《中国家庭研究（第七卷）》，上海社会科学院出版社2012年版，第21页。

第三节 理论视角与核心概念

1. 理论视角：个体与结构的弥合统一[①]

经典的家庭现代化理论既有宏观结构视野的结构功能主义叙事，也有微观视角的个体化叙事。宏观的结构功能主义视角往往将经济要素作为社会转型的内在驱动力，工业化、城市化催生了文明社会的现代化，而家庭只是这场从传统到现代和后现代社会转型的随从者。随着社会的剧烈转型，那些如联合家庭般结构关系复杂的单元形态将让位于夫妇式家庭和核心小家庭的结构。随着当代工业化、城市化、现代化的进一步发展，核心家庭内的亲属关系网络松塌，人际关系疏离，家庭从公共社区结构中退回至私人领域。但是，在中国家庭的转轨变迁中，核心家庭的结构类型、夫妇式家庭制度与工业化、经济发展水平之间并不完全吻合，[②] 宏观的结构功能主义视角和西方普适性的经典现代化理论对中国家庭的本土化变迁解释力不足，由此，有学者将目光转向了中国社会的内部制度和文化结构。在结构功能主义视角下，市场、国家体制、文化传统等结构性要素都可以解释家庭的现代化遭遇，却无法解答本土性、多样化的家庭类型与流变结构中的行为主体动机等问题，于是去宏观、去结构化的代际关系研究在个体能动性的视角下展开，促使家庭研究从宏观

---

① 这一视角最先是由石金群在德国学者卢休的代际关系理论基础上提出的，旨在应对经典家庭现代化理论的不足和个体化视角的偏执，目的是跨越能动个体与宏观结构之间的鸿沟。
② 马春华、石金群、李银河等：《中国城市家庭变迁的趋势和最新发现》，载《社会学研究》2011年第2期。

的家庭结构类型学分析走向家庭生活的实践分析。①

家庭被视为私人领域的亲密关系团体,而从传统家庭制度和血缘关系中脱嵌出来的个体,受西方个体化和后现代思潮的影响,被赋予了独立自由和权利意识,他们是背离家庭主义方向而行为的。②尤其是在现代市场化背景下成长起来的青年一代,他们权利意识的迅猛增长使得家庭内部的代际关系频频出现危机,形成个体利益与家庭利益之间的矛盾和张力。家庭成员在身份角色的认同中要进行二元划割,将自我认同切割为自我利益的认同和对家庭的认同。本质上,两者都是以自我为中心发展的利益需求,当部分利益和家庭的发展方向相一致时才能形成双赢的"新家庭主义"。③ 这就意味着,从个体视角出发,必然要面对个人主义和家庭主义之间的争锋,如何理解或解释两者的矛盾与和谐就成为个体视角下的中心问题。而要回答这个中心问题,就很容易将家庭放置在工具理性的价值地位,即家庭存在的最大意义便是为个体竞争的负面后果兜底,为个体提供情感和物质资源,是个体在市场化风险时代的避风港。

很明显,结构功能主义视角下的家庭和个人是被客观因素牵制的受动体,而个体视角下的家庭则只看到独立的个体而忽视了家庭单元的自我适应和调试力。微观的个体视角和宏观的结构功能主义视角之间存在的理论鸿沟,亟须中层的家庭单元本土化视角来化解。

在中国的农村家庭中,个体的崛起和自我意识成长,并不必然

---

① 姚俊:《"临时主干家庭":城市家庭结构的变动和策略化——基于 N 市个案资料的分析》,载《青年研究》2012 年第 3 期。
② 〔德〕乌尔里希·贝克等:《个体化》,李荣山等译,北京大学出版社 2011 年版,第 9—14 页。
③ 康岚:《反馈模式的变迁:转型期城市亲子关系研究》,上海社会科学院出版社 2012 年版,第 72—88 页。

带来西方意义上个体权利对家庭利益的入侵，家庭成员的权利从来都不是个体自我的强制性掠夺，而是在其他成员责任和义务的付出时表现为某个个体的局部收益而已。所以，要对中国农村家庭的本土化变迁进行深入研究，有必要从中观的家庭与村庄结构出发将两者统一起来，重新在日常的生活实践中对家庭及个体进行本土化解析，这样既可以避免个体间冲突的一面，又能够规避过度强调去制度化、去传统化的结构陷阱。① 正如德国学者卢休所主张的，代际关系是结构与自我主体间不断博弈和协商的结果，既不能忽视参与行动的个体能动性，也不能忽略宏观结构中的机制背景和规范约束，应把家庭放在团结、冲突和协商的生活实践中来理解。② 把结构和个体的视角进行统一，便能够在转型背景下给"再家庭化"的出现提出一个完整而不失偏颇的剖析。一方面，个体已经崛起，家庭成员的独立自由意识皆已苏醒，那么，代与代之间的互动就不再是一种受动关系，家庭也不是一味被动兜底的工具性角色，而是在个体之间重新调和与权衡的实践单元体。另一方面，个体和家庭受到的市场化、现代化、工业化的冲击是一致且同步的，它们是内在凝结的一体，却可以作为社会转型中不同的元素而存在。所以，个体与结构的统一能跳跃个体主义和家庭主义的张力，还原家庭的真实面貌。这是一种从经典家庭现代化理论向发展家庭现代化理论转向的新努力。③

---

① 石金群：《转型期家庭代际关系的流变：机制、逻辑与张力》，载《社会学研究》2016年第6期。
② K. Lüscher, Intergenerational Ambivalence: Further Step in Theory and Research, *Marriage and Family*, Vol. 64, No. 3, 2002.
③ 姚俊：《"临时主干家庭"：城市家庭结构的变动和策略化——基于N市个案资料的分析》，载《青年研究》2012年第3期。

2. 核心概念

（1）血缘直系家庭

血缘直系家庭，是在豫北林村日常生活实践中家庭成员直接互动的单元体，它以直系血缘为纽带，男性单嗣继承为主线，上至在世的祖父母，下至曾孙，在现实生活中常表现为三代或四代同堂的家庭单元。血缘直系家庭不同于人口统计学上多代同居共灶的直系家庭，而是在空间物理格局和经济、人情、权力等方面基于血缘纽带而呈现出分合重叠的直系家庭代际关系。在不同的情境下，代与代之间采取不同的分工与合作方式，使家庭的内部结构随实践的需求而不断变动。

华北村庄作为中原文化的发源地，历来以分家为常态，传统式联合大家庭在20世纪七八十年代逐渐消失，代之以核心小家庭与分而有合的直系家庭相并存的状态。在村庄里，男娶女嫁的风俗礼制确保了男性单系继嗣的家庭绵延机制，就家庭成员而言，在日常事件中无论是空间居住的分与合还是经济方面的互惠往来，皆以家庭内部的多代直系成员互动为主。同辈的兄弟之间通过分家将血缘关系外化为一种亲属关系，兄弟家庭因边界的存在而彻底分裂，但与直系血缘的成员关系却无法割裂，在日常生活中出于亲情、伦理或义务而保持密切往来。在豫北林村，伦理情感和家庭义务的维系集中在血缘直系家庭之中，兄弟分家后的互惠行为往往在法理上失去了强制性，只是一种出于兄弟情感或伦理道义上的选择，而父子之间的伦理责任和情感义务则是一种无法推卸的强制性伦理，比如发生在直系家庭内的养老和抚幼均被看作义不容辞的义务。所以，以血缘直系家庭为研究对象才能更好地说明代与代之间的分合结构与调衡的互动关系，因为无论采取何种形式的生活方式，血缘直系家庭都保持着既紧密结合又相互独立的实践样态。

随着社会转型，户籍单位已随人口的高速流动失去其学术分析意义，仅仅成为一种行政统计手段。无论是户籍人口还是常住人口，成员身份的流动使家庭结构处于变动之中，代与代之间分而有合、合中有分，家庭边界因血缘（或收养）和姻缘的有限制而具有封闭性，因个体的生活实践和市场流动而呈现半开放状态，家庭之大，可囊括那些居于其他地域、其他家户单位中的直系血缘个体；家庭之小，可收缩为夫妻二人足矣。在豫北林村的主流认同中，只有上有老下有小才算得上是一个完整而幸福的家庭。在后代的传承绵延中，同辈旁系的兄弟家庭实际上会变成两支各自绵延的独立单位体系，从道义和祭祀文化出发具有共同的情感认同，但这种共同情感只是建立在对上的养老责任和礼制上的宗法祭祀义务，对下往往会随着代数增多而逐渐变成同宗远亲。所以，我们将研究单位设定为血缘直系家庭，以区别于以往研究中直系和旁系于一体的多代联合家庭。

（2）结构与伦理

多数研究者把"结构"理解为社会关系或社会现象的某种模式化，它外在于人的行动，是不依赖其他力量而构成的、主体的自由创造所遭受的制约来源。[①] 它可以理解为不受个人意志所影响的宏观背景，是一种客观的社会环境。在中观层面，吉登斯却把结构理解为社会系统生产与再生产的规则和资源，它既是在某一固定范围内可以转换的生成框架，又是左右这一生成框架的转换规则。[②] 如此，

---

① 〔英〕安东尼·吉登斯：《社会的构成：结构化的理论纲要》，李康、李猛译，中国人民大学出版社2016年版，第15页。
② 同上书，第22页。

权变型家庭：中国农村家庭的结构流变与伦理实践

结构不仅具有外在客观性，还具有内在生成性，能够从表面的呈现形式中推断出潜在的符码。落在家庭单元中，结构是指具有血缘、姻缘及收养关系的成员所组成的家庭单元类型和状态，同一时期不同家庭的构成方式、成员关系存在差异性，透过家庭的这种存在形式和结构状态能够观察其成员的生存模式，认识家庭的功能。① 家庭所处的转型背景、市场化条件和社会的一系列制度等都是其外在的客观结构要素，而从中观和微观层面看，家庭结构不仅包括空间的人口组合状态，还包括内在的经济、权力和人情等要素，它们共同构成家庭的多元结构。一方面，家庭结构制约着成员个体的行动，使之在伦理秩序中规范行事；另一方面，家庭结构作为成员行动的基础和资源，支撑着个体的行为。

结构是各要素之间关系的呈现，家庭结构体现了家庭关系，而关系中蕴含着家庭伦理的表达。所以，家庭结构、家庭关系与家庭伦理是相互依存的互构体，一定的结构秩序生成一定的关系和伦理，特定的关系和伦理往往蕴藏于既定的结构之中，结构变动牵引着家庭关系和伦理的调整、影响着家庭功能的发挥。反之，只有在日常的家庭生活实践中，捕捉成员关系和伦理内涵的新动向才能把握家庭结构的现代化变迁。② 家庭的结构功能和伦理关系是家庭中不可分离的一体两面，成员之间的伦理关系往往在实践中呈现出动态的面貌，结构则是关系和伦理的再展示，它们相互形塑，共同支撑起家庭的运转。以往作为判定家庭边界的"同居否""同财否""同灶否"等单维标准，在高度压缩的转型时代以复杂交织的样态呈现，

---

① 王跃生：《中国当代家庭结构变动的分析——立足于社会变革时代的农村》，中国社会科学出版社2009年版，第1页。
② 同上书，第532页。

其间既有结构特点也有伦理关系形态,很难单独剥离。因此,对于变动家庭的理解,尤其是对于目前多样化的农村家庭实践的理解,把结构和伦理关系融于一体来共同透视家庭内部变动,才能更好地说明中国农村家庭发生了哪些变化,这些变化是如何发生的,又是如何适应并调衡的。

(3)分而有合

分而有合是现代豫北林村家庭的内部结构特征,强调的是血缘直系家庭内部家庭结构与家庭关系的复杂性和模糊多变性。它既指在血缘直系家庭内部,代与代之间已经分居两处却又通过经济的互通有无、人情单位的合二为一等方式聚合在一起;也指父母和已经完婚的子代小家庭仍然生活在一起,但在实际生活中已经呈现两分状态。从家庭结构来看,母子家庭没有分家,也未进行过仪式性分家,但代与代之间已经分属为两个独立的经济核算体,即在同居的血缘直系家庭单元内部存在两个当家权,它们相互独立,在特定时期又能合二为一,变成人口学统计类型中直系家庭的外壳,但母子家庭并存的同居共食模式却是间歇性的。① 这种分而有合的家庭在人员构成上,仍然符合由父母与儿子及儿媳、孙子组成的主干家庭的特征,② 其结构类似于儿子成家后继续和父母生活在一个单位里的"两代重叠双核心家庭",③ 但其经济、权力和人情等要素的内涵已经发生本质变化。

---

① 陶自祥:《论家庭继替:兼论中国农村家庭的区域类型》,中国社会科学出版社2015年版,第224页。
② 杨善华编著:《家庭社会学》,高等教育出版社2006年版,第96页。
③ 费孝通:《三论中国家庭结构的变动》,载《北京大学学报(哲学社会科学版)》1986年第3期。

权变型家庭：中国农村家庭的结构流变与伦理实践

（4）权变型家庭

"权变"一词最早出自中国秦汉时期的兵书，特指能人智士对战局的运筹帷幄，在历代的使用过程中被泛化为对具体情境的灵活应对之意。现代的权变理论来源于西方管理学，本意指权宜应变，根据组织所处的不同环境和内部条件的发展变化随机应变，灵活地区别对待某事物，最终目标是提出适合于具体情境的组织设计和管理活动。① 在本书中，权变是指权衡变通，在变动的环境中权衡利益、情感与道德伦理，具体指家庭成员在传统伦理与现代市场化的张力中寻找平衡点，以变通的方式来调衡个体与家庭的利益关系。

权变型家庭是在血缘直系家庭中基于成员个体的市场化需求和家庭的生活实践而灵活调整内部结构的多变样态，它以新生代为轴心，联动直系家庭，辐射血缘旁系家庭。究其本质，是以男性单系继嗣的家庭继替机制为根基，容纳个体主义与整体利益的血缘直系家庭共同体。其中，家庭结构动态多元并随家庭情境而及时调整，个体权益与自由空间得益于家庭其他成员的支撑，夫妻关系情利一体，代与代之间经济领域互通有无、权力格局动态平衡、人情网络交叉重叠、居住格局灵动多变。权变型家庭是在市场化流动的背景下农村家庭灵活调整内部结构与关系以适应转型社会的生活实践样态，在动态的结构与关系的调整中，家庭的抚幼和赡养伦理被现实所改写，形成"恩往下流"、孝养分离的实践形式。在具体实践中，它包含客观的直系血缘家庭边界，在家庭内部又重叠着个体的主观情感认同和身份归属边界，是一种主客观共同因素下的家庭实践

---

① 郭咸纲：《西方管理学思想史（第三版）》，经济管理出版社2004年版，第261—264页。

模式。

在豫北林村中，血缘直系家庭内部成员分而有合是常态，代际在家庭不同的发展阶段、面临不同的事务时，适时调整原有的结构组合，以满足不同个体的情感和现实需求、应对生活中的各种状况。在市场经济的冲击中，林村家庭成员的个体独立意识均已觉醒，代与代之间只要条件成熟就会以"分"的态势各自生活，但个体与核心小家庭的发展离不开血缘直系家庭的帮扶和互助。即在日常实践中，个体主义已经显现，与此同时，家庭主义并未受到冲击，反而促使家庭成员和结构以灵活多变之态应对个体和家庭的需求。"权变"一词，正是强调家庭结构与关系的灵动性和处理不同阶段家庭事务的权宜性，最终是在兼容个体权益的前提下谋求家庭的整体性发展。

时代变迁，网络媒体的兴盛和市场资源链接的便利性使得家庭无须再维持一个庞大的同居共食体系，农村血缘直系家庭中灵动的权变样态正是在实践中不断探索的权宜性结构调整，遵循着兼顾个体发展和家庭共同利益的原则。即在社会转型、市场化冲击和现代化、城市化浪潮下，农村家庭的变迁正在以多样化的方式进行实践性的权变，其变迁之路不仅要保障不同个体的权利和独立自由的需求，也要从传统文化价值的伦理性实践中不断摸索符合现实需求的生活方式。在这个意义上，传统文化与现代要素、个体主义和家庭主义虽然在西方的现代化叙事中被割裂为二元对立的两端，但在中国的农村家庭变迁中却于同一时空下和平共处，甚至相得益彰。

第四节　田野与方法

1. 研究方法

（1）个案研究

个案研究能够提供详细、深度的信息，是质性研究中的重要方法，毛泽东在谈调查方法时称其为"解剖麻雀"，即通过对单个个案的深入全面研究来得到一般性的认识。然而，个案研究的客观性和代表性问题一直深受诟病，连被马林诺夫斯基赞誉为人类学里程碑的《江村经济》亦受到质疑，弗里德曼批评其将传统人类学研究初民社会的工具移植到复杂社会时，错误地将对总体性的把握也移植了过来。① 费孝通的村落社区研究，旨在透过村落生活的显微镜观看整个中国社会的发展与变化，② 却在方法论上难以回答单个社区个案作为社会缩影的普遍性即代表性问题。单个村落的微型研究何以能够概括推论整个中国社会？这个问题困扰了诸多学者，最终费孝通提出类型比较法，他通过扩大个案的范围来研究不同类型的典型村落，这样由点到面、从局部走向整体，逐渐达到对中国农村社会的整体性认识。③ 这是一条从单个社区研究到（典型）类型比较再到模式，最终走向普遍化的道路，④ 从而有效地将总体的普遍性转化为

---

① 卢晖临、李雪：《如何走出个案——从个案研究到扩展个案研究》，载《中国社会科学》2007年第1期。
② 费孝通：《江村经济》，上海人民出版社2007年版，序（马林诺夫斯基），第10页。
③ 同上书，第285页。
④ 卢晖临、李雪：《如何走出个案——从个案研究到扩展个案研究》，载《中国社会科学》2007年第1期。

类型的代表性问题。① 其实，案例研究本身包含了分析和叙述两种方式的结合。② 当然，在个案研究中对典型类型的理解、把握和选取至关重要。一方面，案例分析研究本身可以通过注重社会现象的公共性、可重现性、整体性和历史性，尤其关注社会行为与环境之间的关联，凸显研究对象的典型性。③ 另一方面，根据研究目的，在选取个案之前，先确定总体类型的划分以及调查对象所代表的典型性的判定标准，然后再通过深描的方法在具体而详细的个案研究中呈现因果关联，加深对类型、概念的反思性理解。在这一指导思路下，本书选取了能够反映华北小农家庭现代变迁的豫北林村作为研究对象。

但是，个案具有典型性和独特性的双重属性，典型性作为一种共性可以是普遍的、反常的，甚至是未知的，所以选取个案的标准就要根据研究目的来取舍，可以是突出性的、平均性的或混合系列性的。④ 村落是小农家庭的根据地，虽有差异，但统一性多于差异性⑤，对特定村落的全面调查是家庭个案研究走向类型分析的必然选择。三农问题专家曹锦清先生正是以农业村落作为个案研究的切入点，在全国各地调研时从不同类型中选取典型个案深入调查，然后在此基础上得出一般性结论。⑥ 贺雪峰团队亦是在此基础上，以村治

---

① 王宁：《个案研究的代表性问题与抽样逻辑》，载《甘肃社会科学》2007年第5期。
② 〔美〕罗伯特·H. 贝斯等：《分析性叙述》，熊美娟、李颖译，中国人民大学出版社2008年版。
③ 张静：《社会治理：组织、观念与方法》，商务印书馆2019年版，第15页。
④ 王宁：《代表性还是典型性？——个案的属性与个案研究方法的逻辑基础》，载《社会学研究》2002年第5期。
⑤ 曹锦清、张乐天、陈中亚：《当代浙北乡村的社会文化变迁》，上海人民出版社2014年版，序言，第1—2页。
⑥ 曹锦清：《如何研究中国》，上海人民出版社2010年版，"论中国研究的方法"，第9页。

权变型家庭：中国农村家庭的结构流变与伦理实践

模式为基础进行全国的区域类型比较研究，他们将典型个案材料放到区域类型中进行检验，提取出一般性特征①，由此建构出具有一定解释力和普遍意义的中层理论。

"权变型家庭"正是笔者自2013年至2016年先后在华南、华东和华北地区的历次调研中所总结的现代农村家庭的结构与关系样态。华南宗族地区、华东经济发达地区和华北传统性地区，不同地区的家庭样态差异很大。贺雪峰在区域研究的基础上概括出南方团结型、北方分裂型、中部分散型的村庄类型，②与之对应的是华南"宗族性"、华北"小亲门"、华中"原子化"的家庭类型划分：华南地区的广州宗族性村庄以祠堂为中心，传宗接代是家庭的首要任务，其家庭表现为"一体两户"的联合样态，父子不分家，父代夫妻抚育幼儿、子代夫妻外出务工的代际分工将兄弟家庭连为一体；华东地区的上海、苏州等独生子女家庭则不分男女、一子两挑，子代家庭的唯一性将宗亲和姻亲家庭的主从结构打散，子代援引两方家庭资源的同时也要平衡两家的权重；华北地区的河南、山东等家庭，婚后即分家，不仅兄弟分家，父子也分家。但差异中存在普遍共性，即在市场化条件下，个体的自由度提高，因个体的流动、经济的独立互助和家际的分合等日常实践，使农村家庭结构和成员关系处于动态权变的状态，人口统计类型学中核心小家庭、直系家庭、主干家庭等已经难以统筹家庭的结构样态，只能以"血缘直系家庭"作为家庭的统合性概念来暂代对日常家庭的最大边界划分。其实，虽

---

① 贺雪峰：《村治的逻辑：农民行动单位的视角》，中国社会科学出版社2009年版，第157页。
② 桂华、贺雪峰：《再论中国农村区域差异——一个农村研究的中层理论建构》，载《开放时代》2013年第4期。

然不同地区的家庭互动和表现形式不同,但在相同的社会转型和市场化条件下,家庭内部成员在互动实践中的处境相似,都需要权变性地处理个体与家庭、传统与现代元素的均衡发展问题。这种权变是在主观认同、客观环境中的调衡,既要兼顾个体,又不能损害家庭利益;既有小家庭的私利,又有大家庭的共赢。

(2) 参与式观察

参与式观察是人类学和民族志研究中最常用的研究方法,目的在于全面深入地描述某一特定的文化现象。[①] 在研究中一般分为两个阶段,第一阶段是深入到研究对象的生活中去收集资料,然后依靠研究者本人的观察和理解从经验资料中得出一般性的结论;第二阶段是带着已有的经验结论或假设去重新观察研究对象,在日常的实地观察中修正或完善理论,即研究者再次深入研究对象的生活实践,观察农村家庭在日常生活中的表现与互动,收集相关资料,不断修正原有的结论。在研究效果上,参与式观察可以让研究者更直接、更全面、更深入地获得资料和信息,以此弥补二手资料所不及之处。

在进行实地调查时,观察者的身份是一个敏感的话题。作为参与者的观察者,研究者身份在理论上应该是被认可和信任的。华北村庄相对于华南和华中是相对封闭的,通过熟人关系入场是取得被访者信任的最好途径,"我是某某家的谁谁谁"这种"自己人"的开场白是打开话匣子的最快方式。但是,面对一个身处于关系网之内的熟人,因为利益和身份立场等因素,受访者会不自觉地回避问题或篡改事实的本末,进而影响访谈的客观性。所以,对入场时这

---

① 袁方主编:《社会研究方法教程》,北京大学出版社1997年版,第342页。

一熟人关系的选取是需要考量的。为了确保观察者利益和立场无涉的身份,该熟人最好既非本村落的一员,又与该村落有直接联系和密切关系。基于这一尺度,笔者选取了林村,该行政村包含两个自然村落,有13个生产队,其中2个生产队中各有笔者的一个远亲关系户。这样,以利益无涉的半熟人、半陌生人身份接触受访者时,对方可以放心地表达自己的真实想法。随着调查的深入,观察者还要时刻保持价值中立的客观态度,与村民进行无干预性的交往。此外,还要通过延长参与式观察的时间,引入历史的和整体的维度系统地分析观察资料,谨防场景式偶遇①对整体结论的影响。

(3) 非结构性访谈

访谈法是一种最古老、最普遍的收集资料的方法,人类学最初对家庭的研究就始于深入的个案访谈。非结构式访谈又称非标准化访谈,弹性很大,访谈者可随时根据具体情境对重要事件或人物进行深度剖析,最大限度地发挥受访者的积极性,以便获得全面的资料。② 非结构性访谈作为一种定性访谈,在本质上是由访谈者确立对话的主题和方向,并针对受访者提出的若干特殊议题加以追问。它根据研究的计划在访谈者和受访者之间进行互动,而不是用一组特定的必须使用的字眼和顺序来询问问题。③ 所以,在进行访谈之前,访谈者要对研究主题进行一定的解析和理解,形成一定的研究意识和访谈大纲,才能够有效地引导受访者紧紧围绕主题而展开。

本书主要采用非结构性访谈,开场以受访者及其家庭成员的个

---

① 马流辉:《结构性规制与自主性建构:上海城郊"农民农"的个案研究》,华东理工大学2014年博士学位论文,第81页。
② 袁方主编:《社会研究方法教程》,北京大学出版社2013年版,第271—272页。
③ 〔美〕艾尔·巴比:《社会研究方法(第十一版)》,邱泽奇译,华夏出版社2009年版,第304页。

人生活事件为线索，进行个案的深入访谈，把握在不同情境下成员个体的实践形式和情感选择，在涉及家庭事件时则聚焦日常互动、家庭关系、婚嫁、养老、居住安排、生育、社会习俗、人情网络等相关主题进行拓宽交流，从而将成员个人的经历纳入家庭的发展脉络之内，使农村家庭的生活实践材料丰满起来。之所以以个人生活史为开场白，出于两点动机：一是为受访者营造轻松自由、可掌握的氛围，使其能逐渐放松一开始的紧张情绪，而通过个人生活事件的分享也能够拉近访谈者与受访者的关系；二是在交流的过程中，可以随时以受访者为原点向其他家庭成员和相关家庭事件过渡，为接下来其他主题的拓展作好铺垫。非结构性访谈的最大优点在于其应时而变的灵活性，在面对不同的对象、不同的情境时，可以采用不同的谈话方式进入话题，甚至在田间地头的即时性交谈也能进阶为一场席地而坐的深度访谈。

2. 田野工作

林村位于豫西北的太行山脉东麓，距离县城44公里，因临淇水而得名。该村所在的林镇，地处豫、晋、冀三省交汇处，自古就是沟通三省五县的交通枢纽和商贾汇集之地，素有"鸡鸣闻四县"之称。全镇辖46个行政村，204个自然村，404个村民小组，总人口9.06万人，是该县城辖区内最大的集镇。历史上，林镇曾有一多半的村庄是大姓（刘姓、李姓等）宗族的单姓村，但如今204个自然村全部都是杂姓村。林村曾是（刘姓）单姓村，经过近现代的多次战乱，尤其是抗日战争时期的人口减少与迁移，最终成为多姓（全村共有21个姓）并存的杂姓村。

林镇南部是山区，北部是丘陵，中部是盆地，地表水和地下水

权变型家庭：中国农村家庭的结构流变与伦理实践

资源相对缺乏，属于暖温带湿润性气候，年平均气温为12.5摄氏度，年平均降水量为697毫米，无霜期为210天左右。林镇总面积185平方千米，其中耕地7.5万亩，山坡面积13.77万亩，因耕地资源匮乏，村民外出后少有抛荒者，均将耕地私下流转，只有些许山坡地才会抛荒种树。农业以种小麦、玉米为主，一年两季，山坡地和沙地种红薯、花生，自给为主。由于水资源缺乏，小麦亩产六七百斤，玉米亩产八九百斤。林镇地处丘陵和盆地地区，适宜发展山区作物，改革开放以前盛产芝麻，遂有著名的"林镇小磨香油"的商业作坊，但后期因芝麻种植成本高、人工投入量大、机械化程度低、收益低，种植面积日趋减少，只在小部分丘陵地区尚有存留。林镇没有发达的工业体系，农业自古便占据重要地位，但限于丘陵地势，水源有限，农民温饱问题一直持续到1949年以后才逐渐解决。20世纪50年代，为了引取水源，公社动员"十万大军"战太行，经过近十年的凿山、架桥和修渠，前后累计削平了1250座山头，凿通了211个隧洞，架设了152座渡槽，在60年代末终于打通了太行山脉，建成了盘绕林虑山长达1500千米的引水灌溉工程，成功引渡漳河水解决了灌溉问题。与此同时，也埋下了当地"建筑大军出太行"的伏笔。改革开放之后，林镇的建筑行业成为林镇的支柱产业，被冠以"建筑大军出太行"的美名。从2000年开始，当地的建筑队率先踏出国门，走向东南亚、非洲等地。

林村位于林镇的中心位置，临河而建，背靠矮山丘陵，全村分为两个自然村落、13个生产队，其中有2个生产队靠近山脚，地理区位较差，另外11个生产队与它们相距1.1公里，且被一条丁字公路分成了三片，地势平坦，交通方便，地理环境相对较好。全村共

947户，3420多人，常住人口2100人，户均3.6人。虽然受计划生育影响，少子化现象普遍，但也只是将"多生孩子，多子多福"的生育观念转变为普遍两个孩子的生育行为，村庄里很少有独生子女家庭，独女户也极少。20世纪80年代计划生育政策收紧，导致1985年以后出生的孩子男性居多，女性较少，女性资源紧缺催生了当地的婚嫁危机，倒逼农村家庭采取多样策略共谋子代婚嫁。自2009年开始，当地的婚嫁市场就因女性资源的稀缺而竞争激烈，随着离婚率的升高，二婚市场的女性资源同样炙手可热，年轻女性的家庭地位因此极大提升，直接影响了血缘直系家庭的结构权变。

改革开放以后，林村的青壮年涌入建筑行业，家庭收入均以外出务工为主，农业为辅。市场化创造了充分的就业机会，外出务工成为每个家庭的首选，也是每户人家的主要经济来源，建筑业顺理成章地成为当地的支柱性产业。其实，从20世纪70年代中期开始，公社以生产大队的名义组建工程队抽调男丁外出务工，但只有20%—30%的男性壮劳力有这个机会。分田到户以后，村民们开始大规模地外出打工，家里的壮劳力几乎全部外出，逐渐形成男丁外出务工、妇女在家务农的性别分工模式。20世纪90年代，全国建筑业适逢发展时机，鼎盛时期林镇有16个大型建筑工队，资产上亿元，但绝大多数村民只是普通的务工人员。建筑行业里工种不同工资亦不同。2010年前，国内技术员年薪约6万元、大工（钢筋工、水暖电工等）四五万元、小工两三万元。2010年，国内劳动力价格暴涨，技术员日薪300多元，大工200多元，小工150—180元，以致妇女也纷纷加入外出务工潮。但从2015年开始，建筑行业萎缩，

权变型家庭：中国农村家庭的结构流变与伦理实践

日工资向下浮动约 50 元，许多人没活干，有的大工一年 200 个工①都做不满，许多男丁赋闲在家。即便如此，务工收入也远高于务农收入。

青壮劳力外出后，农业生产顺理成章地成为留守村庄的女性和中老年人的主要职责，那些能够经营好土地尚有余力者才能出门打零工。林镇地区，农业一年两季，夏粮以小麦为主，小块地种植油菜；秋粮以玉米为主，沙土地和丘陵地带种植花生、红薯、大豆、棉花、芝麻、谷子（小米）等作物，因人力投入大、收益小，近几年极少有人种植。林村旁边的河道水量本来就少，加上建筑挖沙破坏河道、连续十几年的少雨干旱气候，农业灌溉只能依靠地下水，粮食产量很低。2016 年，一亩地生产小麦 600 斤，收购价 1.08 元/斤，投入种子 60 元、肥料（一袋）130 元、农药 20 元、浇水 70 元、耕地 75 元、播种 16 元、收割 60 元，每亩收益为 217 元；玉米亩产 800 斤，收购价为 0.8 元/斤，投入肥料 120 元、农药 20 元、种子 90 元、浇水 70 元，每亩收益为 340 元。对于许多上了年纪的村民而言，"种地就是老百姓打零工了，自己吃粮方便，反正在家里闲着也没事，去地里转转，活动筋骨"②。林村第十三生产队 72 岁的队长 W2 丧偶后一个人种两亩地，每年卖粮收入 1000 元，三个儿子给养老费 1500 元，队长工资 1100 元，国家养老金 840 元（70 元/月），总收入中土地收益占 22.5%。虽然务农的经济收益不高，但却构成

---

① 在建筑行业中，一天随太阳东升西落干满 9 个小时算一个完整的工。实际上，在建筑工地包管食宿的情况下，早七点工人们就已经吃好饭上工了，晚六点都可能还没开饭，他们每天平均干活 10 个小时。
② 来自 W2 的原话。访谈时间为 2016 年 6 月 5 日，访谈地点为林村第十三生产队 W2 家中。

了农民家庭的基本生活保障。依靠农业，村庄的生活基本可以实现自给自足：饮食上以面食为主，早晚玉米粥，菜籽油和花生油原料自己提供，生活燃料是秸秆化粪后的沼气，蔬菜从地里摘取，门口、院子种上几棵果树。此外，红薯、花生、当季蔬菜瓜果、面粉和玉米等土特产品在城乡亲友往来中备受欢迎。所以，在村的家庭都不愿意丢掉宝贵的土地资源，只有那些全家进城有足够收入的家庭才会把土地转交给亲友耕种。土地资源不仅解决了当地农民家庭的基本生活所需，还为回村老人打发日子提供便利。

2013年至2014年寒暑假期间，笔者为了调研外籍媳妇婚后家庭生活的日常实践，选取林村的八例跨国家庭作为分析单位追踪外籍媳妇三年来的生活经历和身份变化，同时，对林村的村庄治理、家庭关系、人情网络、分家养老、婚嫁等方面也进行了全面的同步调查。2015年寒假期间，笔者再次来到林村进行预调查，集中访谈了村组干部主要成员，了解了该村的历史发展，以及近二十年的村庄治理和各村民组的家庭情况。预调研为期两周，因春节的缘故分为年前、年后两段时间。2016年5月21日，笔者又邀请武汉大学的一名家庭研究方向的博士生共同前往林村进行为期一个月的农村家庭专题调研。此次调查以入户访谈为主，结合以不定期、不定时的偶遇式访谈，对每个家庭进行不同代际的历时性追溯，对家庭的婚嫁、彩礼、分家、生育、婆媳关系、养老、生产生活等各方面进行深入访问，并以受访者为原点对其旁系近亲家庭进行追问，作为其家庭变迁的辅助性材料。调研结束后，对实地调研资料进行理论抽象和概况总结，归纳出基本的理论预设和写作主题。如同费孝通先生所言，"概念的形成既然是从具体实物里提炼出来的，那就得不断地在具体实物里去核实，逐步减少误差"①。所以，2016年9月6日笔者再次返回林村，展开第三阶段的专题再调研，旨在对预设性理论进行检验和补充，并在实地调研中对本书作进一步的修正和完善。

3. 篇章结构

本书的研究单位是血缘直系家庭。在村落中，多代的血缘直系家庭已经不再是一个经济共产的实体，而变成由多个核心家庭构成的分而不分的集合体，即便是住在一个院子里，也通过实际生活中的经济财产、饮食等分的行为进行了家庭的内部分离，所以对于当代农村家庭的变迁，空间格局已经不足以解释家庭结构的分与合。尤其是在单子家庭②中，经济单位、权力地位和人情交往的内在结构应时而动，导致空间格局中的人员结构组合也在生活中不时地变化与调整，形成分中有合、合中有分的多元复杂关系，基于发展需求的家庭伦理应现实情境而被部分改写，这就是农村权变型家庭的现实写照。

华北地区的农村家庭是以人生任务为核心价值的伦理单元体。每个成员，在家庭结构中都需要承担相应的伦理性任务，在其他成员家庭义务的基础上才产生了西方现代化理论中的个体权利，即成员的受利性。基于这样一种日常生活的伦理实践，才维持了一个家庭的正常运转。但市场经济的到来和人口的快速流动，打破了这种代与代之间厚来厚往的互馈性关系格局，在与日攀升的婚嫁资本竞争中，农村家庭中连为人父母者最基本的"帮子代结婚完成人生任

---

① 费孝通：《乡土中国》，商务印书馆2018年版，第5页。
② 指的是在家庭中，不管一共生育了多少个孩子，其中只有一个儿子，区别于独生子女政策下的独子家庭。

务"的愿望也屡屡遭遇货币经济的刁难而不得不调整策略,如为了给儿子"抢"媳妇主动抬高彩礼钱。这种异化的现象背后,并非特定个体的权利过度伸张,而是整个农村家庭在市场环境中不得已的权宜性选择。从农村家庭的生活表象来看,代与代之间以"分"为主,经济、权力、人情和空间居住格局都可以分离而立,但在实践中又时时聚合。从家庭的发展来看,透过"分"的外表,是父子轴联动、内部资源整合的实质,满足个体需求的独立与分离既减少了相互之间的摩擦,又暗中在经济、权力和人情等领域沿着父子轴线实现了家庭总利益的最大化。"分"为个体创造了充足的自由和能动空间,从而为个体的合力汇聚提供了坚实的基础;"合"则是"分"背后的家庭绵延之纽带。在日常生活中,"分"与"合"的形态变得日益多样又灵活,此谓权变型家庭。

本书具体章节安排如下:

第一章,交代了本书的研究缘起和问题意识,对国内外关于家庭研究的相关文献进行梳理和回顾,在此基础上,重新探讨关于家庭的定义和现代特征。此外,还介绍了本书的研究方法和田野概况,对重要概念作了详细界定。

第二章,在理论上对"权变型家庭"进行了梳理,作为新的概念和视角,本章将其与其他学者的理论进行比较和辨析,并着重考察了其外延和内涵。同时,援引林村从集体时期到现代的农村家庭样态,说明了当地家庭发生权变的村落背景和家庭现状。

第三章,通过对家庭生命周期中的婚嫁这一重要事件的深度解析,分析了权变型家庭中个体与家庭在村庄和社会结构中的交互影响和行为选择,从而批驳了西方个体化的理论预设。家庭成员作为独立自由的行为主体,在应对外界压力和自身需求时虽有无限种选

权变型家庭：中国农村家庭的结构流变与伦理实践

择的机会，但每一种选择背后都离不开家庭单元的影响和支撑，而在面对个体多元的行动结果时，家庭单元往往就具体情境而发展出不同的实践策略以使生活能够维续。与其说这是被个体化的家庭，不如说是被家庭关系化的个体。

第四章，从经济、权力和人情三个维度深入剖析家庭内部的结构和关系变动，剖离出生产生活单元的不同边界和权变的背景。在村庄结构和市场化条件下，农村家庭中个体兼具自由与依附的双重特性，使得多元经济要素的权属关系在血缘直系家庭内延展伸缩，形成多层结构交叉重叠。因家庭内分工领域被划分为多网结构，在立体的网络格局中，成员之间的权力关系因人口的流动和伦理功能的需求而不断调整，夫妻分工与代际合作的方式随条件的变动而变动。因农村家庭的婚丧嫁娶皆依赖于人情网络的帮扶，使得实物礼和货币礼的人情交往并行发展，并沿着个体和家庭的双元结构汇合，形成对内和对外的不同分配逻辑。这样，透过家庭内部的结构变动展现了现代家庭权变的实践表征和内在基础。

第五章，聚焦空间格局中的家庭结构变动，描述了在血缘直系家庭范围内，不同代际在独立与联合的结构中进行的利益权衡和功能调试。时聚时散的空间结构与时分时合的内在关系的变动催生了现代家庭灵活伸缩的主客观边界。这样，通过人员结构的空间再组合来透视以生活需求为基点的家庭伦理，揭示了在现实中家庭抚幼和养老伦理的实践形式。在林村，以伦理为基点牵涉到整个家庭的人力和财力资源分配，以及个体和家庭的关系重组，形成以父子轴牵动夫妻轴和成员个体的权变伦理，以此说明了权变型家庭在现代适应过程中流变的外壳和不变的内涵。

第六章，从个体和家庭的双元结构中概括了权变型家庭的基本特征，并进一步解释了家庭权变的内在逻辑。即在市场经济的高速流动中，个体的崛起是撬动家庭灵活变动的契机，而家庭作为自由个体的单元体在转型结构下同样在主动寻求绵延自身的现实道路，两者不是"你进我退"而是同时进行的，并在传统和现代元素的交融中兼容并蓄。

第七章，分别从迈向城市化的结构性压力、市场化流动中的个体困境、国家制度体系下的福利家庭需求，以及村庄场域中的伦理规则与家庭实践四个方面说明农村家庭发生权变的宏观结构背景，并在四要素交织的脉络中对权变型家庭的形成机制进行深度剖析和探讨。现代化进程中的农村家庭被放在城乡二元机制中，导致城市化的压力以单向度的方式向农村家庭转移，并使得市场化风险从青年人转向中年和老年等守土的一代人，而在国家福利制度尚未健全的今天，农村家庭的自我绵延和韧性发展既是国家基于政治立场的号召，又是家庭自身迎接现代化挑战的现实需求。

最后部分是全书的结语。在对全书进行回顾与总结的基础上，从正反两方面讨论了权变型家庭在社会转型过程中无法回避的脆弱性。同时，透过当代农村家庭权变的韧性和限度问题，尝试寻找基于本土而萌发的中国现代化的特色道路。即从中国文化之原点的家庭出发，寻找本土化的理论根基。概言之，中国的社会文化变迁既不可能因循西方之路，也不会固守传统之道，而是一条在多轨转型的现代化进程中不断摸索与实践的发展之路。

第二章

权变型家庭的理论与现实

要想清楚说明现代农村家庭的权变之道,就不得不与传统家庭①的特性进行对比。近现代结构功能主义者和人类文化学者往往将传统家庭视为家国一体结构中的基本单位,在相对静态的农业社会中,家庭规模、结构、观念和职能都呈现出相对的稳定性,尤其是与同时期国家政治制度的巨大变化相比,家庭的变化可谓相对缓慢,甚至是微乎其微。②传统家庭承担着赋税、教育、生产、消费等全面功能,是国家的一个缩影,处于家国一体的强结构关系中,家庭成员的行为选择受到伦理道德、社会舆论等多重约束,家庭对内的伦理功能、对外的社会基本秩序功能均实现于这一稳定的家国结构之内。

然而,现代与传统并非两个二元对立的范畴,家庭之变也绝非是从始点走向终点的单线条轨迹,而是在多元素的融合交织中不断

---

① 传统家庭泛指非现代的家庭。学术界通常把家庭的发展变迁划分为三个阶段:中华人民共和国建立以前的传统时期、中华人民共和国建立后的集体化时期、改革开放以后的现代时期。参见王跃生:《社会变革与婚姻家庭变动》,生活·读书·新知三联书店2016年版,第15—16页。集体时期的家庭属于过渡期的特征表现,虽然家庭规模开始变小、结构趋于松散、家庭观念有淡化的征兆,但总体上未能冲破血缘关系的网络,传统文化的深层结构仍被较好地维系着,甚至部分农村家庭并未受到社会形态变迁的影响,作为血缘团体的家庭与作为政治实体的国家仍延续着家国一体的强结构关系。参见岳庆平:《中国的家与国》,吉林文史出版社1990年版,第50—53页。
② 岳庆平:《中国的家与国》,吉林文史出版社1990年版,第3页。

摸索和调衡的过程。在低流动、高同质性的熟人社会中，农村家庭日复一日地遵照惯习便可无限绵延。但现代农村家庭处于高流动、高异质性的市场化变动中，强结构被多元的可能性冲散，原先维系家国一体的许多家庭功能不断外移，家庭逐渐脱离单位组织成为市场社会中的独立单元，具备了传统家庭所缺乏的灵活性与多元性。当所有的结构性规则被多元价值所替代、多样的市场机缘冲进家门时，现代农村家庭受时代所驱，便不得不在诸多的可能中去权衡利弊、调整行为以周全个体与家庭整体，此谓权变。

第一节 "权变"概念的语词辨析

"权变"一词最早出自秦汉时期，用来形容能人谋士擅长运筹谋略。宋代随着汉文化的口语化，"权变"一词的使用范围被扩大，在不同的语境下词性不同，含义亦不同。现代亦有人将周易之术概括为"权变"之术[①]。在中国近代向西方学习的过程中，有学者将西方的"Contingency Theory"翻译为"权变理论"，当西方组织管理学传入中国后，"权变"一词被用来解释现代企业依托具体环境随机应变的管理策略。[②] 可见，同一个词，在不同时代、被不同的人使用，所指涉的含义都有所不同，无论是在词性还是词意上，该词的内涵和外延均随着时代的变迁而不断变动。现代农村家庭的"权变"则发生在市场化的背景下，是在传统与现代元素交织、市场经济与传统文化交融的结构中所展现的个体与家庭单元的适应行动，它根植于日常生活的具体实践。

---

① 章克明：《周易权变奇谈》，天津人民出版社2010年版，第3、7页。
② 郭咸纲：《西方管理学思想史（第三版）》，经济管理出版社2004年版，第261页。

第二章 权变型家庭的理论与现实

1. 出处考证

"权变"二字最早见于《文子·道德》中的"圣人者,应时权变,见形施宜",意指权宜机变,能够运用智谋灵活应对随时变化的情况,褒义十足。于古人而言,足智多谋者才可权变应势,该词多用来形容才略智慧人士,西汉司马迁曾用之形容谋士的权谋算计之行,也是赞扬的口吻,古时鲜有对心机谋略之行的贬讽之意。后来历朝的文宗著述中均有对该词的使用:

德同势敌,无以相倾,乃揽英雄之心,与众同好恶,然后加之以权变。(《黄石公三略》)

三晋多权变之士。(《史记·张仪列传》)

智不足与权变,勇不足以决断,仁不能取予,强不能有所守,虽欲学吾术,终不告之。(《史记·货殖列传》)

荀攸、贾诩,庶乎算无遗策,经达权变,其良、平之亚欤!(《三国志·魏书十·贾诩传》)

帝内忌而外宽、猜忌多权变。(《晋书·宣帝纪》)

这个事须是这般。你没奈何,权变—权变。(《儒林外史》)

应急权变,倒也可行;待我回寓起稿,大家商量。(《桃花扇·修札》)

"权变"一词在古文应用中多采用其褒义,有"权宜性地变通、灵活应对"之意。到宋代,语词向口语化发展,"权变"一词的外延扩展,从专属于智者、军事家、圣人的代言词延伸至普通民众的姑且变通之行,泛指对具体情境的暂时性变通以应付困境的行为选

权变型家庭：中国农村家庭的结构流变与伦理实践

择。当代在使用该词时，词性有所转变，添加了对玩弄权术、心机深重、行为诡略的讽刺之意，"权变"一词的使用范围全面延展，褒贬之意均具。

"权"字本身有九种含义：职责范围内支配和指挥的力量；有利的形势；谋略、计谋；权利；变通、不依常规；秤锤；平衡；衡量、比较、估计；姑且、暂且。① "权变"一词通常采用谋略、变通、平衡、衡量、姑且的含义，用于不同的情境之下。"变"字释义为性质状态或情形和以前不同，有更改之意。② "权变"一词内含有变更当前状态的意思，通常释义为，做事能适应客观情况的变化，懂得变通，不死守常规。郭沫若在《我怎样写五幕史剧〈屈原〉》中的"这个人是相当有点权变的，似乎不亚于吕雉与武则天"便是采用此意。当代有学者将《周易》心学之辨概括为"权变"，以区别于被动的"应变"，认为，应变只是知辨，用感官认知、思维分辨所遇外界对象、条件、运势之变，要应对外变，求未必得；权变则以知辨之智慧为前提，谋用变、成变之计略，择最佳方案，操控外变，智慧转化为智能，进行决断，以实现求变。③ 权变不只是应对外界之变，更强调在被动的格局中主动谋求改善，以能动之势变通不利处境，达到较好的状态。如此来看，"权变"一词的使用语境多是在情境下、组织内的格局中，是处于某种结构状态下的权衡变通。

20世纪70年代，西方将权变思维引入组织管理学，以应对和改善传统管理理论适用范围的片面性。卢山斯和司徒华较早提出组织管理的权变理论，他们主张在组织管理中要依据客观环境和企业内

---

① 《新华字典》，商务印书馆2011年版，第369页。
② 同上书，第42页。
③ 章克明：《周易权变奇谈》，天津人民出版社2010年版，第6—7页。

外部条件的发展变化权宜应变，依托环境因素、管理思想和管理技术因素之间的变数关系，灵活地采取适宜的方式。[1] 还有学者提出，权变即权宜变通，就是在了解各个子系统内部和各子系统之间的相互关系，以及组织在变化的条件下和特殊的情境中如何进行经营管理，并在组织与环境关系的基础上，得出各种相互关系的模式和各种可变因素的结构，强调各种可变因素性质，最终提出最适合于具体情境的组织设计和管理活动，但因具体情境的多样性和复杂性，指出组织在具体运行的过程中是充满灵活性和模糊性的。[2] 随着西方管理学思想在中国的传播，权变思想被引入各类组织，大型的企业要求以权变之态应对全球化的冲击，组织内部各部门也主张以权变方式进行管理。施"权变"之行的主体从个人延伸至企业组织，权变的内涵从对个人谋略智识的赞誉扩展至组织团体的发展策略，但无论使用的外延有多广，都没有脱离其基本的内核所指，即因时因事灵活变通，而何以变通则要看具体情境中的结构和资源情况了。

从该词的发展来看，古汉语中"权变"一词专指军事谋略之才和通达智识之人，宋以后纸墨成本降低，文化普及，专属于贵族文化的语词在民间传播并日渐口语化，"权变"泛指各类能够应机通变之行，有变通之意。在现代西方组织管理学著作中，"权变"一词从姑且性的通变之意向权衡倾斜，组织内部诸因素构成复杂、结构关系多变，只有权衡各系统内的资源和条件进行有效的管理和再分配，才能实现预期目标。当代社会剧烈转型，在各因素变迁的过程中，家庭亦是如此。家庭作为基本的社会单元，内含诸多因素、资源和

---

[1] 郭咸纲：《西方管理学思想史（第三版）》，经济管理出版社2004年版，第261—266页。
[2] 孙耀君：《西方管理思想史》，山西人民出版社1987年版，第658—674页。

权变型家庭：中国农村家庭的结构流变与伦理实践

结构关系，又处于具体的现实情境中，当外界环境多元变动、内部构成形态多变时，家庭单元及其成员个体不得不以权变之势应对流变的转型之态。其实早在20世纪90年代，孔迈隆就注意到，中国家庭的现代化是传统"终极期望"与"生活经营"不断适应的结合，理想的家庭制度与实际的家庭安排、不同区域和时间段的家庭组织之间是有差异性的，在一连串有关应付社会、经济问题的选择时，家庭因特有条件而作出不同的反应，在不同情况下作出不同的调试。① 这便是我们今天所说的家庭之权变。

2. 概念辨析

在社会转型过程中，家庭作为构成社会的基本细胞，自然也难以故步自封。描述变动家庭的词语有很多，例如"摇摆家庭""联邦式家庭""合分间家庭""网络家庭""复合家庭""网络式家庭"等，与"权变型家庭"虽有相近之意，但其内涵却存在很大差异。

家庭生命周期的发展变化使家庭结构在不同的阶段呈现不同的状态，分家是家庭结构变动的重要转折点。从分家的过程及其发展来看，很难用固定的一种家庭分类来描述清楚农民的家庭结构，但把这些具体结构置于同一时空下来寻找其共性时会发现，分家并不是家的彻底分裂，分出去的小家庭在"继""祀"文化中会以特有形式，体现出"合"的状态，家在"分"与"合"之间游来荡去，形成分中有继、继中有养、养中有合的联合家庭文化。麻国庆用"摇摆家庭"来描述分家后父代在几个子代家庭中"轮吃"的结构

---

① 孔迈隆：《中国家庭与现代化：传统与适应的结合》，载乔健主编：《中国家庭及其变迁》，香港中文大学社会科学院暨香港亚太研究所1991年版，第15—20页。

现象。① 庄英章则从经济互惠和日常互助的关系中来认识分家后的家庭结构，认为各个小家庭成员不同居但保持密切的接触，在经济上不共财而通财，保持高度的合作；父母的作用是居中协调和联络，更是感情上的中心，这样由若干个小家庭围绕父母这一中心便形成了松散的"联邦式家庭"，而在村民的认知中，他们仍属于一个大家庭。② 无论是从文化还是经济视角来看，农村家庭的结构并非统计学意义上的核心家庭或主干家庭结构，而是处于理想结构类型的中间状态，并且是在整个家庭生命周期中有所变动的。

在现代化的进程中，农村家庭普遍出现人口减少、结构简化、规模缩小的趋势。胡台丽在我国台湾地区考察工业化环境中农村家庭的变迁时，将父亲在世与子媳分居、分预算但不分财（土地和住房）的情形称为"合分间家庭"。20世纪90年代工业化兴起后，我国台湾地区的工业化现代因素与传统家庭文化观念交互作用，一方面，土改使大多数农家取得田产，形成家庭"合"的基础；另一方面，子媳离村外出工作是"分"的肇因。当工业化扩展至农村时，家庭中"分"的趋势稍微缓和，但由于农村工业不稳定、儿子经济能力增加以及儿媳地位提高等因素，子媳即使留在村内，仍然"分随人食"。③ 父母与子媳居住空间的分离不再是分炊、分预算的主要原因，家庭内部分与合的界限变得模糊起来。

其实，现代农村家庭因人口规模减小而鲜有明确的分家标志，多数家庭处于分与合的并存状态，王跃生将其概括为"网络家庭"，

---

① 麻国庆：《家与中国社会结构》，文物出版社1999年版，第55、56页。
② 庄英章：《台湾农村家族对现代化的适应——一个田野调查案例的分析》，载《民族学研究集刊》1972年第34期。
③ 胡台丽：《合与分之间：台湾农村家庭与工业化》，载乔健主编：《中国家庭及其变迁》，香港中文大学社会科学院暨香港亚太研究所1991年版，第219页。

权变型家庭：中国农村家庭的结构流变与伦理实践

它是由一系列"本家庭"和"支家庭"的本支①单元家庭链条所组成，包括直系关系成员、旁系兄弟和其他已婚分居儿子，是以直系血缘单元家庭为主轴，旁系同辈分居兄弟和已婚分居侄子和侄孙子为副轴，而独一无二的最高长辈所处的单元家庭是将诸个核心小家庭维系在一起的"网纽"，当网纽家庭解体时，原有的网络家庭就会发生裂解。② 这种网络结构类似于传统宗族家庭的房支结构，但在现代生活中，宗族式的同财共居和强制性伦理已丧失其生长的土壤，宗族家庭早已分散成为一个个独立生活的单元体，在相对独立的各家庭之间，因网纽的存在仍然可以通过特定的仪式、义务等将诸多分散的单元重新聚合在一起，构成一个紧密协调和互助的网络体结构。在这个意义上，网络家庭具有"复合家庭"的关系形式和范围，却并非一个生活单位。③ 如果单纯从各个小家庭单元之间的密切关系和生活互助来看，网络家庭类似于一种家庭网络资源。但是不同的是，"家庭网"侧重于亲属关系之间已经达成的社会资源网络，在多数情况下，是由原本属于联合家庭的几个独立核心小家庭形成的一种特殊的社会组织，具有密切的关系和较强的凝聚力，它源于亲属关系之间的频繁交往和相互援助，未必能涵盖所有亲属单元，伸缩性强。④ 所以，"网络家庭"和"家庭网络"虽有相似之处却不可同日而语。

2014年，国家卫生和计划生育委员会在《中国家庭发展报告

---

① 不同代际的家庭单元之间才能形成本支关系，同宗的上辈为本家庭，多胞的下辈为支家庭。参见王跃生：《中国当代家庭结构变动分析——立足于社会变革时代的农村》，中国社会科学出版社2009年版，第458页。
② 王跃生：《中国当代家庭结构变动分析——立足于社会变革时代的农村》，中国社会科学出版社2009年版，第458—462页。
③ 同上书，第459页。
④ 潘允康、林南：《中国城市现代家庭模式》，载《社会学研究》1987年第3期。

2014》中提出新的概念"网络式家庭"来概括代际小家庭以及子代家庭彼此之间分而不离的关系样态。在中国农村，许多子女结婚后仍与父母家庭共住同一个庭院或同一个村庄，保持着较近的空间距离，在亲代与子代的家庭单元之间、子代核心小家庭彼此之间都保持着密切的互动与交流，形成了一种密切的"家际"关系。[①] "网络式家庭"的出现，实际上是联合家庭和直系家庭离而不分、分而不解的结果，兼备了联合家庭和直系家庭的资源交换优势和个体家庭独立发展的优势，是一种传统与现代相融合的家庭模式。[②] 它与"网络家庭"虽然只有一字之差，却不及后者的全覆盖率——除父子和兄弟关系外，还容纳着诸多在此关系基础上的扩展单元，如果以不同代位为基点作为网络组织的本位，网络家庭的范围和单位数量将有所不同。当然，两者也有相同之处，均是以父、子、兄弟单元为网络核心，而且核心小家庭单元之间的关系都相对松散。

　　虽然概念不同，但都是对变迁中的家庭进行的一种语词概述，"摇摆家庭"是家庭生命周期中养老家庭的结构状态，"联邦式家庭"概述了分家后的代际和同胞核心小家庭之间的互助结构，两者均概括了家庭发展周期中特定时段的样态。"合分间家庭""网络家庭"和"网络式家庭"则是对现代化进程中已经发生变化的家庭结构和关系进行的解释性语词概括。如今随着人口的市场化流动，分家界限变得模糊，家庭单元的边界难以固化，其范围大可扩展至原宗族范畴，小可收缩为父子、兄弟家庭范围，描述家庭之变的语词不同，内涵亦有差异。以上诸词无一例外地道出了家庭之变，但均

---

① 国家卫生和计划生育委员会编:《中国家庭发展报告2014》，中国人口出版社2014年版，第11页。
② 同上书，第13页。

权变型家庭：中国农村家庭的结构流变与伦理实践

出自家庭的整体立场，着眼于整体性结构的变动，而较少涉及家庭成员的适应与调整。它们延续了对传统家庭结构的分析方式，以直系关系为主轴，旁系关系为辅轴，将亲属关系纳入父子关系轴内，如此，旁系关系的变动和其他亲属关系往来的辅助变量都会成为家庭单元变动的直接表现，从而混淆了家庭自身的内在变化和外部环境的变动。之所以会如此，主要源于传统村落社会的日常共识——在农村社会中，父亲、儿子、兄弟等近亲，即使分开生活，形成多个相对独立的居住单元，但在外人看来，他们仍是一家人，它暗含了在村落社会中，父子、兄弟这一关系层次者所构成的"单元"家庭之间的特殊利益关系，这种利益关系包括财产继承关系和赡养关系，即对子辈而言的权利和义务关系。① 但是，这种权利和义务只有在血缘直系范围内才被法律规范所强制限定，在旁系或其他亲属关系之间只是作为一种自愿情意存在于日常人情的往来之中，两者的外部约束环境不同。

所以，对农村家庭的变迁考察应从血缘直系家庭入手，在具有强制性伦理关系的成员之间所发生的现代转变才是家庭变迁之根本。权变型家庭正是基于这一思考而提出的，它以血缘直系家庭为研究对象，能够直接说明家庭内部关系与结构的深层变动。现代农村家庭的变迁已不再是单纯家庭单元的细胞性分裂了，还涉及家庭内部经济、权力、人情领域以及每个成员个体的现实性选择和行为适应。"权变"则正好应和了这种转型社会的变动态势，既指在多元流变的市场化条件中，成员个体权衡各方面条件后的权宜性变通之行，又

---

① 王跃生：《中国当代家庭结构变动分析——立足于社会变革时代的农村》，中国社会科学出版社2009年版，第457页。

指家庭在不同情境下的权变以应对社会转型过程中多样化的结构状态。

第二节 权变型家庭的理论辨析

自古至今，家庭始终是人们生产生活的重要单元。但是，家庭究竟是一个什么样的实体，尤其是在转型社会的当下，家庭的内核是个体还是整体、是个体主义还是家庭主义①、是个体本位还是家庭本位，一直存在着纷争。

家庭是社会的基本单元，单元虽小，其内在的结构与关系并不简单。放归于日常生活之中，家庭是一个真真切切的实体，需要日夜经营才能完好运转，农民称之为"过日子"②；一旦将家庭单元还原为独立个体的集合体，则很可能变成供个体计算利弊得失的资源载体，在变迁的过程中很容易形成"无公德的个人"③和孝道衰落的家庭。前者基于组织为公的立场，强调家庭主义的整体性利益，只要能增进家庭成员的福利和社会功能的完成，都是好的，都应被鼓励和赞扬。这样，由"公性"所供养的家庭主义有着自身的防御

---

① "家庭主义"概念在东西方的历史发展中含义不同。中国的"家庭主义"最早建立在大家庭观念上（参见麻国庆：《家与中国社会结构》，文物出版社1999年版，第90—96页），强调家族作为体系的整体性利益。而西方的"家庭主义"是一个历史建构的概念，是在公私两分领域的范畴里对个体家庭的描述，强调家庭在与外界的广泛联系中收缩至核心结构或夫妇式结构的个人中心领域。参见薛亚利：《"韧性"的家庭主义和"脆性"的个体主义——透视城市婚姻礼仪的代际变迁》，载吴小英主编：《家庭与性别评论（第6辑）》，社会科学文献出版社2015年版，第69页。
② 陈辉：《过日子：农民的生活伦理——关中黄炎村日常生活叙事》，社会科学文献出版社2015年版，第1—3页。
③ 〔美〕阎云翔：《私人生活的变革——一个中国村庄里的爱情、家庭和亲密关系（1949—1999）》，龚小夏译，上海书店出版社2006年版，第20页。

权变型家庭：中国农村家庭的结构流变与伦理实践

功能，对于那些来自外部世界的社会制度有着顽强的抵抗力。① 后者则持个体主义立场，认为在现代化和市场经济的时代，家庭单元的"公性"逐渐向独立个体的"私性"过渡，厚来厚往的互馈性代际关系让位于"代际剥削"②，家庭关系失衡、结构分散、伦理衰微。正是这样一条公与私的脉络支撑起经典的现代家庭理论的基本论点——从家本位到个体主义、从联合家庭的复杂关系到核心结构的简单关系的演变是现代化发展的必由之路。

尽管经典理论中的二元论和单线演进的家庭变迁路线被逐渐修正，中西方学者在实践中已经认可现代转型的多种路径和复杂多样变迁模式的可能性，③ 但是仍然没有跳出家庭主义传统与现代个体化中"私"进"公"退的理论范式。学术界普遍认定个体意识的崛起倒逼了家庭伦理的衰微，并且认为，这一过程是从分田到户开始的。土地在分田到户中被划拨至个人，在一定程度上动摇了父权制下的经济合作社模式，随着市场经济的发展，个体生产者从家庭单元的集体生产中脱离出来走向市场，家庭单元的经济实体崩解，个体凸显，私人利益在流动市场中显性化。但是，抛开国家政策，单看农村家庭单元的农业生产，无论在哪个年代都未曾以个体为单位进行

---

① 〔美〕丹尼尔·哈里森·葛学溥：《华南的乡村生活——广东凤凰村的家族主义社会学研究》，周大鸣译，知识产权出版社2012年版，第106页。
② "代际剥削"是贺雪峰及其团队所提出的，他们认为在转型社会中，中青年一代因不利的社会处境而增强私利心破坏了对老年一代的赡养性回馈，使农村家庭普遍面临着老人危机，家庭代际关系严重失衡。参见杨华、欧阳静：《阶层分化、代际剥削与农村老年人自杀——对近年中部地区农村老年人自杀现象的分析》，载《管理世界》2013年第5期。学术界却普遍认为，"剥削"二字有待商榷，在马克思主义的话语中，剥削带有阶级属性，是以一方的侵占而剥夺另一方的资源地位等，两方具有显在的敌对立场和情绪。但在家庭中，这种阶级性、敌对性丝毫不存，相反，代际行动反而是在成员个体的集体性认可中达成的，尤其是被"剥削"的父代非但没有敌对还心甘情愿。
③ 唐灿：《家庭现代化理论及其发展的回顾与评述》，载《社会学研究》2010年第3期。

过农耕经营，每个耕作者的背后皆是一个家庭单元，即便是个人的劳作，也是家庭内部劳动力再分配的分工结果，农业收成亦非按个人进行划分，而是以家庭为单元进行的总体性安排与选择。

家庭既是一个整体，又是独立个体的联合组织形态，在家庭主义与个体主义之间并没有一条清晰的界限。农村家庭中的个体权益的实现往往是以其他成员行为责任的履行为前提，这种个体性收益并不意味着原子化个体的权利之争，而是一种家庭责任伦理下的产物。放大到村庄范围，家庭向内为"私"，于成员个体而言则为"公"，正因为"公""私"两种面貌的共存，使它能够在最大程度上消解利己与利他之间的张力。[①] 而在日常生活中，这种"公"与"私"的调衡正是现代农村家庭生活实践的真实写照。

1. 家庭主义的本体论

1949年前后，中国的农村家庭遵循男性单系父权体制，以性别、年龄、辈分为原则[②]，形成父子一体、夫妻一体和兄弟一体的家庭关系[③]。在诸多家庭关系中，父子关系是核心，夫妻关系和兄弟关系只是父子关系的延伸和补充，母子关系也被还原成一种生育关系，整个亲属网络中的各种关系都是为了延续家族的父系[④]，最终构成了以父为尊的阶序性结构。这种家庭结构在本质上是儒家传统秩序下的家庭模式，也是孕育家庭主义伦理的根本所在。传统的家庭主义是

[①] 陈辉:《过日子：农民的生活伦理——关中黄炎村日常生活叙事》，社会科学文献出版社2015年版，第19页。
[②] 笑冬:《最后一代传统婆婆?》，载《社会学研究》2002年第3期。
[③] 〔日〕滋贺秀三:《中国家族法原理》，张建国等译，商务印书馆2013年版，第45页。
[④] 〔美〕许烺光:《祖荫下——中国乡村的亲属、人格与社会流动》，王芃等译，南天书局2001年版，第49、50、94页。

权变型家庭：中国农村家庭的结构流变与伦理实践

家国一体秩序中的核心价值体系，用以维护和促进以家为基本单元的社会之稳定。它以义务为本位，强调互为牺牲的利他精神，那些因血缘关系连接起来的亲属，彼此之间也承担着无限的相互照顾与扶持的责任。① 经过集体化时期的改造和现代市场化的冲击，家庭结构与关系发生变迁，但养老、抚幼的家庭伦理依然作为基本价值被奉行，这便是家本位论者的论证起点。

持家庭主义实体论者通常强调家庭的整体性功能远高于个体的私人利益，为了实现家庭的整体性功能，个体必须服从并且维护家庭礼序。在这里，家庭主义本身包含两层含义：一是农民将经营家庭生活本身作为一种实现生命意义的方式，家庭给予个体安身立命的价值归属；二是农民在家庭生活的过程中，一切言行皆以家庭为中心，以家庭利益为宗旨，旨在维护家庭的完整性和延续性。② 简言之，农民的生活是家庭本位的，是以家庭而不是以个人利弊来计算成本和收益。举例来说，在农村地区，当家庭经济条件有限而儿子和女儿又同时面临就学的经济压力时，谁辍学便是一个基于家庭利益考量的事件，除非是儿子学习极差，否则让儿子放弃学业是鲜有的事情。就家庭自身的发展而言，女儿终究要嫁出去走进别人的家门，儿子才是始终留在家庭中的最大财富源泉，也是家庭承上启下的重要支柱。与此相匹配的伦理基础便是家庭本身的经济合作社机制、均衡互惠模式以及以和为贵、家和万事兴的价值理念。③ 所以，

---

① 刘汶蓉：《当代家庭代际支持观念与群体差异——兼论反馈模式的文化基础变迁》，载《当代青年研究》2013 年第 3 期。
② 陈辉：《过日子：农民的生活伦理——关中黄炎村日常生活叙事》，社会科学文献出版社 2015 年版，第 190 页。
③ 吴小英：《"去家庭化"还是"家庭化"：家庭论争背后的"政治正确"》，载《河北学刊》2016 年第 5 期。

家庭的重心仍然在父子关系轴上，夫妻轴的爱情需求并没能战胜对孩子的抚养需求，家庭内部呈现纵向和横向关系相互依附的现象。

农村家庭一直是一个内部紧密分工合作的单元体，20世纪80年代公社解体后，在联产承包责任制下，农民家庭再次成为基本的生活和经济决策单位，90年代开始，独生子女比例上升，他们婚后几乎都会和父母同住组成一个三代家庭户。在这样的三代家庭户中，妇孺老幼留守在家负责农耕，生活上却依赖于务工收入，而务工者则将家庭作为一种失业或"退休"后的保障。也就是说，即便在全球化、市场化的大规模就业条件下，农村家庭依然顽强地作为一个经济单位而存在。① 即便个体成员外出务工，他的行为决策仍然受到家庭的影响，其中对上的赡养义务和对下的抚养责任是牵制他冒险行动的根源，确保家庭的良性发展是很多进城务工者不愿冒险留居城市的最大原因。② 可见，家庭的伦理性价值在某种程度上超越了个体经济理性的计算，尤其是家庭对子代教育和婚姻的非理性投资。贝克尔从微观经济学出发，认为家庭本身是一个经济理性的核算体，由成本和收益的计算来决定成员的利他行为，当对孩子的资本投入能够获得或者超过预期的收益时，家庭才会选择在孩子身上进行理性投资。③ 这是一种抽象的西方个体理性思维，但在中国的农村家庭中却未必如此。每个家庭对孩子教育的重视连带高成本的投入是源源不断的，只为孩子能顺利参加高考从而实现"鲤鱼跳龙门"的飞跃。当孩子步入婚嫁期，为了帮儿子娶妻生子，父代可能会联合三

---

① 黄宗智：《中国的现代家庭：来自经济史和法律史的视角》，载《开放时代》2011年第5期。
② 同上。
③ 〔美〕加里·斯坦利·贝克尔：《家庭论》，王献生、王宇译，商务印书馆1998年版，第6页。

权变型家庭：中国农村家庭的结构流变与伦理实践

代家庭的物力、财力进行超负荷地投入，因为在男性单系继嗣的家庭绵延体系中，儿子娶妻生子便是家庭的成果展示，是家庭世系发展中的重要一环。

在中国家庭的变迁过程中，"家庭主义"的语词内涵也在不断变化，从强调伦理价值和差等礼序的绝对服从到生活实践意义的生命归属，是一个从价值礼序回归现实生活的过程。前者是将家庭主义本身看作家庭运转的根本宗旨，其核心和本质皆以家庭利益为本，个体的意义与价值均在于对家庭整体结构和秩序的遵守、维护和绵延，这样的家庭结构中个体往往是被动且屈从的，是一种倾向于传统儒家思想的家庭理念。正如林村第二生产队71岁的L8的家庭，20世纪60年代父亲去世后，母亲让大哥当家，当时全家十六口人，四代同堂，L8跟着生产队外出务工，大哥和其他劳动力在家务农，全部收入上交作为家庭共同开支，直到1982年母亲去世后才分家。市场经济兴起后，这种同居共财联合大家庭的绝对家本位实体很难维持，人们开始基于现实生活而重新运营家庭单元，不再严格遵守儒家传统的一整套尊卑礼序，不再苛求于家庭的绝对权威和经济中心，而是基于家庭自身的世系绵延在日常实践中遵循一套当地特色的生活哲学。只要沉入生活之内便会发现，家庭经济、家庭关系、社会人情和人生意义的再生产是具体而微的，不是拿出一套伦理纲常便能万事大吉的，而是要在生活中将"日子"一天天展开，去处理好生产与消费、角色义务之间的紧张关系。家庭成员通过责任和义务将家庭重新聚合起来，以家庭之名义对外交往，在家庭之内安身立命，这样的家庭讲究的不是利己而是利他，不是权利而是义务，不是对他人的支配而是对责任的担当，不是抽象的人格独立而是具体角色的扮演。① 一言以蔽之，所有行为皆以家庭为本位，以家庭之绵延发展为目标，虽没有了传统家国一体结构下伦理纲常与礼制的强约束，但个体仍旧是被纳入在家庭之内的责任担当者，由此出发，来书写日常的生活实践。

2. 个体主义的实体论

受现代化叙事和西方理论的影响，诸多学者用个体化来指代家庭成员的个体主义行为和表现。② 贝克等认为，个体化不仅仅是一种现代、后现代个体的生存状态，更是一种宏观的社会结构变化，具有去传统化、个体的制度化抽离和再嵌入、缺乏真正的个性而被迫追寻"为自己活"、系统风险的生平内在化四个特征，它既是后现代化的个体主义样态，又是一种社会转型。③ "个体主义"在中国的语境中是和利他性的集体主义相背反的，在政治语境中是被否定和批判的对象；在狭义的日常话语中，"个体主义"往往和自私相等同，被解释为一种极端利己的态度偏好，是被人所唾弃的。因"个体主义"在输入中国时受冷战思潮影响且与当时敌对的资本主义相捆绑，带有浓重的意识形态色彩，所以在使用的过程中一直是极具贬义的语词。从学术的发展脉络来看，个体主义是根植于西方民主制度的社会文化，有别于中国的家庭主义和集体主义，是基于原子式、自由独立个体的理论预设而提出的，无论何时何地，每个公民即个体

---

① 陈辉：《过日子：农民的生活伦理——关中黄炎村日常生活叙事》，社会科学文献出版社2015年版，第197—199页。
② 沈奕斐：《个体家庭 iFamily：中国城市现代化进程中的个体、家庭与国家》，上海三联书店2013年版；〔美〕阎云翔：《私人生活的变革——一个中国村庄里的爱情、家庭和亲密关系（1949—1999）》，龚小夏译，上海书店出版社2006年版。
③ 〔德〕乌尔里希·贝克等：《个体化》，李荣山等译，北京大学出版社2011年版，第7页。

权变型家庭：中国农村家庭的结构流变与伦理实践

的权利和义务都是对等的，由此构成完整的成熟个体。所以，在研究转型社会的家庭变迁时，如果一味站在伦理价值层面来看待农村家庭的变化，则很容易将个体化与日常语词中带有意识形态的个体主义现象相混淆，甚至将家庭中个体的崛起片面地定性为极端利己、不讲责任的个体主义，将青年个体的家庭行为解释为一味索取权利而不讲义务的无公德行为。如果站在西方的学术脉络中，个体主义强调家庭成员的个体化，是能够将家庭还原为独立个体的原子化组合结构，它将情感和亲密关系置于家庭发展的最核心位置。显然，在中国目前的农村家庭中并非如此。

当下，个体化时代的到来已经被学术界所认可。中国社会关系的结构性变迁在市场经济的条件下转向了个体化进程，个体在社会实践中崛起，家庭的主要功能从一个为了集体生存奋斗的群体单位演化成为个体成员提供幸福的私人生活港湾。个体欲望、情感和能动性在家庭生活中的重要性上升，在规模更小的、更亲密的核心家庭关系中个体成为日常实践的中心，私人生活崛起。① 阎云翔在下岬村考察农村家庭中的亲密关系变迁时，认为当个体不再愿意为集体的利益和扩展家庭的绵延不绝而牺牲自己，反而借助家庭的运作来谋求自我的快乐和收益时，家庭主义便被无公德的个体主义所替代了。② 这是日常狭义的伦理层面所论及的丧失个体责任和义务的个体主义，如青年一代在结婚前便开始与未婚妻合谋抬高彩礼，通过家庭财富的婚前代际转移和婚后立即分家，实现核心小家庭私人利益

---

① 〔美〕阎云翔：《中国社会的个体化》，陆洋等译，上海译文出版社 2012 年版，第 1 页。
② 〔美〕阎云翔：《私人生活的变革——一个中国村庄里的爱情、家庭和亲密关系（1949—1999）》，龚小夏译，上海书店出版社 2006 年版，第 246—261 页。

的急剧积累，与此同时，老人因丧失经济基础而随着传统伦理孝道的衰落处于悲惨境地，这是一种典型的西方个体化思维下的论证方式。用西方的个体化理论来解释中国农村家庭的现代变迁，很容易以西方福利体制下个体本位的核心家庭为终点，预设现代家庭变迁的目标和方向，最终陷入单线一维的发展思路。实际上，家庭之变是多维而变动的，个体的觉醒只是家庭变动的多要素之一，并不能就此为据而将中国农村家庭的发展归置于西方的学术脉络并预设其最终方向。试想20世纪初的新文化运动，为了冲破宗法家庭体制的束缚使个体走向独立自主，形成"个体主义"和"家庭主义"两个正反命题，从而对家族制度发出猛烈的抨击，家庭作为一种特定的社会结构处于严重被削弱的地位，连同家庭主义在内的儒家道德礼序也被一起诟病。[①] 但至今无论是成员个体还是国家政治都一直坚守着尊老爱幼、孝敬父母等家庭主义伦理，普遍强调家庭成员的责任和义务。现代市场经济条件下，家庭规模和结构均已发生预期性变化，个人的独立意识和权利观念兴起，却将传统家庭美德中厚来厚往的均衡互馈关系打破了，家庭中的权利和义务不再是等量关系，形成了"没有个人主义的个体化"[②]。有学者正是沿着这一线索和理论脉络向下思考，个体私利崛起后的家庭代际关系在现代转型中被划分为两种类型：一种是因无公德的青年个体而出现高度不平衡的代际关系；另一种是因中老年人的理性觉醒而出现的低度交换且平衡的代际关系。[③]

[①] 孙向晨：《个体主义与家庭主义：新文化运动百年再反思》，载《复旦学报（社会科学版）》2015年第4期。
[②] 〔美〕阎云翔：《中国社会的个体化》，陆洋等译，上海译文出版社2012年版，第21页。
[③] 贺雪峰、郭俊霞：《试论农村家庭代际关系的四个维度》，载《社会科学》2012年第7期。

权变型家庭：中国农村家庭的结构流变与伦理实践

　　现代家庭的发展与变化绕不开市场化的宏观背景，人口流动、弹性就业、全球化无不改变着人们对生活的选择，使个体对于家庭的理解也发生变化。何为家庭？即便是同一个家庭中的成员，不同个体都会给出不同的答案。由此，沈奕斐提出"个体家庭"的概念，认为个体是家庭的支配性力量，个体作为家庭的中心，形塑了家庭的面貌，个体想法的独特性决定了家庭形态的多样性，决定了家庭内部权力关系的复杂性，尤其是在那些有足够经济基础的白领家庭。[1] 个体家庭的结构与关系因中心个体的变动而变动，中青年白领双双上班，其父母便千里迢迢从家乡过去帮忙料理家务，当他们完成了生育，两方母亲又出面帮助照顾，由此导致在以他们为中心的核心小家庭中，人员结构总是处于变动之中，而不变的是，所有的资源和关系都向他们集聚，形成以他们为中心的家庭生活。在这种结构中，中青年白领即独立自由的个体主义者，他们之所以能够达到这种状态，完全是因为背后父代家庭的全力支持。这是典型的以个人为本位的家庭实体，即家庭重视个人的生存、个人的利益、个人的意志、个人的发展，主张并支持个体的个性和独立性，是以家庭服从个人的。[2] 但应该注意到，这里的个体本位并不是全部人的本位立场，而是就特定个体的具体利益而言的，是个体主义立场的部分显现。因为只有中青年白领一代作为核心家庭的中心，其他成员皆服从于这个有限个体的利益，甚至在男方和女方各自的父代家庭中，服从的都是不同个体的意志，受到多股力量的牵扯，原来的核心家庭被分散成不同独立个体组成的单元，个体主义便有了生长的

---

[1] 沈奕斐：《个体家庭 iFamily：中国城市现代化进程中的个体、家庭与国家》，上海三联书店 2013 年版，第 1、2 页。
[2] 同上书，第 22 页。

空间。另外，这种以特定个体的利益为中心的家庭结构安排也没有导致阎云翔所谓"无公德的个体"的泛滥局面。

所以，纵观城乡家庭，很难为纯粹自利的个体主义寻得多少生存的空间，每个成员获利的背后都有其他成员的伦理性付出，每个人都是处于关系与伦理中的个体，在这个意义上，基于个人原子化立场的个体化也就无从谈起。学术界误以为的个体主义家庭实体，实则是在家庭主义的伦理价值层面上，个体没能承担起部分道德责任和义务的家庭现象，并且是发生在家庭生命周期的某个特定阶段。其实，西方福利国家中的个体主义、个体化和中国市场化条件下的个体化大相径庭。前者在理论层面上，与新自由主义对立，并暗地里反对自由主义和古典个体主义；在社会层面，是在文化民主、福利国家和古典个体主义背景下界定个体化进程。① 而这两个前提条件，在中国的本土化语境中，只能在与已有文化进行交汇融合的基础上，才有可能寻得植根的土壤。

3. 非绝对本位的个体与家庭

家庭本位与个人本位之间的张力是讨论家庭变迁的重要问题。② 家庭主义者习惯以家庭整体为本位，个体为家庭之绵延而献力，个体的行为是在家庭的结构与关系中进行的选择。个体主义者则将个体化与民主社会的个体主义相等同，认为家庭单元的功能意义消失，家庭变成以个体为中心、具有排外性的私人空间，它为个人提供情

---

① 〔德〕乌尔里希·贝克等：《个体化》，李荣山等译，北京大学出版社 2011 年版，第 7 页。
② 康岚：《反馈模式的变迁：转型期城市亲子关系研究》，上海社会科学院出版社 2012 年版，第 10 页。

权变型家庭：中国农村家庭的结构流变与伦理实践

感和资源，家庭的存在便是为个体的发展提供服务和资源。在现代社会的市场化条件下，人口高速流动成为常态，家庭本位的伦理基础不断被市场经济所侵蚀，与此同时，基于个人本位的福利国家的个体主义制度尚未建立，个体主义尚无健全的生长土壤。所以，无论是将哪个要素设定为家庭的基础本位都是不合时宜的。

要对中国家庭，尤其是中国农村家庭的变迁寻得理论依据，首先要对转型社会有个清晰的认识。市场化背景下，成员个体意识的觉醒与个体化的距离有多远是需要考究的。鲍曼说，个体化指的是人们的身份从"承受者"向"责任者"的转型，使行动者承担完成任务的责任，并对他们行为的后果负责，这种个体化存在于自治——根据法律上的权利——的建立之中，而不管事实上的自治是否已经很好地建立起来。[①] 这是西方个体主义的延续，他将个体看作独立的权利义务体，当个体能够主动承担责任时，便走向了个体化，这里的个体是不被家庭关系所牵绊的原子化个体。在这个意义上，家庭成员个体意识的觉醒便是理性计算的开始，是基于个人本位立场的实践原点。如此，便不得不追问，在市场化的背景下，家庭就一定会走向具有健全的个体主义内涵的个体化吗？这在中国的农村家庭中是无法给予一个绝对的答案的。毕竟家人和村民的角色是先天存在的，个体无法摆脱这些先于自我而存在的关系结构。那么，要接受个体化，就只能将它看作一种社会结构转型下的宏观背景，即在流动市场中的个体，从外在的制度约束中脱嵌，成为自由的能动个体去重新选择或再嵌入组织和团体，在这个过程中，现代社会新的要求、控制和限制连同风险一同直接强加给了个体。这样看来，不同国情下的个体化进

---

① Zygmunt Bauman, *Liquid Modernity*, Polity Press, 2000, p.49.

程差异甚大,在中国,既有因市场经济而引发的本土个体化因素,又有西方个体化理论预设介入实践的本地化过程,两者交织,使得转型社会的家庭现象更加复杂。

在中国高流动的市场环境中,成员个体要在具体的社会境况中面对不断变化的情境,还要不断适应劳动力市场、教育体系及建设福利国家等方面的种种状况。① 市场提供了"发现个体"并"成为个体"的契机,农村家庭中的个体成员作为自由劳动力纷纷迈出家门走向各个行业赚取货币,这是工业化、市场化发展的产物,是现代化进程的直接表现。而成员个体被货币经济所牵引不得不外出务工时,这究竟是个体意愿还是家庭需求,便需要在农村家庭的结构与关系之内进行考察了。被卷入市场大潮的农村家庭,个体成员的重要性随着其经济贡献而显著增长,在某种程度上促进了现代核心家庭亲密关系、私人空间等理念的生成和传播,同时在日常实践中仍保留着大量传统家庭的伦理文化。所以,在农村家庭的现实生活中,家庭中心尚未完全从亲子轴彻底转向夫妻轴,而是两者并重,双系双轴并存,对浪漫爱情的追求也在抚育子代的过程中退居二线。新生代在家庭中完全占据着核心位置,家庭规模和结构虽然缩小但在亲属网络中联系依旧密切,家庭呈现出传统与现代多元并存的变迁之势。② 当然,父代权威下降是不争的事实,但是代与代之间的互惠与合作反而有增无减。尤其是在独生子女家庭中,亲权在决定青年婚姻解体方面的影响反而越来越大,当下的青年一代在生活的重

---

① 〔德〕乌尔里希·贝克等:《个体化》,李荣山等译,北京大学出版社 2011 年版,第 1—5 页。
② 吴小英:《"去家庭化"还是"家庭化":家庭论争背后的"政治正确"》,载《河北学刊》2016 年第 5 期。

权变型家庭：中国农村家庭的结构流变与伦理实践

要阶段，包括教育、择偶、职业选择、婚姻安排、婚后居住、孩子抚养等方面，纷纷转向父母寻求支持和保护，亲权在子代小家庭中的影响力逐渐回归。① 吴小英称之为"再家庭化"，这是继五四运动的"去家庭化"以来，中国家庭在市场经济条件下作出的新的反应。从家庭的经济领域来看，以三代家庭为单位的小农经济仍然顽强持续，城镇"夫妻老婆店""个体户"等非正规经济体与农村"半工半耕"的农户经济均在中国经济中占据重要位置，这种家庭经济单元不同于市场经济的理性个人逻辑，它的特殊劳动力组合以及它对待劳动、投资、房子、老人赡养、婚姻和孩子教育的不同态度，挑战并否定了市场经济学的核心——个体本位。②

家庭成员个体的崛起并不一定伴随着经济人的理性化，市场化就业和货币收益使成员个体的重要性凸显，个体凭借经济实力而具备了独立自主的行事能力，能力强者可能成为重塑家庭、家风的主导者。但是，这个过程并没有将农村家庭带入西方个体化理论预设的核心化结构和绝对经济理性，相反，"再家庭化"趋势明显，两代人合力、共同应对进城买房的风险便是很好的例证。当国家福利退让于市场经济的资源分配时，父母通过提供多种形式的支持，深度介入并运用策略极大地影响着住房的获得与安排，因此，购房不仅仅是一种经济行为，更是一种家庭中的社会行为，成员在这个过程中相互调试和理解，充满张力和不确定性，既有合作也有妥协和冲

---

① 〔美〕阎云翔、倪顺江：《中国城市青年中的父母干预型离婚与个体化》，载《国际社会科学杂志（中文版）》2016年第1期。
② 黄宗智：《中国的现代家庭：来自经济史和法律史的视角》，载《开放时代》2011年第5期。

突，逐渐建构起一种内部关系。① 如果剖开家庭内的冲突、妥协与合作，会发现，在代与代之间，青年人对于家庭主义的认同是有选择的，当家庭利益与个体利益相一致时，原有伦理得以维系；当两者相悖时，个体权利意识崛起。康岚将这种兼具家庭价值与个体意识双重特征的关系称为"新家庭主义"。② 如果从静态的时点结构进行分析，成员个体的权利损益一目了然，但家庭是有内在生命的，成员个体与家庭的损益关系应放在动态的发展过程中来考察，某个时点的利益背离并不能代表整个生命周期的发展状况。从亲子关系的日常互动中来看，子代地位提高，亲子关系更为平等，那种上下有序的结构组织已经过渡为更加平权的私人生活单元，但它并不排斥原有的家庭伦理文化，反而在实践中融合现代生活与传统价值不断产生新的变体。③ 家庭的权变便发生在传统价值与现代背景的合力作用之下，是个体主义与家庭主义并存共生的日常生活实践。

单位保障制度的撤离和市场风险的增加，使家庭成为化解个人压力、提升安全感和幸福感的重要港湾，市场经济条件下，与个体崛起相伴随的不是家庭价值的全面式微，而是家庭价值的回归。④ 因此，家庭主义和个体主义并不是截然对立的，而是在日常实践中相互融合的。农村家庭作为农民生产生活的基本单元，它既是伦理的、有家庭整体的，又是看得见个体权益的、有独立空间和选择自由的。如代际育儿的亲子合作，"严母慈祖"就是兼容个体权益与家庭伦理

---

① 钟晓慧：《"再家庭化"：中国城市家庭购房中的代际合作与冲突》，载《公共行政评论》2015 年第 1 期。
② 康岚：《代差与代同：新家庭主义价值的兴起》，载《青年研究》2012 年第 3 期。
③ 康岚：《反馈模式的变迁：转型期城市亲子关系研究》，上海社会科学院出版社 2012 年版，第 4—8 页。
④ 同上书，第 87 页。

于一体的分工协作，祖辈以帮忙者角色承担含饴弄孙的抚育照料工作，母亲则作为育儿总管掌握着孩子成长教育的话语权和决定权，但是祖辈通过对孩子的庇护和情感互动，形成紧密的一体感，能够共同化解母亲权力的行使，在这种权力、情感与伦理交织的关系结构中，不同个体与家庭的利益在不断实践中实现了动态的调衡状态。①

权变型家庭便是从日常实践出发，悬置了理论范式中家庭主义与个体主义的对立，以农村血缘直系家庭的现实生活与现代发展来展示成员个体与家庭之间的关系。它摒除了中西方"去家庭化"与"再家庭化"理论脉络中的政治蕴意，并且避免了"新家庭主义"中将家庭主义和个体主义作为两个独立变量进行割裂思考的二元思维。农村家庭的权变内容繁杂，但都难以脱离血缘直系家庭单元的范畴，于方法论上，仍旧是一种将血缘直系家庭单元看作整体结构的家庭主义延续，但在日常生活中，却是调衡个体利益与家庭发展的具体实践逻辑。

第三节　现代农村家庭之权变

家庭与整个社会的关系不像每家建房用的砖那样静止不动，它是动态的，把一些暂时互相平衡的压力和矛盾集中在自己身上，随时间和地点不同而不停地变化。② 大集体时期，虽然家庭单元被集体的力量拆分为直接面对公社的个体集合，但家庭内部的伦理关系、

---

① 肖索未：《"严母慈祖"：儿童抚养中的代际合作与权力关系》，载《社会学研究》2014年第6期。
② 〔法〕克洛德·列维-斯特劳斯：《遥远的目光》，邢克超译，中国人民大学出版社2007年版，第66页。

互动礼仪均在政治话语和道德舆论中保持着稳定的秩序。市场经济的发展,将个体抛入务工大潮中,个体的独立性和重要性均显现出来,并发展出以自我为中心的关系网,基于自身情感出发的个体认同边界使家庭出现了动态的结构关系变化。受经济和传统伦理文化的牵制,家庭内部呈现出多元样态,养老、抚幼的家庭伦理依然作为基本价值被奉行,但方式和内涵发生了不同程度的权变。同时,家庭边界在村落舆论、主观认同和客观血缘身份中出现了不同程度的错位。个体对家庭的形塑力增强,在血缘直系家庭的单元内,因为经济、情感和伦理等原因而使得成员在不同的情境中选择不同的互动方式,形成阶序性与平等性交杂并存的关系样态。

个体也许在日常实践中人为地缩小或重塑了家庭生活的有效范围,但其意图是紧紧抓住家庭而不是丢弃家庭。[①] 我国的现代化社会是高度压缩的,经历着时间和空间上的浓缩式变迁,是一个糅合了迥然不同的历史和空间元素的复杂体,而家庭非常成功地发挥了这种压缩现代性接收器的功能。无论分与合,家庭为个体提供资源和保障,个体为家庭的发展添柴加火,家庭始终作为一个整体性的发展单元向下绵延是所有家庭成员的共识。

1. 从稳定秩序走向多元结构

在现代化进程中,农村家庭的发展受到多方力量的牵引,国家

---

① 张景燮:《无个体主义的个体化:东亚社会的压缩现代性和令人困惑的家庭危机》,载上海社会科学院家庭研究中心编:《中国家庭研究(第七卷)》,上海社会科学院出版社 2012 年版,第 20—21 页。

的、市场的、传统文化的因素同时并存又相互影响。大集体时期，家庭单元被分解为直面集体的劳动个体，家庭的生产、生活功能全部移交于集体，家庭的边界被户所取代，但家庭的伦理文化却因国家政治力量的监管与保护而变得更加严格地践行着。20世纪七八十年代，全方位的计划生育政策深入每个家庭内部，却难以撼动豫北林村家庭的求子需求，男娶女嫁、男丁绵延的传统文化悍然屹立，即便是到了市场经济时代，农民家庭的价值伦理仍然被有效地坚守着，只是实践的形式发生了变化。

（1）大集体时期的稳定秩序

人和土地是中国农村家庭的两大支柱。对于农村家庭而言，土地是属于家族世系的，活着的人在土地上进行生产生活，死去的人入土为安，土地是连接祖先和后代的重要纽带，是家族绵延的物质根基。① 通过土地、房屋等家产的继承，农村家庭确认了成员的身份、祖先与子孙的连锁关系，父子之间在同居共财的关系中被宿命性地连接起来。② 为了保证家庭的无限绵延，男婚女嫁、男性单嗣继承成为农村家庭的基本运行规则，正如村民所说"女儿是一门亲戚，儿子是家里的根"，一个没有儿子的父亲就好比一棵没有根的树，③ 男性作为家庭的根系要不断有人延续才能保证家庭的无限发展，生男孩便成为每个家庭所期盼的添丁之喜。大集体时期，虽然在形式上废除了祭祖等宗族仪式活动，但是却无法扫除留在精神世界中的

---

① 杨懋春：《一个中国村庄——山东台头》，江苏人民出版社2001年版，第48页。
② 〔日〕滋贺秀三：《中国家族法原理》，张建国等译，商务印书馆2013年版，第137、138页。
③ 〔美〕许烺光：《祖荫下——中国乡村的亲属、人格与社会流动》，王芃等译，南天书局2001年版，第65、66页。

祖先一体的信念，表现在生育上即是对男丁的偏好，表现在生产生活中即是对男劳力的现实性需求，多子意味着劳动力，劳动力关联着生存和发展，因此人丁兴旺是每个家庭之所求。

农业集体化时期，土地收归生产队，家庭成员作为生产队的个体劳动力，其个人收入和家庭贡献通过工分显性化，虽然可以借生产队之名从父荫之下走出来，但出于现实考量，同居共财是最有利于家庭整体发展的居住模式。大集体时期鼓励生育，在上有老下有小的大家庭中，青壮年需要依靠老年人的抚幼照料来换取自己完整的工分值，通过转移幼儿的口粮给青壮年和中老年又可以确保全家的生活水平。待到所有子代都娶妻生子能顾全小家庭的生产和生活时就会迎来分家，正所谓"树大分杈，鸟大分窝"。因土地资源全部移交到集体，由集体进行统一的生产与生活安排，生产队作为生产资料的绝对占有者，能够对父母的权威地位施以各种保障。在生产队的庇护下，父母在分家过程中往往占有主动地位，他们往往会给自己留有单独的资产，包括房屋、粮食等，像债务、亲戚往来的人情责任等则会一并分给子代。分家后，作为公证人和监督人，生产队队长可以随时干预子女对老人的不善行为，并在首次分配中直接将分家时规定好的生活资料分配到老人手中。因此，集体权威为父代在家庭中的地位和代与代之间的互馈关系提供了有力保障。

到了20世纪七八十年代，为了便于管理，家庭边界以行政单位——户为标准。分家是家户变动的重要转折，一旦分家就形成以户为界的不同分配单位，家庭中的劳动力被生产队抽离为以户为单位的集合体，生活资料最终由集体按家庭的总人口和劳动贡献分配给家庭户，正所谓一家一户。集体作为村庄的基本管理单位，直接对个体具有管理和支配权力。所以，脱离了父权家长制约束的个体劳动力的自我选择权逐渐增强，那些不愿意被大家庭所拖累的年轻小夫妻在不需要依靠父辈抚幼的情况下，分家立户成为多子家庭的必然选择。但是，村庄舆论作为家庭伦理的标杆对个人起到很强的约束力。而舆论本身是占据家庭权力地位的男权和父权所掌握的，通过村庄舆论可以转化为对个体成员的惩罚性力量，比如当面指责、情感孤立等，从而有效地规约成员的品行，使之符合伦理要求。农村家庭的代际互馈模式受财产的分割继承、村庄舆论的规约和集体组织的督导等多方面维护，在日常实践中被有效地践行着。

（2）改革开放以来的结构变化

改革开放以来，青壮年外出务工成为林村家庭的普遍选择。林村所在的镇是当地典型的农业乡镇，市场化发展程度不高，只在镇中心形成了容量有限的商品交易和劳动力就业市场。镇中心的商业圈只能满足极少的劳动力就业需求，且多以服务业为主，吸纳对象主要是毗邻镇区的女性群体，全镇10.08万人口的就业问题难以在本镇范围内实现，外出务工便成为当地成年男性的主要谋生方式。

随着外出务工的常规化，商品经济也开始发展起来。林村的商品交易市场包括固定的镇商业中心和各村每年次数不等的集会贸易，因商业中心距离各村均在10公里的范围内，骑电动车15分钟即可到达，所以各村庄内部只有数量有限的日用品商店、小型的蔬菜超市和私人药铺。林村在20世纪80年代只有一个供销社和两个私人药铺，到90年代新增了四个私人商铺，到2000年以后，邻街的家庭先后在房屋翻新的过程中建了门面店铺，或自己经营或出租给其他人做生意。截止到2016年，林村主干道两旁的商铺共有11家，包括两家菜店、四家杂货铺、一家美容店、两家药店、卖面条和炸油条的各一家，而靠近山脚的两个生产队中几乎没有成型的店铺，有些村民就在家门口的走廊内摆满零食和日用品进行售卖，收入甚微。

外出务工带来人口的流动，直接影响到家庭的结构变化。从表2.1可知，各生产队的外出务工率占到成年男性的一半以上，如果加上那些曾常年在外但最近两三年才因年迈回家务农的中老年人的话，外出务工比例更高。这些外出务工者，只有到春节和农忙时期才会回家，一年在家的时间不足两个月。家庭关键成员的外出流动直接导致家庭人员结构的变动和再组合，使得家庭的边界被打破，家庭形态多样化。从家庭成员的流动来看，具有血缘关系并且在社会和经济上具有共同利益的家庭成员没有居住在一起，妻子成为家庭的主要和固定成员，丈夫多数阶段处于缺位状态，① 核心小家庭的结构呈现残缺状态，此时家庭认同以情感和关系为导向，发生地域性的跨越。

表2.1 2016年林村五个生产队的成年男性就业情况

	二队	三队	六队	十队	十一队
外出务工人数	61	57	43	57	45
外出经商人数	2	1	7	6	7
在村务农人数	15	5	12	11	9
在村养殖人数	0	0	0	3	2
移居市、镇人数	7	5	10	11	9
公职人员人数	4	3	4	10	4
当兵人数	0	0	1	0	0
上学人数	6	3	2	3	2
总人数	95	74	79	101	78

资料来源：根据实地调研的数据统计。

另外，人员的外出流动使村庄内的家庭边界变得模糊。从外出

---

① 潘鸿雁：《国家与家庭的互构——河北翟城村调查》，上海人民出版社2008年版，第2页。

权变型家庭：中国农村家庭的结构流变与伦理实践

务工的年龄来看，60岁及以上仍在打（零）工的人数占到老年男性人口的一半，这意味着家庭内部父子之间可以形成两个相互独立的经济主体，有经济能力的父代不需要依靠子代而过活。无论分家与否，只要父代与子代各自拥有一定的物质基础，就能够相互保持自由和独立的样态，即便共处一院、合用灶台，也可以根据自己的喜好烹饪不同的菜肴，一家人吃两锅饭的现象时有发生。在经济收入市场化的现代农村中，分家与否并不会影响到不同代际的独立经济，这样，那些只有一个儿子的家庭，虽然仪式上没有分家，但在生活实践中已经通过居住格局和经济收入的分离而变成两个相互独立的单元体。林村60岁的L20，在山西做包工头，两个儿子跟着他一起做，因两个儿子均已结婚且有小孩，每年年终结账时他按照技术员的年薪给两个儿子发放工资，他们没有分家，过年全家回村居住时一切生活开支又汇集于一处不分彼此，但平时两个儿子在山西各有一套房产，兄弟俩已经在生活和生产上分割开，父子之间虽共产却未共财，一个家庭实际上由三个生活单元所组成。可见，家庭不再局限于同居共食、共产共财的关系结构，家庭的边界也在情感认同、生活实践和消费行为中不断变动，时而扩张、时而缩小。

从当地（全市范围内）2015年的统计数据来看，户平均人口数逐年下降，如表2.2所示。虽然户和家庭单位并不能完全画等号，但户的人口数量减少了，在一定程度上也反映出家庭规模的小型化。大集体时期，家户边界一致，农民的生产、生活皆以户为单位，分户即分家。现代农村家庭中，分户有利于市场中的人口流动，但分户未必一定伴随着分家，尤其是在只有一个儿子的情况下。这样，家、户边界时有错位。

表2.2 A市农村家庭人数变化

	1980年	1985年	2000年	2010年	2011年	2014年
乡村人口数（万人）	362.24	378.24	434.13	443.09	447.18	327.79
乡村户数（万户）	79.84	86.38	114.04	119.07	120.73	90.91
户平均人口数（人）	4.537	4.379	3.81	3.721	3.704	3.606

资料来源：A市2015年统计年鉴（年鉴中缺少20世纪90年代的数据）。

其实，分家、生育和外出迁移都会影响到家庭的结构与关系。[①] 20世纪80年代计划生育政策的全面推行，使家庭人口数量减少、规模缩小，多子家庭向少子家庭转变。与大集体时期相同，在多子家庭中，子代结婚后便分家成为共识，即使是最小的儿子，在他们婚后不久父母也会主动提出分家。而在单子家庭中，首先是分家与否变得难以判断，只有一个儿子的村民普遍会说："我就这么一个儿子，我的不都是他的？早晚都会给他，没必要分家。"但是，即便共同居住在一个庭院内，代与代之间因生活习性、经济来源不同而自然而然地形成了两个不同的经济单位，并相互独立。实际上，随着婚嫁市场的竞争，结婚必须准备婚房的热潮将父子家庭割裂为两个空间相互分离的单元，有时为了工作和生活的便捷，子代往往在结婚时另置户口簿，如此，一家两户甚至多户的现象十分常见。这种现象在分田到户以后便十分普遍，家庭成员外出务工使得流动人口增多，户籍人口与常住人口很难契合，不同于大集体时期清晰一致的家户边界，现代农村家户边界错位现象严重，户仅仅成为一种行

[①] 王跃生：《家庭结构转化和变动的理论分析——以中国农村的历史和现实经验为基础》，载《社会科学》2008年第7期。

权变型家庭：中国农村家庭的结构流变与伦理实践

政统计手段。

从农村家庭的实践伦理来看，虽然计划生育政策在林村的推行造成了普遍的少子化现象，但独子家庭却依然很少，生育行为的男孩偏好依然被顽强地保留着。从各村民小组的生育情况来看，20世纪八九十年代，全国计划生育政策严格推行时期并没有出现大面积的独生子女户，相反，绝大多数家庭或交罚款，或逃往外地，或暂缓生育计划待到监管相对宽松时再生二胎的现象十分常见，林村家庭中普遍都是两个孩子。以林村第一生产队的62户人家为例，已婚的、户主年龄在50岁以下的家庭中，只有5户是一个孩子，其中1户的户主是事业编制，为了保"饭碗"而不敢多生，1户是无法生育领养了一个儿子，剩下3户的户主年龄均在40岁以下均有生二胎的可能性，其余家庭普遍有两个孩子。如果以"70后"和"80后"为例，林村共有23户三孩家庭，其中4户是再婚重组家庭，1户是三胞胎，3户是有三个女儿的纯女户，剩下15户的家庭都是两个女儿一个儿子或两个儿子一个女儿。可见，计划生育作为一项国家政策，一定程度上受到了当地农村家庭的现实性抵制，至少在可操作层面，村民通过空间转移或时间转移等方式达到了自己的目的。生育观念的动摇主要发生在城乡流动的20世纪80年代末90年代初出生的青年身上，一方面，来自城市的工业品充斥着乡村的生活消费习惯，现代家电、交通工具、信息传媒设备等进入农民的生活，以消费为特征的现代化生活方式伴随青壮年的回村而在乡村中得以生长，农村生活尝试着与城市接轨；另一方面，对子代的抚养成本开始攀升，服装、交通工具、学习用品等需要用货币来支付，农村本土的自制产品被市场淘汰，经济支出与日攀升。理论上讲，经济基础的变动改变人们的文化观念，在生育行为的选择中，受到市场经济的冲击和男性婚嫁市场的压力，生男孩的愿望是否会被现实所改写了？纵观各村的现实状况，事实未必如此。单纯从已经婚嫁的"80后""90后"来看，已经生育的人群中，二孩现象仍然普遍。正如31岁的Y2所说："现在儿子女儿都一样，都要养老。只要有人帮你养，生几个都行，自己养就得看经济条件了。全在自己打算，个人想法不同。我暂且要这一个女儿，计划赶不上变化，一时说一时。对我来说，两个就足够了，多了养不起。"虽然因离婚、大龄未婚现象的存在而无法进行全面精确的数据统计，但从年轻一代的生育意愿表达上来看，二孩仍然是农村家庭的普遍选择，但"一定要生个男孩"的观念有所松动。

在林村，当计划生育政策遭遇当地顽强的男丁生育文化时，最终造成了当下适婚年龄的男女性别严重失衡，进而导致婚嫁市场的竞争与异化。毫无疑问，计划生育政策的推行改变了家庭人口的数量，却没能动摇农村家庭中的男性单系继嗣的制度文化，仅有的独女户家庭也通过招婿的方式来绵延子嗣，如此导致男女性别资源不均。仅就步入婚龄期的"80后"一代的男女比例就为100∶82①，致使在婚嫁市场中，女性优势地位明显，再婚市场火爆，直接表现为与日攀升的高额彩礼和女性婚后家庭地位的上升。人口的市场流动威胁着家庭的稳定结构，离婚现象增多，但二婚的女性资源在当地的婚嫁市场中可以直接匹配初婚的男性群体；而男性再婚市场却不容乐观，一旦离婚很难再娶。由此形成初婚者、再婚无孩子者、再婚带孩子者的三层梯度的婚嫁格局，在村女性无论处于哪种状态，都可以通过婚嫁向城市流动，使得在村男性的竞争更加激烈。如表

---

① 数据来源于A市2014年统计年鉴。

2.3 所示,男性离婚者的再次择偶往往难度更大,尤其是那些离异前已经有子女的。

表 2.3 梯度婚嫁市场的配对情况

城市		
(女)初婚者	(女)再婚无孩子者	(女)再婚带孩子者
(男)初婚者	(男)再婚无孩子者	(男)再婚带孩子者
在村		

资料来源:作者自制。

离异家庭的再组合是现代农村家庭结构多样化的原因之一。在林村第十三生产队中,30岁以下的离婚者共十人,三个女性全部再婚,七个男性中,有两个因家庭条件较好已经再婚,剩下五个一直未娶。他们五个人中有三个人离婚时尚未生育,剩下两个均有孩子,因家庭中妻子缺位,只能由祖父母身兼多重角色来进行补位,重组成以血缘为纽带的三代甚至多代直系家庭。正如"六人普"数据所显示的,一方面,留守儿童大量出现;另一方面,直系家庭(即祖孙家庭的常态结构)数量有上升趋势。按照当地习俗,结婚后不久便会分家,年轻夫妻和年长父母分开各自生活,代与代之间相互独立,但是因为小家庭人员的缺席往往使得原本分开的家庭又重新合在一起,家庭结构随着日常实践中的不同遭遇而适时调整。

在家庭内部,男性当家人作为经济收入的主要来源使家庭中的养老伦理遭遇现实的困境,由此外嫁女在原生家庭中的回归成为现代男女平等口号下的具体实践。另外,少子化意味着子代数量的缩减,在有限的养老资源面前,嫁出去的女儿同样需要承担对娘家父母的照料义务,儿女一样的赡养职责开始被村民所接受,在父母不能自理时,女儿同样参与父代的日常照料。原本,女儿不承担物质金钱上的责任，只在情感和生活上付之以回报，在少子化的今天，女儿开始回归于原生家庭并承担起同样的养老义务。这种家庭实践不是娘家与婆家的家庭关系，而是血缘直系家庭结构中的伦理变迁。

2. 阶序与平等的多元主体关系

家庭在血缘伦理中是一个客观实体，家庭关系包括血缘关系和姻缘关系。父系的血缘关系往往需要婚姻过程来反映，婚姻是以男性为中心延续父系家族的一种手段。林村男婚女嫁的婚居模式有效地延续着当地以男性为中心的单系继嗣制度，男性血缘伦理关系中的年龄、辈分原则在宗亲网络中随着关系的疏离而变得浅淡，只有在直系血缘关系和近亲关系结构中才形成一种天然的阶序性地位，长幼阶序在血缘情感互动中被强化。随着流动的加剧和空间距离的分离，家庭内部能够发生直接互动且被伦理道德所束缚的个体被囊括在直系血缘范畴内，旁系和外嫁后的亲属关系在家庭实践中一直处于道德松绑状态。与此同时，市场经济的兴起与人口自由流动的加剧，成员的阶序性地位变成一种仪式性象征，实际地位的衡量是个人能力的高低和对家庭贡献的大小。生活实践中的情感认同变成一种基于个人平等交往与互惠的产物，职业的变更和居住的地理流动使家庭成员可以从原有的家庭结构中脱颖而出，以不在场的优势来选择伦理义务的实现形式，不再受限于永恒性的血缘关系结构。毫无疑问，只有家庭没有个体的家庭主义在当代正在日渐消解。但村落社会中的礼俗人情和血缘联结一定程度上保留了长幼辈分的阶序性地位，但无论是在家庭内部还是村庄交往中，以独立经济为基础的多元主体开始遵循平等互动的原则，出现伦理上的阶序性与生活上的平等性共同存在的格局。

权变型家庭：中国农村家庭的结构流变与伦理实践

现代市场经济条件下的外出务工为村民提供了新的契机，个人禀赋差异和机缘努力带来村庄内巨大的贫富差距。林村2015年人均收入为11700元，全村13个生产队共1100户，家庭年收入两三万元者（建筑小工）占20%—30%，年收入五万到十万元者（匠人）占60%—70%，年收入超过50万元者（包工头）不到10%。① 这些不到10%的家庭的年收入之和反而高于其他所有家庭年收入的总和，村庄显著的贫富差异将经济能力抬升作为衡量个体地位的最主要标杆。经济实力雄厚者，在非直系亲属关系和村庄活动中，其地位不容置疑。但只要家庭保障还占据主要地位，养老主要由家庭来承担时，血缘关系就还会占据重要地位；而由血缘关系形成的辈分天然具有等级的意义，无论个人禀赋如何，其独立性都或多或少地受此制约。② 可见，成员个体在市场化经济中的选择是多元的，但作为家庭成员，其行为是受到多重约束的。每个人都具有与生俱来的家庭属性，作为个体的人无法还原为单一的原子化结构，而是一种社会关系的总和，只有完成家庭对他的基本预期，才有充足的自由空间。由血缘关系衍生的直系家庭范畴是一种强结构化的认同和行动单位，既可以达成集体行动的功能性需求，又能提供个体的认同与情感归属。

在林村的大集体时期，男婚女嫁的婚居模式使得血缘关系沿着男性单系脉络向下绵延，以男系为主轴的亲缘关系呈现出自上而下的纵向阶序，姻亲关系始终被认为是家庭外的亲属外援。然则，随着市场经济的发展，人口的流动和交往圈的外化，由血缘关系延伸

---

① 资料来源于对林村村支书M1的访谈。
② 雷洁琼主编：《改革以来中国农村婚姻家庭的新变化》，北京大学出版社1994年版，第100、101页。

的宗亲亲属圈在生活实践中逐渐收缩,蜕变为一种仪式性的象征来往,但越是象征性的行为在乡土社会中越被伦理性规范所牵引,尊卑有序作为一种礼俗性的文化被部分保留,尤其是在婚嫁、丧葬、春节等重大的礼俗性场合表现得尤为明显。在血缘直系家庭内,父代因对子代的无偿扶持而理所应当地收获其应有的地位和被赡养的权利,伦理道德的主流标杆和现实互动的互惠交换理性都指向父代的高阶位待遇。然而,在日常生活中,代与代之间往往因为经济的独立性而造就了生活主体的自主性,基于血缘伦理而衍生的阶序性结构只有在代际发生直接关联时才能规约成员的行为。

家庭中的成员个体本身具有家内、家外和独立自由、伦理约束等多种身份属性的选择,在日常实践中可以随时调整角色身份而适应不同场景,调衡多种关系。在市场经济时代,以独立个体和自由经济为基础的成员往往具有更加多元的行为选择,以婚姻自主为例,个人既可以根据情感喜好缔结婚姻,又可以通过解除婚约还原为独立个体。如此,外嫁女不再是单纯依附于婆家的从属性身份,而是能自由拓展私人交往、强化姻缘关系的自主性个体,她们与丈夫保持着平等地位,共同管理家庭事务。即使没有分家,婆婆也当不了媳妇的家,婆媳之间保持着合适的距离,互不干涉对方的事务,[①] 代与代之间在某种程度上实现了相互独立。日常生活中,基于地缘关系的便利,代际合作与互助频繁实现,然而空间距离的分隔又创造了各自充分的自主与自由。基于个体需求,家庭成员需要保留私人空间,在家庭之外发展社会性关系网络;基于家庭利益,成员之间因现实需要又会自动合体追求较优绩效的分工模式,"一家人不说两

---

① 王德福:《乡土中国再认识》,北京大学出版社2015年版,第117页。

家话"、互帮互惠。私人场合,代际成员和夫妻个体根据情感需求自由调试相处模式;公开场合,受制于村庄道德舆论的压力,个体自动选择适当的身份进行互动。处于家庭关系中的个体,可以在不同的生活场景中选择不同的行为模式,完成不同的角色扮演,既可以基于个体利益诉求而据理力争,又可以出于家庭名誉考量张弛有度。

第三章

个体婚嫁与家庭谋略

婚姻缔结意味着家庭中新的结构关系的产生，婚嫁作为小家庭建立的起点，是农村家庭生命周期中最重要的一环。林村自古以来便是男娶女嫁的婚居模式，娶妻方喜称为"添人口"之举。计划生育政策在豫北林村的全面推行，只是减少了家户的生育数量、缩减了家庭人口规模，却没有改变人们对生男孩的愿望。一方面，男丁文化在当地被一整套的礼俗文化所延续着，是家庭的根系所在；另一方面，男丁作为家庭的壮劳力，经济收入远高于女性，支撑着家庭"养儿防老"的现实功能。如此，便形成农村家庭以男性为主的单系继嗣规则和男女有别的文化观念，使得男娶女嫁的婚俗文化保持稳定。

在中国家庭中，婚嫁不仅是关乎个人命运的转折点，也是整个家庭的大事，父母作为一家之长往往以长者的身份进行谋划和操劳，那些乘着市场就业之风走出去的青年需要说服父母并征得同意才能从恋爱走入婚姻，那些没能成功走出去的适婚青年则在父母的把关中挑选对象。在婚姻的缔结过程中，男女家庭财富地位不同则婚嫁规则相异，不同的家庭境遇只能采取不同的婚嫁方式，一个村庄同时存在着换亲、相亲、自由恋爱、跨国婚等不同的婚嫁模式，且均被村民所认可。其中，彩礼作为婚嫁市场竞争的重要手段，是娶妻方和嫁女方两个家庭达成婚约的主要媒介，高价彩礼的节节攀升并非单纯来自青年个体的私利膨胀，更是两方家庭的多元利益达成共识之所在。青年一代的婚嫁选择出现了传统价值与现代诉求的多元共存局面。

在性别比例失调的婚嫁压力下，村庄内未婚同居、闪婚、闪离、婚外情等现象增多，当地法院调解和审判的离婚案件与日俱增。人们对闪婚和离婚的容忍度明显提升，对再婚者的舆论诋毁度降低，人们的价值立场逐渐从女性的婚前贞操观转向爱情的忠贞度，所谓"娶回家认真过日子的"就是好的。面对婚嫁市场的竞争，多次再婚的女性也是炙手可热的资源，男性因家庭经济状况的差异性而位居婚嫁市场的不同地位，导致拥有不同地位的男方家庭践行着不同的婚嫁策略，即便是同一个家庭，在婚嫁前后的不同阶段，亦采取不同的策略应对生活和家庭整体的发展需求，在不同的情境中形成不同的结构样态和互动关系。

第一节 家庭关系中的青年个体

成员个体的成长与发展虽是自身努力的结果，但也不可能不受家庭关系的影响。在家庭关系中，男女成员的角色内涵不同，对其价值预期亦有不同。虽然在经济水平有明显改善的今天，家庭利益不再是抹杀个体成长的理由，但是基于村庄习俗和家庭的实践性惯习，每个成员的行动背后往往被带有角色预期的价值立场所干扰，可以做什么、不该做什么，都被无形的文化与惯习所规约。即便如此，对于绝大多数的青年个体而言，在市场就业和家庭生活中，依旧坚持自由恋爱和平等婚姻。但因家庭境遇和经济条件的差异，个体往往会被家庭关系所牵引，从就业到恋爱，充斥着个体与家庭的协商、互动，使得个体在自由行动的选择中夹杂着诸多的家庭利益考量。

1. 男女有别

青年一代在成长的过程中，接受了现代的自由观念和权利意识，对爱情的期待和婚嫁的想象充斥着浪漫主义色调。他们对都市化的向往从小就埋藏在心底，随着岁月的推进逐渐生根发芽，到了年龄等各方面条件成熟时，便勇敢地迈出家门走向新世界。然而，当年龄慢慢接近适婚期时，赤裸裸的现实条件与家庭伦理便出现在每个人的面前。个体何去何从，往往受到家庭有形无形的引导和牵制。

（1）被多重保护的女性

在林村，青年个体如果想走出村庄走向都市，要么刻苦学习考上大学进入大城市就读，要么就在辍学后跟随年长者外出务工。对于没能通过教育走出村庄的女性而言，外出上班是走出村庄去看看世界、体验现代都市生活的唯一途径，所以几乎所有女性在婚嫁前都有外出进厂的务工经历。她们的工作机会无论是来自村庄同辈群体还是亲属网络，都需要家庭来整合。对于尚不经事的青年个体，父母是她们最有力的后盾，无论是工作还是恋爱，都要经由父母把关，外出工作不仅要有同伴陪同，还要有亲人照应着，挑选恋爱对象也要请教父母的经验，顾及身份名誉。

相比较于男孩，农村家庭对于女孩的照管往往要付出更多。未成年的 X1 虽然辍学后完全自由了，但当地的就业机会很少，她只能赋闲在家：

"我不喜欢学习，家里条件也不好，初中没上完就回来了。"

权变型家庭：中国农村家庭的结构流变与伦理实践

她 16 岁时因年龄尚小，父母不让她外出，只能在家看电视、纳鞋底、绣十字绣、洗碗刷锅、打扫卫生，很少一个人外出，"一个人没意思也不想出去"。"一直都想去上班，在家没啥事，想出去外面散心，在家不自由。去上班，能出去看看，想去体验一下。" 17 岁（2005 年）时，同村的一个在 K 镇制瓶厂的女孩愿意带她一起去工作，但父母不同意，认为女儿还小，怕被带坏，也不想让她去受罪。她的哥哥、姐姐都在该工厂上过班，说工作环境很差、有一定危险性，但并不反对她去工作。同村女孩为了帮她，就把代班长请来一起向其父母保证说厂里工作环境很安全、男女管制很严格，让他们放心。"老人想得多，怕厂子里那么多男的女的管不住怎么办。如果没有同村女孩带我一起去，我父母肯定不会让我去的。一个女孩去一个陌生的环境，还没人照应，他们不放心，我自己心里也没底儿。"

离开家到工厂上班后，虽然工厂对个体的监管相对宽松，但因为在场的和不在场的熟人关系网密集，使得青年个体的思想仍旧受到原生家庭的影响。

在制瓶厂，X1 遇到第一个心仪的男生，在同一个工厂上班的男生姐姐有意撮合，X1 的室友也一起撮合，但是她不同意。"我自己开始也没个主意，打电话跟姐姐说了，她反对，我就不想谈了，年龄太小，十几岁在外谈恋爱名声不好。一般到 20 岁谈朋友才合适，不然你出嫁的时候村里人说出去会影响自己名誉。""当时太小，有点心动，但是姐姐一说，就不想谈了，只能做朋友吧。平时关系很好，相互照应下挺好。他家庭条件一般，父亲在外打工，一家人也住在村里。但是他家离（我家）

太远，在县城东边。我就想自己找个近一点的，隔两三天就能回家，靠着父母能帮衬自己。自己是家里最小的，啥都不会也都不懂，有点依赖父母的意思。什么事情都想让父母指导指导，他们毕竟经历多，考虑周全些。"一直工作到 2008 年，"工作时间太久了，自己想休息了。家人也不要我去了，说出去工作三年了，够了。过了几个月，我还是想出去，在外面工作久了在家里闲得难受，待不习惯了。在 H 县的姐夫就介绍了一个当地的雪米饼加工厂，父母一开始不太同意，嫌太远了，但是因为姐夫和那个代班长关系不错，有保障，而且姐姐、姐夫也在 H 县，能隔三岔五照应下，所以我就跟父母说先去瞧瞧，不中就回来。姐姐在一边帮话，还有同村女孩陪同，就去了。""去工作了两天，因为环境不好，还经常被当地人欺负，指派各种脏活累活给我干，就又回家了。"

舆论对个人的言论和行为有鞭策作用，名声背后便是舆论的力量。原生家庭对女性的策略性保护意味深长，女性成员个体很难挣脱家长借助的舆论约制，毕竟她们的个人资源有限，在熟人生活圈中未曾离开过熟悉的家庭关系网络。这导致生活在村落社会中的女性青年，从工作到婚嫁都会依赖于家庭网络的支持，其言行也离不开家庭关系网的层层规约。

（2）粗放式成长的男性

林村的家庭继替原则是男性单系继嗣，从夫居的仪式和生活惯习使人们对男女的社会角色期待不同，培养方式亦有很大差异。无论是恋爱还是工作，即便是在相同的成长环境下，也会遵循不同的价值引导，父母对男性的保护明显少于女性，换之以粗放式引导，同时作为支援大后方鼓励其自由闯荡，而不是以保护的名义进行全

权变型家庭：中国农村家庭的结构流变与伦理实践

方位约束和管制。S7 与 X1 年龄相仿、家庭条件相近，但是人生轨迹却迥然不同：

> "我初中开始谈恋爱，没拉过手，就是相互写情书，家里人都知道，也没说什么。初中勉强上完了，本来想家里条件不好不上了，就去 K 镇制瓶厂上了半年班。后来舅舅站出来说男孩一定要读书，过了一年父母让我去 Z 市上了个中专。"16 岁入学第一年，S7 踢足球时认识一个女孩，后来成了他女朋友，19 岁毕业后经同学的朋友介绍留在 Z 市工作，但工资太低，后来干脆就回家了。"女朋友来找过我两次，我爸妈也见过，他们就说我不要胡来，当时是怕成不了，名声不好。"20 岁，S7 在当地县城工作了一年，有点不甘心，还想出去闯一闯。"我爸妈不怎么管我，就是不能看我窝在家里，总说男孩子要出去闯一闯，老是窝在家里没出息。在县城那份工作就是他们托亲戚关系帮我找的。"到了 21 岁，S7 听同学说苏州电子厂招工，就一个人跑过去了。"当时父母是支持我去的，虽然也想让我搭个伴一起走，但是毕竟是第一次去，也不清楚那边什么情况，我就一个人先去看看。"半年后，工作一切顺利了，他就把女朋友也叫了过去，春节过后又把妹妹也带去了。"我在苏州干了两年，升到了领班，工资一个月 2500 元左右，不低了。但是想一想一辈子都待在这里了，也没啥奔头，就打算回家创业了。女朋友是 Z 市人，当时正赶上两个人闹矛盾，就追到 Z 市去，后来还是分了。我那时候跑到 Z 市的影楼学了三个月的文身和大头贴制作，回来后就在镇上开了个小店。""要开店时父母极力反对，说家里没人做过生意，没有经验，怕亏本。但是我一门心思要开，问父母要了 5000 元，我自己手上有点钱，哥哥资助了一台电脑

和 1 万元，一共投进去 2 万元。开店第一年生意很好，赚了些钱，因为来店的都是年轻人，就认识了当时的回头客——新的女朋友阿飞。"2008 年因同类小店开始多了，生意不好做，S7 便和女友相约去苏州电子厂上班，那时候他们在外面租了房子就住在一起了，"我妹妹当时一直在厂里上班，我们俩的事情她都知道的，我爸妈估计也知道，后来就催我们赶紧结婚"。

很明显，农村家庭对男孩的培养要长远于女孩。从 S7 与 X1 的成长和恋爱历程中，能够清晰地看到农村家庭对待年轻男女的方式有很大差异。这在 S7 对待他妹妹的态度上也能略见一斑：

> 我妹妹小我三岁，学习不好，初一没上完就在家了。她太小了，不敢让她出门。后来我把她带到苏州电子厂去上班，当时她 18 岁了，跟她一起去的还有我们村里其他的小姑娘，人多了能照应下。她不像我，她在那里一待就是三年，前两年我不是一直在嘛，没什么人招惹她，她认识的人我们也都认识。第三年我回家了，听说有个男的追她，我觉得没啥，我爸妈担心，怕她被拐跑了，就让我们一个个给她打电话不让她胡心（不守规矩、胡来的意思），后来干脆就让我去把她接回家了。想想确实是为她好，外面的人人品怎么样、家里条件怎么样你都不知道，对不对？我妹妹回来后嫌家里闷就跑到县城嫂子家里住了一个月，后来那个男的竟然还跑到县城去找她，我妈知道以后特别生气，让我嫂子出面把那个人赶走了。我嫂子跟我说，那个人家里条件也不好，也是在苏州电子厂上班的，是个外地人。看看，多亏家里人反对。

父母对待男性和女性的差别态度，表面上看是一种保护、宠爱女儿而放任儿子的心态，实际上却是一种男女有别的价值伦理在作祟，儿子外出创业即使心有疑虑也会给予支持，但女儿即便顺着情感走到婚姻的门口也会有父母以爱的名义出面进行婚前加码。恋爱和感情固然重要，但是要以结婚为目的的恋爱才是负责任的相处之道，也是好女孩的标准。当然，男女朋友的关系和夫妻关系属于两个不同范畴，一般在前一个问题上，父母起到很小的作用，而在后一个问题上，他们则起到顾问甚至评判人的重要作用，[①] 这在林村表现得尤为突出。受传统生活惯习的影响，父母为了保护女儿不受伤害，直接"剥夺"了青年女性在婚恋中的试错机会，而这种"剥夺"在多数情况下是被当事人所认可并乐于接受的。

2. 走出去与走回来

林村的青年群体大致可以分成两类：一类是借助于家庭财富或通过自身努力学习考上大学，最终成功离开村庄的；另一类是学业终止而早早开始外出谋生的。留守在村庄的青年一代以后一类人居多，他们往往在年龄尚小时，怀揣着梦想和期待来到大城市。提及择偶，每个人都会在心里暗暗画上一幅理想的素描，每张素描都或多或少地散发着都市气息：美丽的人物、不经意的邂逅、浪漫的约会和现代化的生活。年轻女性作为外嫁者，往往在这个过程中要比男性有更多的选择权，但是经过几年的打磨后，绝大多数人会因为家庭财力、个人选择等现实问题而返回乡村，尤其是作为择偶主动方的年轻男性，他们往往受限于客观的经济条件而将曾经的浪漫思绪抛去，重回乡村缔结婚姻。

[①] 〔挪威〕贺美德、鲁纳编著：《"自我"中国：现代中国社会中个体的崛起》，许烨芳等译，上海译文出版社2011年版，第48页。

"90后"的 L7 在 17 岁中专毕业后去广州实习,本来被分配到电子厂工作,后来表叔出面让她去学了半年美容美发的手艺,从 2009 年开始便从事美容工作。讲到自己跑那么远去上班时,她异常兴奋:

> 在镇里上班工资太低,还是想离开本省去外面闯一闯,见见世面。正巧有个表叔在广州,虽然远,但好在广州那里也有一起实习的同学。我就想离家远远的,自由些。广州发达呀,机会更多,出来的时候想着能在这里碰到个中意的也不错。那时候刚毕业,憧憬着要离开农村嫁到城市,不再种地,但是现实就这样。在电子厂的头两三个月还有点胡心思,厂子很大,进进出出全是一样的人,那些男的挣钱比我还少,也没个一技之长,不行,看不上他们。后来做美容,工资不低,但接触的都是女性,没有机会去认识异性。也有人介绍过几个,南方人,接触下来觉得还不如回家来找。他们家里条件也不会多好,还摸不清脾气,也就谈个恋爱,结婚是大事,还是要父母出面把关的。出去前家里人再三说,不要在外面找,回来找离家近一点的,守着家,有什么事都方便,外面离家太远,来回也不方便。还有过一次网恋,没多久就淡了,不切实际啊。应该说,在外面工作了四年,工资拿得也不低,除掉吃饭和自己买衣服、零食、水果、逛街、出去玩等,每年都能拿回家一两万元。要想嫁在外面也是可以的,但是没有中意的对象,年龄大了,怕耽误了,就回来了。

真正能走出去的青年一代,只有那些通过教育和家庭财富来完成城市化跳跃的人,而剩下的则要返回村庄重新开始新的人生选择。L7 是曾经走出村庄又主动走回来的人。即便走出去很远,但是在婚

权变型家庭：中国农村家庭的结构流变与伦理实践

嫁择偶时还是被原生地的规则所牵制，"年龄大了，怕耽误了"，现代观念中以大龄为代价的自由和浪漫她难以承受，只能返回家乡。而一旦返回村庄，便要遵照当地的结婚风俗和价值原则进行筛选。择偶，作为婚嫁的前奏，并不完全取决于当事人的喜好和意志，而是更多地受到家庭制度、社会价值和风俗习惯的制约。①

在走出去的理想与走回来的现实之间横亘的不只是当地习俗与价值伦理，还有每个家庭的客观条件与村庄地位。在林村人的观念中，择偶对象的地缘身份有优劣之分，本地最优、邻县次之、省内外地（省内本市范围以外的）再次，省外的最劣，属于扣分项。而在本地范围内，则依地理位置的优劣进行梯度筛选，县区和集镇是最优的，其次是较为平坦、交通便利的村庄，再次是靠近山区但有城乡公共车直通的村庄，最劣的是丘陵山区且交通不便的村庄，有人将这一婚姻市场中的地缘差异称为"婚姻梯度"② 和"中心—边缘"③ 格局，尤其是对于外嫁女而言，这条地缘准则影响甚大，即便是已经取得了大学文凭又回到家乡来择偶的青年，也一样受到这条价值规则的影响。L23 受访时 30 岁，2013 年大专毕业后在省会城市做保险，因迟迟没有遇上合适的婚娶对象便由父母托亲友在家里安排相亲。他舅妈作为媒人道出了实情："在村子里不好找，他家偏上靠近西山了，女孩都不愿意去，除非他在外面买个房子，但是他家里条件不太好，他做保险的，工作也一般，还没人家工地上的人挣得多。他现在年龄大了，只能自己去外面谈一个回来，家里的根

---

① 徐安琪：《择偶标准：五十年变迁及其原因分析》，载《社会学研究》2000 年第 6 期。
② 石人炳：《婚姻挤压和婚姻梯度对湖北省初婚市场的影响》，载《华中科技大学学报（社会科学版）》2005 年第 4 期。
③ 桂华、余练：《婚姻市场要价：理解农村婚姻交换现象的一个框架》，载《青年研究》2010 年第 3 期。

本找不上了。"就当地婚姻圈而言，家境优劣决定了男性在择偶与婚嫁过程中的能动力，越是家庭条件差的，择偶空间越受限制，而家境较优和村庄地位较高的家庭，即便受到婚嫁市场的波动，也能够凭借其家庭基础获得一定的自由度。所以，对于大多数的普通家庭来说，只能集结全家之力才能在当地的现有格局中渡过难关，帮子代完成婚嫁。

第二节　多元的婚恋模式

事实上，婚姻在过去、现在和将来都没有也不可能是个人的私事。① 纵观古今城乡的家庭发展，没有哪个家长不把子女的婚姻视为自己的首要责任。一方面，村民已经完全接受年轻人自主择偶的正当权利要求，尤其是婚嫁市场中男女性别比例失衡问题显现以后，男性青年往往被鼓励自由恋爱，"带一个媳妇回来"成为家长对男青年的普遍期许。另一方面，在林村的村落社会中，因家庭境遇和经济条件的差异，在婚嫁市场的激烈竞争中，处于边缘地位的少数人为了缔结婚姻不得不借助于换亲等传统婚姻的模式，从而使婚姻带有浓厚的家本位色彩。② 在林村，无论是哪种婚恋形式，家庭成员（主要是父母和兄弟姐妹）对个体的影响都十分显著。因为婚恋不仅仅是个人追求浪漫爱情的主体权利，还是家庭生产生活得以绵延和维系的重要步骤，所以每一场婚姻的缔结，不仅体现了个体的意愿，

---

① 〔法〕克洛德·列维-斯特劳斯：《遥远的目光》，邢克超译，中国人民大学出版社2007年版，第52页。
② 孙淑敏：《农民的择偶形态——对西北赵村的实证研究》，社会科学文献出版社2005年版，第10页。

权变型家庭：中国农村家庭的结构流变与伦理实践

还包含着家庭的整体利益，两者在婚嫁市场的竞争中共同发挥作用。"80后"和"90后"个体通过与父母协商择定婚嫁对象的做法依然十分普遍。如果按照数量的多寡来为不同婚恋模式排序的话，则依次为：相亲式婚恋、自由婚恋、跨国婚姻和换亲。相亲式婚恋占主流地位，自由婚恋次之，跨国婚姻和换亲的数量虽少，却为那些处于婚嫁市场劣势的家庭提供了新的机会。

1. 相亲式婚恋

2000年以后，受计划生育政策影响而男多女少的一代陆续进入适婚年龄，女性资源紧缺催生了当地的婚嫁危机，加上女性外出就学或进厂务工等形式的外流，使得当地婚嫁市场中性别比例失衡更加严重，多数农村家庭都面临着娶妻难的问题。由此，通过家庭、亲友网络等拓展的相亲式择偶方式成为主流的婚恋模式。在这种婚恋方式中，父母通过各种资源为子女选定条件合适的对象，然后父母放权由当事人自己去接触并进一步了解，整个互动的过程在农村家庭中是公开透明的，出现各种问题也是由父母和子女共同协商解决。这种相亲方式是一种被认可的关系松散的恋爱体验，在正式结婚前，它并不排斥青年个体通过其他途径同时去结识更多的中意者，甚至还鼓励当事人在可挑的人选中进行优中择优的衡量与比较。

相亲的渠道拓展了个人择偶的选择空间，而主流的婚嫁习俗和年龄期限并未发生大的变动，在本命年（24岁）前结婚仍然是多数家庭的共同期望，所以很多到适婚年龄的青年不断挤压从相亲到结婚的时间，以往从相亲、定亲到结婚往往要经过一年左右的时间，如今随着婚嫁市场的恶性竞争，闪婚式相亲逐渐增多，有很多人从相亲到结婚都不足一个月。林村第四生产队的Y3是在22岁时结婚的，结婚当年单单同村的一个媒婆就为其介绍了五个相亲对象，如果加上其他渠道，她一年相亲的人数不下十个。按照当地惯习，没有固定工作的女孩，22岁是婚嫁的最好年龄，遵照男大女小的年龄标准，女孩23岁以后在村里是很难碰上25岁的未婚优质男性的，除非是有稳定的恋爱对象和两家达成一致的情感预期。和Y3同龄的四个女孩中，一个初中毕业，三个初中辍学，全都赶在23岁时结了婚，其中三个都是腊月初八出嫁的，另一个出嫁那天是腊月二十六，她们与自己的丈夫从相亲见面到举办结婚典礼前后均不足三个月，最短者耗时二十天。

我22岁那年（2006年）六月份秋收回到家，很多媒人上门说亲，其中有一个媒人给我介绍了五个，都是邻村人，但只见了三个。第一个是弓村人，小我一岁，在厂里上班，父亲外出打工。媒人陪同去见了一面，感觉还可以，但是一听说小自己一岁就拒绝了。我排斥比自己小的人，觉得结婚以后会很累，不想找一个需要我照顾的人，想找一个可以照顾我的人。回家后被母亲嚷了几句说，家里条件还可以，离得也近，怎么就不行了。第二个是长村人，也是小我一岁，他在工地开车，父亲是开大车的，他年龄小还长得胖，我没相中，回家又被母亲训斥了一顿说，男方条件都可以，年龄小一岁没关系的。母亲还说，同一个媒人介绍了这么多，一个都不行，会把人家媒人惹了，同一个村子的以后说话就不方便了。第三个是长村的同学，比较了解，印象可以，人也不错，他做水暖电包工，父亲长期在外打工，但是我母亲嫌他长得矮小。我说什么都没用，父母不同意就不行，自己争取不了。五个人当中要么自己不太喜欢，要么父母不待见，意见总是不一样。拖到了年底，父亲见我都

权变型家庭：中国农村家庭的结构流变与伦理实践

相不中，就从最近见面的人当中挑了两个，让我二选一，说年底必须出嫁。一个是现在的丈夫，他当时打工收入不低，家里条件不错，兄弟两个他是老小。我当时没太相中，嫌他没脾气慢吞吞的，但是父亲说我脾气犟，他脾气随和，能过得来，那些太会说的人反而不适合我。另一个是土村人，兄弟三个，长得很高，在外做水暖电工，父亲在外包小活做。见了一面，人很实在，脾气随和，但是有点邋遢，我受不了。家里人一起商量来商量去，最后就选了现在的这个。相亲都是父母安排的，就希望我在本命年前能快点出嫁。本来跟他（丈夫）订婚以后我还是不太情愿，母亲说实在不行就退了吧，但是父亲不同意，说同一个大队的，订了婚再退以后没法见面了，说什么都不行。要不是时间那么急，父亲又那么倔，我们俩肯定成不了……村里的小闺女儿一般 22 岁左右就都嫁人了，一过 24 岁就成老闺女了，父母急得不行。我从见面到结婚一共一个多月。

相亲过程中父母的放权仅限于当事人和潜在对象的广泛接触，俗称为"但凡条件还可以的来者不拒"，以 Y3 妈妈的话表达，就是"让她多接触接触，见识一下不同的人，挑个自己中意的"。但是，在具体的抉择过程中，最终选择谁不是当事人个体拍板的，而是全家人共同协商的结果，父母天然具有否定权，尤其是对于地缘方位差、人品外貌不佳的人。而这些规则是在区域环境对比中由婚嫁市场的规律自动形成的，女方作为优势方自然有权择优而定，而这一优势与其说是女方当事人的，不如说是女方家庭借婚嫁市场之机而获得的优势地位，使女方的父母在对适婚女儿的"把关"中亲权得以回归。

别人介绍的话，都先跟家长说，由她们把关，同意了才会安排我见面。很多人在我妈这关就被拒绝了，我见都没见。我爸的标准是人实在，性格随和，能忍受我的倔脾气；我妈的标准是个子不能太矮，村子不能太偏。经济条件肯定是他们首先考虑的。我20岁（2004年）开始有亲戚介绍相亲见面。妗子（舅妈）介绍了一个木村（邻村，但属于丘陵山区）比我大两岁的男孩，他读了高中没考上大学，在厂里上班，家里只有他一个男孩，父亲在外打工。我自己看中人，只要正干就行，况且他还是个高中生。我妈不愿意，她就是从木村嫁出来的，说自己在山里受罪了，一定不能让自己的女儿再回到山里去，害怕我以后都窝在山里出不来。我爸也觉得地方太偏了。我自己觉得还可以，他主动来找我，我就跟他出去玩一玩，第二次来叫我去木村赶集的时候，我爸在家把他骂哭了，他要面子就再也没来找过我。我觉得父亲做得不对，毕竟我自己愿意。不过，那时候还小，也不着急，算了就算了吧。21岁时见过三个，都没成，前两个我没相中，第三个我妈反对。

在相亲式婚恋中，亲权对子女的影响至关重要，无论是从人员筛选还是行为评价，亲权的话语都具有重要分量。这种相亲式婚恋成功的概率是最高的，毕竟那些能够走在一起的青年个体都是在婚嫁市场竞争的杠杆上达标的，这样，当事人个体和其父母便具备了同步的情感基础。通过Y3的经历可以看出女性在相亲市场的绝对优势地位，但并不意味着男方当事人及其家庭就是被挑选的商品，许多适婚男性往往也会在多方资源介绍的相亲对象中进行挑选，或者利用外出务工的机会带回家一个外地媳妇。林村第十生产队中18个"80后"男青年中，有五个在外打工时曾带外地女友回家，其中有两个已经结婚生子，另外三个同居了一年后又因为各种原因分手了。虽然适婚的女青年在当地婚嫁市场中具有明显的优势地位，但是男方家庭可以通过拓展相亲圈、引入市场资源来扩充有限的婚配资源，相对于女性，男性通过自由恋爱缔结婚姻者更多。

2. 自由婚恋

细数林村的青年婚姻，自由恋爱者不足 1/3。一般自由恋爱者都是先有个人情感关系，待到婚嫁时才会将恋情公布，这时就面临着来自女方家庭的条件审核，家庭成员情况、房子条件、彩礼水平等都作为硬件考核指标，当事人的立场和姿态决定了男方家庭的处境与立场——是将婚恋进行到底还是选择放弃。实际上，婚姻谈判是两个家庭的事情，每个人都在一定的时候起到一定的作用。[①] 恋爱是两个自由个体的情感选择，但从恋爱到婚姻涉及两个家庭的往来协商，协商过程既是个体争取自我权益的机会，也是家庭对个体言行进行再规训的努力，而最终结果可能不是个体或家庭的单方胜出，而是两方共同权衡与磨合的产物。

> 第六生产队的 C2 今年 26 岁，家住在镇上，她 16 岁（2007年）初中毕业后一直在公交车上做售票员。19 岁开始，就有人介绍对象。前后见了 5 个，都是镇里人，但均不满意。21 岁时经朋友介绍认识了现在的老公。"认识了现在的老公以后，父母再让我去见其他人，我就拒绝了，说自己还小不想出嫁，他们也不逼我。当时两个人就在一起谈了，但没敢跟父母说，到 23 岁该结婚时才说。我妈一听说是农村的，态度强硬，坚决反对。

[①] 〔法〕皮埃尔·布迪厄：《实践感》，蒋梓骅译，译林出版社 2012 年版，第 277 页。

她嫌地方远又是农村。"

即便是自由恋爱，也以门当户对为最优之选。C2 家住镇上，无论是从家庭条件还是地缘区位上来说，都要优于身处农村的男朋友，而在当地的婚嫁梯度选择层中，C2 的选择是有悖于向上流动的主流趋势的，在婚嫁市场中属于"下嫁"行为。

> 当时他隔三岔五地上门示好，都被我妈连赶带骂地轰出来，我那段时间就跟我爸妈他们闹脾气，在家里不说话，早上早早就出门了，晚上回去了就关上自己房门。我姐姐那时也是没听爸妈的话出嫁得远，帮不上我什么，弟弟小我五岁不太懂，想帮我但爸妈不让他说话。我那时也没办法，只能跟我爸妈僵着闹脾气。他们也劝我，我听不进去，我的婚姻里必须要有感情基础的。我爸妈不这么看，他们把物质条件看得很重，还觉得我从镇里嫁到村里有点丢人吧，毕竟身边亲戚家的小姑娘都是往上走的……跟我爸妈僵了四五个月，他每个月都会来我家几次，虽然每次都吃闭门羹，但还是会来。他父母还劝过他算了，我有几次快被我爸妈劝得动摇了，但是最后我们都挺过来了。后来我爸妈态度软了些，他爸妈就赶紧请媒人在中间说合，我爸妈就顺势提出除了 8 万元彩礼（镇上的彩礼水平是 3 万元，村里的彩礼都是七八万元）外，还要在镇里买一套房子（22 万元），他们当时是想用高价把男朋友家吓跑。我男朋友家没办法，只能借钱凑齐了数。

C2 夫妇的坚定立场和自主抗争换来了如愿的婚礼，但对男方家庭而言，女方父母点头同意只是婚嫁的第一关，买房加高彩礼总价 30 万元的娶妻成本无疑是一笔巨大开支，男方因此而欠下十几万元的债务。在彩礼的谈判期间，C2的身份立场瞬间消失，因为父母从反对者变成了C2的利益争取者，两家从最初的拉锯模式转向了单向索取模式，C2与原生家庭之间的张力也瞬间弥合。与相亲不同，自由恋爱者在婚恋中的主动性更强，但是在遭遇家庭的反对力量时，如何调停个体与亲权之间的争执便是最棘手的，此时个体在家庭中往往处于孤立无援的境地，在与父母对抗协商的过程中，还会遭遇婚嫁市场的主流评判标准，像C2这样逆向而行且成功者并不多，林村多数逆市场规则而恋爱者以妥协者居多。例如，第一生产队的L10，21岁时在X市减速机厂上班时遇到过一个中意的男性，X市人，两人相处得十分融洽并有意长期发展，被同在工厂里上班的姐夫告知父母后，家里极力反对。父母苦口婆心地劝分并列出了四条理由：家庭条件一般，婚嫁后日子凄凉；离家太远，生活情感上受苦也没人帮得上忙；外地人生地不熟，男方的家人人品如何不清楚，感觉不牢靠；本地人知根知底，有亲友相助，肯定能找个条件更好的。经过半个月的轮流游说后，L10的恋情以分手告终。现在L10回忆说：

>　　我自己觉得嫁哪儿都行，但当时爸妈有他们的想法，听进去了就觉有些道理。不是说外地人不好，主要还是我自己没那个勇气，没谈拢。我家彩礼要的高了些，他们家不太乐意，就没谈成，我在中间也不能帮谁，要是他去我家争取一下，我们还可能继续在一起的。那个时候我们一批小闺女儿都在那个厂里上班，开始时都说要嫁到城里去，但嫁回本地的多，也有个别的嫁在X市了。个人的时光个人过啊。

像L10这样的类似案例不胜枚举，看似自由的恋爱背后都离不开两方家庭的介入与谈判。感情是个体缔结婚姻的基础，但是包括经济物质条件在内的其他要素则是婚姻能否成功的影响变量，林村的婚嫁市场规则、彩礼的高低、双方家长的性格偏好等，都可能成为谈判的条件，当事人个体的主动性发挥往往需要借助于更多的支持性力量，例如C2男朋友及其家庭的不懈努力和争取，同时还需要顶住婚嫁市场中财富竞争的压力。当然，也有一些门当户对、顺利步入婚姻殿堂的自由婚恋，只是不得不说，每一个顺理成章的背后皆有个体与家庭之间的相互妥协，婚姻自古就不是一个人说了算的事情。

3. 跨国婚姻

林村的婚嫁危机从2008年开始集中显现，当年，该镇范围内出现了第一例中越跨国婚姻。2007年，林镇的一支建筑工队抵达越南，达成跨国劳务协议，自2008年开始跨国婚姻的缔结案例逐年增多。跨国婚姻的缔结于林镇而言是一个轰动性事件，不仅突破了外地人不牢靠的封闭观念，还为当地那些婚姻市场的边缘群体觅得了新的机遇。林村至今有10例中越跨国婚姻，其中有8例是男性外出务工时自己有意结识后相恋而婚，其他则是通过已婚者带到越南介绍相亲而成的。全镇范围内共有25例跨国婚姻，其中有3例遭遇骗婚，另有1例是男方当事人有外遇导致婚姻解体。从年龄来看，12例夫妻年龄相当，其余13例均男大女小，有一半是男性已错过了当地婚嫁的黄金年龄，或家庭条件尚可但患有腿疾等小毛病，而被当地婚嫁市场所淘汰，或离婚后难以再娶。他们自身劣势明显，难以和优势地位的其他男方家庭竞争，只能退而求其次将目光投向远方。

（1）有目的的恋爱婚

林村F2（1989年出生）初中毕业后一直跟随父亲在工地做木

权变型家庭：中国农村家庭的结构流变与伦理实践

工，2011年中秋之后跟随当地跨国劳务建筑队去越南做木匠，第二年认识了小自己一岁的越南妻子，经工地队友撮合走到一起。

> 我参加跨国务工一来因为工资高，二来想着看能不能相中一个媳妇带回家。因为我去越南之前，已经有两个人娶越南媳妇回家的了，我知道当地是有介绍人的。我先认识了在工地上干活的一个越南妇女，我媳妇是她邻居，后来介绍我们认识的。我媳妇很聪明，我有时候教她讲一些中国话，她就学会了。我们刚在一起的时候，她父母是不太同意的，怕我到她们那里是骗人的，后来她经常带我去她家帮忙干活，我去的多了他们了解了我的为人就放心了。我爸妈一开始听我说交了越南女朋友可能会结婚时有点吃惊，后来想到村里娶回去的那两个越南媳妇也不错，就没说什么。我家里条件不是很好，还有一个小10岁的弟弟，娶媳妇不容易。我们关系确定三个月后开始准备婚礼。我打电话把父母叫到越南，同行的还有近亲叔伯，来回路费加上聘金、彩礼和婚礼花费一共五万元左右。先在越南办的喜宴，当时整个工地的队友和工头全去了，场面很盛大。工队那边的花费不多，除了车队，其他都是友情资助我们的。三天的婚礼结束后，爸妈他们就回去了，我跟我媳妇一直到腊月工程结束才回家，在家里又简单办了婚礼，场面比较小，一天就结束了。

粗略计算了下F2的婚礼花费，两场婚礼包括亲友来回路费和三金等礼俗开销，不足8万元，这比2012年林村至少10万元的彩礼少了近1/5，而且无须另建新房。其实早在2011年F2去越南之前，家里的新房子已经盖了起来，只是尚未涂白灰，也未安装门窗。待到 2013 年 F2 带妻子回家之前，他的父母才置办了些柜子、床、电视等家具家电放了进去，这样的简装风格想要在林村当地娶上媳妇是很难的，更何况还有一个年幼的弟弟，彩礼价格也会提高。F2 是有自己主意的人，一方面受限于家里的经济条件，另一方面跨国婚姻对他来说也是一种迈向现代化的追求，他对这种异国婚恋是期待的。虽然在生活习惯和语言方面需要慢慢磨合，但是他对这位自己亲自挑选的妻子十分满意。

除了 F2 外，还有 R1 的丈夫，他去越南时已经 28 岁了，带回来小他 11 岁的 R1。据 R1 说，他们是经别人介绍认识的，2008 年她认识丈夫的时候只有 17 岁，还在读高二。她家里兄弟姐妹很多，有 2 个哥哥，1 个姐姐，1 个弟弟，1 个妹妹，因为贪玩学习不好，所以家里直接让她辍学，催她早点嫁人。虽然丈夫当时已经 28 岁了，但是因为在工地做钢筋工，年薪 10 万元人民币，是当地人正常工资的三到四倍，所以自己家对丈夫的经济条件很满意。

> 那时我父母很愿意，我是觉得他对我很好。我姐姐嫁人后常常挨打，我就想待在越南还不如嫁到中国来，他对我好就行。我们在越南办了婚礼，花了多少钱不太清楚，我们家要了五千元聘金，其他花费就是结婚时买首饰什么的。回到中国没有补办婚礼，因为只要两个人在一起，婚礼办不办都无所谓的，形式而已。我听说你们这里也有很多人这样，只要领个结婚证，两个人能在一起就足够了，婚礼办不办是次要的。这里的婚礼又是放鞭炮、敲大鼓的，太吵了，我接受不了这么闹腾的仪式。

在林村，像他们这样通过跨国务工的机会到越南主动结识当地女性并娶回家的案例占跨国婚姻数量的一半多，虽然相亲与恋爱方式与本地无异，但男方家庭要面临的风险很高。单纯算一笔经济账的话，跨国婚姻对那些经济条件差、在当地的婚嫁市场中处于劣势地位的男方家庭来说很划算，但在林村的婚嫁习俗的观念评判中却处于末位，当事人及其家庭一旦采取这种方式就会处于村庄言论的旋涡，因此男方当事人的选择背后需要整个家庭的默许。当然，并非所有的劣势家庭都会接受这种婚恋形式，每年林镇跨国务工队向越南工地少则输送二三十名男性，但缔结跨国婚姻者每年最多只有一两例，要么是当事人观念排斥，要么是男方家庭不愿被标签化，个体最终在与家庭的拉锯中放弃了这一选择。

（2）人财两空的跑婚

F2 是在父母的支持下，正值婚龄时主动娶回正当年龄的越南媳妇，生活幸福美满，而有些人就没有这么好的运气。林村还有两个被婚姻市场边缘化的男性，在父母的帮助下通过中间人介绍带回了越南媳妇，这些非亲自"挑选"的媳妇很难做到"知根知底"，骗婚的风险很高。

第七生产队的 L22 已经 33 岁，家境殷实，在县城有房，但他脾气很差，右腿有疾，走起路来一瘸一拐，2011 年离婚后没能再娶。2013 年经已经嫁到当地的越南媳妇 A 牵线，认识了在广西工厂打工的越南姑娘 B，从见面到亲事定下来花了三个月的时间。见面吃饭、出去玩、买手机等花费五千元左右，亲事敲定后，给红娘介绍费 2 万元，又拿了 1 万元给 B 带回越南作为聘金。B 主动提出不在越南办婚礼，L22 便带着 B 在当地机关进行登记结婚。因二婚再娶又是越南媳妇，男方家庭也没再举行婚礼仪式，他们就直接在县城开始生活。他说：

> 她比我小 5 岁，我什么事都让着她，人家一个人过来也不

容易。只要她想吃什么想喝什么都会满足她，她一个人可着劲儿吃可着劲儿喝可着劲儿穿才花得了多少钱啊，我们没有一项亏待她。她每次出门都不喜欢我跟着去，她们比较敏感，以为你跟着她是信不过她的意思。上次一起坐车，她中途要下去买东西，我说陪她一起去，她就说不用，让我在车上等着就行。我尊重她，也理解她的这种心理。我不怕她跑，她就是一个活生生的人，如果想跑你拦都拦不住的；反正我已经娶了她，肯定是要跟她好好过日子的。有人跟我说，不要给她钱，我说不，我娶了人家就是要实心实意对她的，她要多少钱我就给她多少钱，我们摸着良心对她，她自己心里清楚的，她就是不回来了，我们也是问心无愧的。

但是就在 2014 年年初，B 签证到期返回越南后就失去了联系，国内的电话卡停用了，越南的电话号码也打不进去了。

L22 知道自身的劣势，在本地娶妻无望，才和父母商量娶个外地媳妇回来，本想以真心换真情，没想到却是"竹篮打水一场空"。与之相似的是林村第十二生产队的 L21，家住在林村近山的区位，家境不好，母亲去世的早，30 岁了都没娶上媳妇。父亲便出面托在越南打工的亲友介绍。2013 年 L21 认识了在中国的越南籍女孩 C，处了一个月后当事人双方都很满意，便支付了中介费和礼金共 8 万元。婚后不久 C 便怀孕了，考虑到生孩子后的养育成本增加，L21 便和 C 商量要外出挣钱，谁料 C 在丈夫离开不到一个月后便以回娘家的名义走了，至今没有消息。与 L21 同村的舅妈事后分析：

他们家也是被逼的，娶个越南媳妇花费也就八九万，在本地又要给钱又要买房的，只有那些有条件的才出得起。那条件差的也不能没媳妇啊。不过，我们想想这事也是不牢靠的，都没去女方家探探亲家就着急给钱了。本来L21是担心的，结婚后就一直在家陪着C，也怕她跑啊，后来她怀孕了，那L21就得出去挣钱啊，我们也都想着有了孩子了就好了，人也熟了，谁知道还是没躲过。

缔结跨国婚姻是需要付出远高于本地婚姻的情感代价的，语言沟通、饮食习惯都不同，还有被骗婚的风险，都是他们难以回避的现实困境。他们明知山有虎还偏向虎山行的惨痛经历，反过来又强化了当地婚嫁市场的主流竞争，而激烈的竞争中方显婚姻对个体的意义、对家庭的重要性。林村当地的男女资源明显失衡，但是人们情愿付出高价、高成本也要有个媳妇，即便有骗婚的失败案例存在，还是有家庭愿意抱着一线希望去尝试，这些努力均彰显了家庭作为个体基本生活单元的重要意义。

4. 换亲

现代人的观念中，换亲也许早被人遗忘，这是一种无视个体意愿的家庭主义行为，从进步的观点出发，在现代社会早该绝迹了。但是，在林村，仍旧可以看到换亲的案例，可以说，婚姻当事人是被当地婚姻市场所淘汰的，连正常参与竞争的资格都没有。他们往往家境很差，或家庭中有某一人有羊癫风、聋哑等显著性疾病，不得不退出正常的婚配渠道另谋出路。当地女性资源的紧缺使得那些即便患显著性疾病的女性也能在合适的时机完成婚嫁，林村的第八生产队中就有三户家庭娶了疾病女（精神病、痴呆症和聋哑），而男性则直接被淘汰，他们的父母只能寻找与之处境相同的家庭进行婚嫁交易以延续家庭的婚姻使命，而要完成这场交易，关键要有一个为家庭做出牺牲的个体，无论她是出于主动还是被动。

第九生产队的 X7 出生于 1986 年，初中毕业后一直在建筑行业中做小工，工资低且很不稳定，为人又好吃懒做，在村庄的名声很差，待到娶妻的年龄正好迎来娶妻难的大潮，家人四处托媒人说亲，总是没着落。2010 年，邻居介绍了邻村一户换亲户，对方家也是一儿一女，但因其母亲患有精神病名声不好而拖累了子代的婚事。两家的女孩并不愁婚嫁，上门说亲者络绎不绝，但因各自哥哥的婚事没有着落而愿意接受换亲的策略。待两对男女见面后，X7 的妹妹对男方的印象很好，父母一方面焦虑 X7 的婚事，另一方面也考虑到女儿意愿，并且对方男孩做钢筋工收入颇丰，就力促了两个家庭的婚事，彩礼 3000 元，远低于当时上万元的水平。

这是尚有个人自主性空间的家庭换亲事件，既合两家之好，又在一定程度上尊重了个体意愿。而第十三生产队的 T1 家就没这么多的个人权益可言了。T1 患有先天性耳聋，家住在山脚下，母亲后来又生了一个小他四岁的妹妹，身体健全。从 T1 15 岁那年开始，父母就四处打听帮他寻老婆，直到 22 岁才找到 38 公里外的一户情况类似的家庭，对方家男孩是哑巴、女孩健全，两方协商达成亲事。当被问及女儿愿不愿意时，T1 的母亲直言不讳道：

> 她没上几年学，当时年龄也小，一说是为了这个家也就愿意了。嫁过去后生米煮成了熟饭，还有什么愿不愿意的，现在过得不也可以嘛。

表面上看，T1 的父母完全从男嗣绵延的谱系视角出发，而没把女儿的个体意愿考虑在内。但再进一步追问后，才知道其中的门道：

> 我们总有老的一天，不能一直照顾他，他妹妹长大不愁嫁，

但嫁走了就是别人家的人了，指望不上，还是要给 T1 找个媳妇的，还能指望以后儿媳妇照顾下我们。我们肯定要找跟我们家情况一样的，他妹妹从小跟她哥在一起，知道怎么去处，从小就会的，不怕她嫁过去不适应。两门亲家结下了还能互相帮衬着，要是不管 T1，只管把她嫁到个好人家里去，到时候被欺负了我们也顾不上去说公道话。

剥开这层层的思量，才能看到农村家庭中个体与家庭整体千丝万缕的关联，个体的幸福不是独立的，而是和其他成员息息相关的。看似是忽略了 T1 妹妹的个人意愿，是个体的牺牲换取了两方家庭的周全，但实际上，个体的利益并没有被家庭完全抹杀。婚前当事人的立场和行动难以挣脱家庭的关联，既要考虑父母的意愿又要兼顾兄弟姐妹的利益，使得现代提倡为个人争取最大幸福的婚姻慢慢权变成平衡家庭福利的事件。在 T1 父母的眼中，个体幸福是没有大小之分的，而家庭整体的圆满才是个体幸福的前提，而这个个体显然包括了所有人。

第三节　多重价值充斥的婚嫁伦理

家庭现代化理论认为，现代婚姻是个人自主的私事，其目的是实现个人的幸福生活，因此在婚姻缔结中是以亲密关系为先导的，婚姻家庭的核心是情感型的私密关系。① 婚嫁于个人而言是开启人生新体验之端，是从独立个体走向夫妻一体的关键节点。但在林村，

---

① 〔美〕马克·赫特尔：《变动中的家庭——跨文化的透视》，宋践、李茹等译，浙江人民出版社 1988 年版，第 205—207 页。

完成婚嫁不止是个人的私事，于家庭而言，是家庭绵延与发展的必然过程，更是一种被父代内化的伦理责任观，如果达不成这一人生的最大任务就没脸出门见人。这种"没脸见人"的普遍说辞背后是当地婚嫁伦理和个人价值的评判标准。当把这一标准抛入婚嫁市场的竞争中时，通过货币经济支付的婚嫁成本核算就变成了赤裸裸的家庭财富的竞争。在林村男女性别严重失衡的情况下，男方家庭的婚嫁行为变成了一场争夺女性资源的财富竞争。如此，男方父母的经济压力要远重于女方父母的压力，尤其是在婚嫁市场资源有限的情况下，男方家庭为了完成这一重大人生任务，往往是主动追求的一方，却因此处于被动之势，女方家庭便顺势获得了优势。

1. 家庭资源的出让与回流

男婚女嫁是林村的主流婚居模式，素来有"嫁出去的女儿，泼出去的水"的说法。女方家庭出让女性资源，将女儿嫁出去给别人家生育、抚养后代、延续血脉，使男方家庭欠下难以偿清的债务，从而确立了姻亲关系中的不平等秩序，即女方家庭享有优越于男方家庭的地位，并以此为据源源不断地接受来自男方家庭的扶持和援助。[①] 那么，与之相对应的是一整套在时间序列中的礼俗惯习。

传统社会中默认的是男方主动女方被动，这种观念在现代依然占据主流地位。首先，男方作为迎娶方，应该主动推进各项计划，比如见面、订婚、结婚事宜等。一般的婚俗是，女方如果有意，则先去男方家，一来去相家，探探男方家底，提前了解男方家庭的经济条件、人际关系、成员构成和个人秉性等；二来让男方家对女方

---

① 刁统菊:《不对称的平衡性：联姻宗亲之间的阶序性关系——以华北乡村为例》，载《山东社会科学》2010 年第 5 期。

权变型家庭：中国农村家庭的结构流变与伦理实践

有个初步了解。在获得信息的过程中，女方及女方父母不宜作为主动方追着赶着打探男方家信息，通过亲友等中间人打探和传话才是稳妥的。待男方家首肯了女方，并且对这门婚事予以认可并主动提出推进发展的话，男方再去拜见未来岳父母，这就是水到渠成的事情。如此的正常顺序是常态，女方处于被动和被求的地位便具备了要价能力，那么在谈婚论嫁的时候便占据了优势，拥有了主动性。如果倒过来，打破常规，则会变成女方倒贴男方的境地，好像女方赶着追着要嫁男方，那男方有了主动地位，就可以对女方家庭提出的要价置之不理，女方家庭的资源优势也因倒贴而丧失大半。此外，如果女方过于主动，则一旦男方变卦，女方及女方家庭会处于尴尬境地。在林镇，对于尚未敲定婚事的男女双方而言，女方要背负的道德舆论和价值评判远远高于男方。从古沿袭至今的男女授受不亲和贞操观念一直都存在于寻常百姓家，女孩带男孩回家在周边的邻友看来就是确立了关系，否则怎么能带回家呢。如果经常带男孩回家，女孩则会背上不检点的坏名声，如果最后没结成婚，则会严重影响别人对她的印象，在婚嫁市场中丧失优势。

但是在市场化的今天，农业生产和日常生活的需求都可以通过货币交易而得到满足，亲家之间的支援性互助机会减少，姻亲网络中阶序性地位的实质性意义减弱。另外，个体的经济独立使得女性在娘家的重要性回归，女方家庭开始注意对女儿的投资，反映到日常生活中，便是在婚姻缔结过程中为女儿的婚姻把关和为女儿争取高价的物质基础。

这样，在婚嫁前的互动过程中，男方家庭对女方的关注和积极程度往往高于对女方家庭的热情度。对男方而言，要娶的是女方这个人，她的人品、性格等才是关键的，其家庭与男方家庭只是缔结了姻亲亲属关系，日常不需要频繁互动和来往。所以，在婚事敲定之前，男方没有足够的动力频繁地去拜见女方父母；女方家庭为了考察男方，只能通过委婉的方式邀请男方去家里做客或帮忙，太明显则会失去优势地位。于女方则不同，她要只身一人嫁到一个陌生的家庭中去经营她的生活，那么她首先要确定男方家底如何，由俭入奢易，由奢入俭难，如果环境差异太大，那日后必然会出现问题。毕竟，男方是娶进家门、添人口的，而女方是嫁出家门，只身一人到他人家去的，将会面对一堆突如其来的关系和成员，其情感、精神和生活将面临巨大挑战，如果物质条件还不达标的话，就会陷入情感和物质的双重困境。所以，男方家的物质条件和家庭背景就显得格外重要，婚嫁市场中的竞争实际演变为男方家庭实力和财富的较量，在婚嫁资源有限的条件下，高彩礼便日复一日地水涨船高。

彩礼水涨船高的背后既是男方家庭抢夺女性资源的财富竞争，又是女方家庭与男方家庭对外嫁女资源的再争夺。因少子化成为农村家庭的普遍现状，女儿作为未来的养老资源势必要向娘家回流，而在男娶女嫁的婚居主流模式和高价位的彩礼投资中，女方家庭在给儿子完婚后已经没有余力再为女儿投资，也没有动力为女儿做另外的资产投入，毕竟女儿最终还是要嫁出去为别人家生育的。所以，只能通过收男方家庭的高彩礼进行二次分配的手段为女儿争取权益。彩礼是从新郎家流向新娘家作为敲定婚姻的契约金，[1] 女方家庭对这笔钱拥有完全的自主支配权。所以，当这笔钱从女方家庭流向外嫁女手中时其性质就发生了转变，对于男方家庭而言，这是发生在代

---

[1] 〔美〕阎云翔：《私人生活的变革——一个中国村庄里的爱情、家庭和亲密关系（1949—1999）》，龚小夏译，上海书店出版社2006年版，第168页。

与代之间的财富转移，但是对于外嫁女而言，则是从娘家承继过来的资产。女方家庭通过对彩礼的高比例返还实现了对女儿的财富投资，从而为将来的养老做好打算。

但问题是，村庄舆论对于过高的彩礼现象往往是持否定和鄙夷态度的，特别是男方家庭会以高彩礼为由斥责女方家庭"卖女儿"的行径，而使女方由优势地位滑落到被"出卖"的劣势地位。虽然女方出嫁时要的彩礼越高显得自己身价越高，但女方家庭也会被扣上"卖女儿"赚钱的"罪名"。男方家庭恰恰相反，出的彩礼钱越高显得越没本事，越丢人。因此，过高彩礼现象也只是极个别家庭的极端案例，一般农村家庭会跟随大流而择其上价。与此同时，为了封杀舆论，在近年来的村庄实践中，婚嫁两方对超出一般水平的过高彩礼往往不对外宣扬，一来是维护男方家庭在村庄中的地位，避免被扣上"没本事才给高彩礼"的帽子；二来是维护女方家庭的面子和声誉，避免被说"卖女儿"。面临相似的舆论压力，亲家之间不再视彩礼为外嫁女资源的让渡，而是缔结两家之好、扶持子（女）小家庭的财富基础。由此，外嫁女作为两个家庭的潜在养老资源，其身份变得更加灵活，可以自主扩展其小家庭的边界范围，从而把娘家父母归入家庭中，实现劳动力资源从婆家向娘家的回流。

2. 理性计算的经济原则

现代化进程中，市场为每个农村个体提供了进城的机会，尤其是青年一代。但是，能否实现城市化便取决于个体的能力和家庭的财力。那些既没有足够的货币能力，又没有家庭财力支撑的人，只能借助外出务工的机会进城，待到婚嫁时便返回村庄，并寄希望于借助婚嫁来推进个体的城市化进程。如此，婚嫁时的彩礼等婚嫁费用便具有参照标准，以进城为目标的婚房、彩礼等均可以通过市场的等价标准换算为货币，作为新婚小家庭迈向城市的储备金。

林村的彩礼水平在竞争的婚嫁市场中逐年攀升，致使娶妻方和嫁女方都变得精于计算。第十生产队的 S9 算了这样一笔账：

> 城里的房子是逼不来的，没本事的，你就算逼他，他也借不来钱去买房。他本身没钱，别人借给他也怕他还不了。他如果自己一分钱没有全靠借钱买房是不可能的。买房的人家都是家里有一些经济基础、能力可以的，他就是出去借钱，人家也敢借，知道他能还得了。算一算，买房子二三十万元，结婚办事加上彩礼钱十来万，这少说也是四十来万元。现在彩礼一般十万元到十五万元之间，特别高的二三十万元的也少，顶多接近二十万元，和一套房子比起来，还是给彩礼钱比买房子划算些。家里条件不好的肯定愿意给高彩礼而不是去买房子，买了房子还要装修，装修好了又得买家具，要成无底洞了，买了也是负担。如果是两个儿子，除非家底厚，不然怎么可能买得起两套房子，只能先借钱娶来媳妇，等有了孙子，分家时再把债分下去。

对于经济条件较差的家庭，出高价彩礼要比进城买房更划算，彩礼是有货币限额的，而房子却是耐用消费品的开端，投入是无止境的。而对于送出去的彩礼钱，S9 的心中也有一个小算盘：

> 男方家没房子的，女方父母会多要些彩礼钱给女儿存起来，以后让女儿进城买房子。这个钱，大多数是放在女儿名下的，极个别家里条件不好的或者下面还有一个没结婚的男孩的，才

会将大部分钱留在娘家。一般，男方家拿出去的彩礼钱都会有一多半返回来，相当于是自己家里的钱转了把手给了儿子和儿媳妇。虽说吧，这给儿子结婚欠的债是父母在还，那你说，父母能动父母还，父母动不了不还是儿子他们自己还，那时候他们日子也过得暖贴了。

S9 的这笔经济账对于男方家庭而言，是有利的，虽然在婚嫁市场的竞争中货币压力很大，但是一旦完成婚嫁就意味着压力的慢慢消解。而这样的理性计算，对于有进城打算的新婚小夫妻也有利而无害。近年来，高价彩礼的主要性质从男方家庭对女方家庭的补贴转变为男方代际的财富转移，高彩礼以新娘私有财产的形式被带回小家庭，一般女方家庭留 1/3，带回来 2/3，其中陪嫁的电视机、冰箱、洗衣机等嫁妆通常是用男方给的彩礼钱买的，剩下的钱则作为女方的私有财产由女方或其父母保管。在接触的几个新婚小媳妇中，她们无一例外地"手握重金"。表 3.1 是六位"90 后"年轻媳妇对彩礼的掌握情况：

表 3.1 第十生产队"90 后"年轻媳妇的彩礼情况

	结婚年龄	结婚时间	彩礼（万元）	
			总额	到手金额
L7	25 岁	2015 年	8	8
Z5	28 岁	2013 年	18	15
L10	28 岁	2011 年	10（村里新房）	6
C2	26 岁	2013 年	8（镇里有房）	8
T1 妹妹	23 岁	2014 年	10	换亲，两家相抵消
Z3	27 岁	2016 年	16	由母亲暂管

六个年轻媳妇中，L7 因双方家庭条件都不错，所以彩礼钱不高，C2 虽是自由恋爱，但夫家在镇里买了房，所以彩礼水平也低于 10 万元。其余则因没有城镇的新房而将彩礼钱提高至 10 万元以上，一般在婚后两年内会将至少 1/2 的彩礼钱返还到新娘手中。除 L7 以外的其他人，都计划在孩子出生后、上学前在县城买房。L10 现在有一个儿子，她对未来的规划从这笔彩礼钱开始：

> 结婚五年了，手上这笔钱一直没敢动，攒了这么些年一直计划着去县城买房子。他（老公）每年挣的钱给他爸妈交一点，留下来的在我这里放着，攒到孩子大了，不用靠婆婆帮着照看了，就差不多了。家里住的房子是早些年盖的新房，结婚时装修的那个样子就一直没动，动一下不得花钱啊？

在婚嫁礼俗中，婚房和彩礼是结婚的必备要件，但限于有限的家庭经济条件，村民倾向于把婚嫁成本全部货币化。这样，年轻小夫妻在足够的经济基础上可以自主选择和规划。他们可以根据自身的发展方向，把孩子的教育等方面全部纳入进去后作综合选择，比如在哪里买房，是靠近婆家还是靠近娘家，以及孩子的上学问题等。对于男方家庭而言，用成本更低的货币化彩礼替代买房的背后，其实是把自主的经济财权下交给新婚夫妇，并且以此为引子激发其继续积累财富的斗志。但是，当小夫妻掌握了经济财产权和买房的自主选择权时，也为农村家庭的结构变动埋下了伏笔。

3. 个体利益的提前争取

彩礼本是合两家之好的情感性媒介，包括聘礼、聘金和礼品等，主要是男方为了迎娶女方而向女方家庭赠予的补偿性财物，其本身

权变型家庭：中国农村家庭的结构流变与伦理实践

带有补偿性和交换性的含义，即男方用一定的财、物来换取女方家庭的一名劳动力。由此，彩礼中又暗含着婚姻安排过程中当事人的价值[①]，即新娘的身价。彩礼最初是一种由娶妻方给嫁女方的补偿性礼物，对女方而言，把女儿含辛茹苦培养那么大最终却嫁为他人妇为别人家做贡献，其间的物力人力的付出是难以计量的，尤其是作为家庭重要的劳动力的损失更是难以衡量的，所以为了补偿和答谢，男方要给予厚重的礼物来对其进行心理和经济上的平衡。而这份彩礼的厚重程度不仅取决于男方家庭的经济实力，还取决于女方家庭的经济状况，所以这是两方家庭共同协商的一个结果。无论在任何时代，彩礼的协商均是以关系和合为主线的，旨在建立一门有利于双方家庭的、在生产生活中可以互助的亲属关系体系。但是，在不影响两家关系的原则下，尽可能多地争取当事人个体的收益是嫁女方的最大动力，动力背后即是女性个体的权益争夺，也是女方家庭的长远考虑。

  现代婚俗一切从简，彩礼由聘礼、聘金和实物折现为人民币，直接以货币的形式替代实物性往来。当通婚圈扩大、婚嫁市场形成后，尤其是当适婚男女的可选择人数比例失调时，渐渐形成一种女方市场，此时彩礼所蕴含的建立亲属关系、合两家之好的意义逐渐让位于为女方争取利益的要价手段。而这一个体利益大幅度攀升的原因主要来自于林村性别失衡的婚嫁市场。就人口出生率来看，男多于女的性别比例构成当地基本的人口结构，加上后来的就学、外出务工因素的影响，使得本地适婚人群的性别比发生巨大转折。以第十生产队20—30岁的适婚人口为例，适婚男女比例高达2.3∶1，

---

① 〔美〕W. 古德：《家庭》，魏章玲译，社会科学文献出版社1986年版，第86页。

这意味着在本地婚嫁资源中,一个女孩要被两到三个男孩家庭争抢(见表 3.2 与表 3.3)。

表 3.2　第十生产队适龄未婚男性在村比例

	高中及以下学历者	大专及以上学历者	总数
在村	11 人	3 人	14 人
进城	0	4 人	4 人

表 3.3　第十生产队适龄未婚女性在村比例

	高中及以下学历者	大专及以上学历者	总数
在村	6 人	0 人	6 人
进城	1 人	5 人	6 人

林镇婚嫁市场的性别资源失衡使得作为身价标志的彩礼价格飙升,2006 年是拐点,当年 11 月时彩礼是 3000 元,12 月涨到 6000 元;2007 年涨到 10000 元。2006 年林村集中区域(自然聚点的村落)八个生产队一年中娶进来八个媳妇,到 2007 年只娶进来两个媳妇,2008 年彩礼涨到一两万元,彩礼高、娶媳妇难已经成为共识(见表 3.4)。

表 3.4　林镇近年来彩礼价格表

年份	2000 年	2005 年	2007 年	2008 年	2009 年	2010 年	2011 年	2014 年	2015 年
彩礼价格	2000 元	4000 元	8000 元	1000 元	2 万元	4 万元	6 万元	十几万元	近二十万元

拥有了婚嫁市场中的绝对优势,女方家庭的权力地位相比以前发生了绝对翻转,一切以待嫁者的利益为中心进行彩礼协商和条件谈判。2015 年至 2016 年间,对于已在集镇或县城拥有房产的男方家庭而言,其需要支付给女方家庭的彩礼水平不足 8 万元,而家境较

权变型家庭：中国农村家庭的结构流变与伦理实践

好但尚未购买商品房的男方家庭，往往需要支付接近20万元的彩礼，这笔钱是女方家庭站在女方个人和小家庭立场的婚后储备考虑，或作为女方婚后地位的物质保障基础，或作为婚后小家庭进城买房的储备金。访谈中，Z3告诉我们：

> 2016年，男方家庭条件差的彩礼要三十多万元，有房子的彩礼三四万元。结婚一般都会要房子，要是没房子就给高彩礼，押一二十万元的彩礼钱，等男方买房子时就把钱给男方，等于压着房子钱，怕他们婚前说买，婚后不买了。兴起来要彩礼了，不要别人会小看你。如果你出嫁彩礼钱要的太少，人家会说，连彩礼钱都不要，是追着给的，婆家对你就看轻了。

她作为彩礼的受益者，认为：

> 父母要高彩礼是为女儿着想的；父母想得很长远，不像自己一头热只考虑眼前。如果你不要那么多钱，会怕公婆对你不好，觉得你是便宜娶来的，不珍惜；钱要多了，她们会觉得是掏钱买了贵的媳妇，会更加珍惜。就是防备婆婆对你不好，他们不疼人还要疼钱呢。

女方及其父母都是这场婚嫁竞争中的推动者。彩礼于男方家庭而言是娶妻成本，于女方家庭而言是维护女儿在婆家地位和婚后小家庭生活富足的重要筹码。婚前掌握了一笔不菲的财产，女方在婚后就可以据此立足，而无须看公婆的脸色过活，也具有与公婆相独立或相抗衡的经济基础。这笔高价彩礼也是确保女儿初嫁入男方家后新的家人对其的友好态度——"不心疼人也得心疼钱"。另外，在农村地区，毫无积淀的新婚夫妇完婚后如果没有父母的扶持难以支撑其富足且独立的物质生活。彩礼几十万元的都是尚未买房或尚未盖房的、要和公婆同居一段时日的，为了防止男方不买新房或防止公婆欺压儿媳妇，就要用高价的彩礼"压身镇位"。所以，当高价彩礼成为普遍常态时，其背后有两层含义：一是小家庭在同龄人当中的起步或起点高度问题；二是在婆媳关系或婚后家庭中的地位和权力问题，掌握了经济权就掌握了发言权。高价彩礼与暂不领证策略让女方在男方家庭占据了足够的主动权和优势地位，一旦婚姻发生变故，则意味着男方家庭人财的双重损失。在农村，高价彩礼变成女方家庭赖以牵制男方家庭的砝码，是确保女性家庭地位和权力优势的有效利器，同样，也是男方家庭权衡利弊的理性优选。

从不同的立场来看，婚姻从来都不是个人的独立事件，而是整个家庭关系深度卷入的群体性事件，双方家庭的长远谋略和权力较量裹挟着个人的情感选择一并实践于整个婚嫁过程。

第四节 非个体化的个体

个体在家庭现代化理论中的定位往往被现代性所绑架，被预设为"从承受者到责任者的身份转型，是社会结构中的个体化"[1]。吉登斯则认为，那些具备了选择和自我实现的个体才构成了个体化的核心内容。[2] 在这个意义上，个体化所指向的是现代社会中能够为自己行动后果负全责的独立人。[3] 而林村中这些正值婚嫁时期的青年个

---

[1] 〔英〕齐格蒙特·鲍曼：《流动的现代性》，欧阳景根译，上海三联书店2002年版，第49页。
[2] Anthony Giddens, *Modernity and Self-Identity: Self and Society in the Late Modern Age*, Polity Press, 1991, p.89.
[3] 〔德〕乌尔里希·贝克等：《个体化》，李荣山等译，北京大学出版社2011年版，第1—5页。

权变型家庭：中国农村家庭的结构流变与伦理实践

体，对于现代社会中的浪漫追求和想象，除了性关系①，更多的只停留在意识和字面上。② 当现实遭遇与想象出现巨大落差时，反身投向家庭的怀抱是多数没能留在都市中的青年个体的普遍选择。当外出务工的女性面临婚嫁时，她们对现代都市的憧憬和想象都会马上落于现实，并根据实际情况进行调整。③ 她们在家庭的多重保护中，借助于婚嫁市场中紧俏的资源优势顺利步入婚姻，并在充足的可资选择的范围内进行广泛接触和比较，最终在个体与家庭的共同参谋下敲定婚姻。而青年男性个体则被经济压力、婚嫁成本所牢牢地钳制，不得不联合家庭资源进行策略性的择偶，跨国婚姻等高风险的婚恋形式也进入日常家庭中，成为一些家庭不得不铤而走险的无奈之选。这些不同的婚恋模式同时存在于同一片地域之内，甚至近邻的两户农家中，自由恋爱者的婚姻与家庭共谋的换亲婚姻同时并存，而村民丝毫不觉突兀。

近年来，学者对彩礼的研究无一不指向新婚女性的地位提升和个体的理性计算。④ 然而，当把彩礼放在婚嫁市场的结构之中，放在村落的竞争场域之内，便会发现，高价彩礼不单单是个体的牟利性追求，个体背后的家庭才是推动整个彩礼节节攀升的助推力。男方家庭在"生生不息的生存论结构"⑤ 威胁下，出于理性计算后的策

---

① 这里既指那些婚前同居的性关系，又指一次以上的结婚、离婚、再婚中发生的性关系行为。
② 〔德〕乌尔里希·贝克：《风险社会》，何博闻译，译林出版社2004年版，第126页。
③ 金一虹：《流动的父权：流动农民家庭的变迁》，载《中国社会科学》2010年第4期。
④ 魏国学、熊启泉、谢玲红：《转型期的中国农村人口高彩礼婚姻——基于经济学视角的研究》，载《中国人口科学》2008年第4期；黄荣：《我国农村地区彩礼的社会学分析》，载《法制与社会（旬刊）》2010年第3期；韩玲：《论当代赣中南农村婚姻习俗中的彩礼和嫁妆》，载《农业考古》2010年第3期。
⑤ 孙向晨：《个体主义与家庭主义：新文化运动百年再反思》，载《复旦学报（社会科学版）》2015年第4期。

略而主动抬高价格争抢女性资源；女方家庭在男女平等的少子化现状中，为了争取未来的养老资源而收取彩礼进行财富的二次分配，与待嫁女形成婚前的利益共同体，以此来拓展未来的家庭资源。彩礼是一种借助于传统形式而暗含了现代伦理的重要媒介，一方面它使得传统家庭主义的礼俗和价值仍被有效地保留下来；另一方面又通过竞争的市场机制而将现代个体的权益性谋略加入其中，传统元素和现代理念共存于当地的婚恋模式之内，而此处的个体不仅仅包括青年个体当事人，还包括青年背后的亲代个体，即便他们代表的是家庭单元。如此的互动关系之下，林村中的家庭成员很难成为完全独立的个体，其情感要受到物质条件的挑战和挤压，其行为要被考虑进家庭的整体发展之中，其思想还要受到村庄同辈群体和来自亲代的价值约束，其选择要经过父母的筛选和支持。生活于林村家庭中的青年个体，从表面上看，无法摆脱的是其家庭角色、社会身份和村庄归属，实际上是在社会转型背景下，因个体资源禀赋的有限性而难以越过家庭的重重保护层，很难蜕变为自觉独立的个体。所以，在市场化经济已经打开平台和机会的今天，林村的青年个体始终都无法去家庭化而生存。

那么，在有关社会制度、个体和社会关系的结构性转变已经发生的个体化时代，青年个体并没有像理论预期般那样从家庭角色和伦理中解放出来，家庭不仅没有"僵尸化"，[①] 反而仍然是一个具有顽强生命力的日常实践单元，林村的青年个体便是在家庭单元中去实现自我的一批人。

---

① 〔德〕乌尔里希·贝克等：《个体化》，李荣山等译，北京大学出版社2011年版，第237页。

第四章

成家：家庭内部的结构演变

家庭如同组织体一般，由经济、政治、外交三个方面共同维持其运转，回归到日常生活之中，便是农村家庭的经济基础、权力关系、人情交往。毫无疑问，经济是家庭生活得以维持的基本条件。在林村，家庭的经济来源并不单一，不同的成员通过不同的途径都可以获得收入。这样，部分经济要素是可以被细分到个人名下的，或者说某些经济要素是有私人属性的。但是，若面临家庭的不时之需，多重的经济要素往往会通过家庭内部成员之间的转移或再分配而变更其属性，使得原本边界明晰的经济要素在个人和家庭之间来回摆动，尤其是少子化家庭，财产边界因子代继承身份的唯一性而变得日渐模糊。经济基础决定上层建筑，农村家庭的地位关系与权力相关，通常以当家权的形式体现出来。在人员结构稳定时期，当家权意味着绝对的权威，但在高流动的市场化条件下，成员个体的缺场和流动让当家权无法与绝对的权威画等号，而只能转变为一种维持家庭单元正常生活的关系平衡权。面对外部世界的竞争，整个家庭单元的运转若仅靠自身有时会被置于难以应对的境地，此时便需要通过人情交往来分散压力或聚拢资源。人情交往是向外的，家庭内的成员在向外交往的过程中立场是一致的，但是如何具体操作则是家庭内的成员分工了。人情关系如何分配、怎样实施往往取决于家庭内部的协商和互动，很多时候会根据具体的情境和对象进行不同的实践。这样，从经济、权力和人情三个维度分别剖开，便呈现出现代农村家庭内部结构的真实样态。

生活实践中，经济、权力与人情这三种元素并非总能保持一致样态，反而是多元交织的且不断变动的，有时甚至是依据特定情况而临时权变的复杂样态，这些都无法用一个静态的稳定模型来对照，只能在动态的实践中去观察和理解。

第一节 经济单位的伸缩延展

农村家庭成员腰包的丰满得益于市场经济的发展。20世纪90年代兴起的市场经济为林村带来农业外的务工收入，解决了农村剩余劳动力的安置问题。通过将低效的农业剩余劳动力吸纳进高收入的工业体系，扭转了小农经济内卷化①的危机，释放了承载于有限土地上的生存压力。来自市场的务工收入构成农村家庭的经济基础，以此为财富积累的基础，为农村人口流入城市、实现城市化提供了切实的可能性。

经济依据其外在形式可以分为货币经济和实物经济。货币经济可以精确到人，以个体为单位的工资收入是具有明确边界的独立财产，在家庭中，因就业机会的不同，代与代之间拥有不同的收入来源，个体之间便拥有不同属性的货币收入。实物经济虽然也有边界，但不及货币经济那般明晰，或者说，实物经济的归属主体并非直接对应个人，而更可能是对应家庭，除非是将实物换算为货币。在血

---

① 刘世定、邱泽奇：《"内卷化"概念辨析》，载《社会学研究》2004年第5期。

缘直系家庭内，往往是两种形式的经济同时存在，在生命周期的不同阶段和日常生活的不同时段中，常常融汇在一起。从个体的立场来看，家庭经济成分多元且主体属性明晰，但从家庭整体来看，当个人收入汇集于其内，经济属性便发生了根本性的变化，成为你中有我、我中有你的共同财产。

1. 家庭经济的一般构成

因所有的实物经济均可在市场中兑换为货币，所以，这里的家庭经济主要指那些能够以货币形式表现出来的财产。

（1）土地及其产出

农民之所以为农，是因为其与土地的天然捆绑，农村家庭中的土地财产构成千古以来的农业之本。农民身份虽是户籍制度的产物，却因和土地的捆绑而具有其现实性的缘由。20世纪80年代分田到户后，作为家庭公共财产的土地经国家制度的安排，成为细分到个人头上的小产权资本，虽然仍以家庭为单位，但家庭成员无须经过家庭的财产转承便天然拥有对小块土地的使用权。1998年第二次土地调整后，土地以家庭户为单元、以家庭内的成员人数为分配指标进行重新调整，这样个人的土地份额从国家制度层面上被确立，并沿着男性单系的血脉向下承袭。在法律意义上，土地生产的份额是直接确定至个人的，使之与每个拥有土地使用权的人员密切相关。但打工经济兴起后，土地产出转化为货币的经济贡献率低，农产品作为家庭收入的比重日渐缩小甚至可以忽略不计。基于现实的考量，家庭成员往往主动放弃农业而进入工业化体系，去谋求更高报酬的劳动收入。如此，土地又从个人份额重新汇集于家庭单元之内，家庭内的农业生产被留守于村落的其他成员所承担，土地的生产仍以家庭集体的属性被安排，农忙季节劳动力返回家中集体收粮播种，土地上的产品也被冠以家庭的公共属性，通过土地的联结又被家庭重新整合为一个共同的农业生产单位，以家庭为单元的农产品成为家庭共同财产收入的一部分，也构成了共同消费的基础。

但当土地上的实物产出在市场交易中转化为货币收入时，其公共属性便发生了变化。每年收粮后，会因为储粮空间不足等原因而将粮食交易换取货币，实物经济由此转化为货币时，便不得不与归属人进行协商和认定。同理，2006年开始返还的种粮综合补贴等也是以货币形式发放，那么在种田人和拥有田块的人之间如何分配便是农村家庭内部的权变之道了。

（2）家庭饲养及其产出

当农村家庭被卷入市场经济时，小门小户的饲养因成员的外出流动而日渐减少，以家庭自给自足为主的家禽饲养开始转向规模化生产，成为以换取货币性收入为目的的市场化养殖。林村的家庭饲养一般以在家务农的中年女性为主，她们因为年龄和技术的限制，无法在市场中谋得职业，只能把精力投入到农业生产之中。农忙时全家一起务农，农闲时养些家禽，不仅可以作为家庭人情往来和招待宾客的实物来源，也可以卖给市场换取适量的货币以维系部分的生活开支。

20世纪90年代末林村兴起饲养潮，大约每十户中就有一户进行小规模的家禽饲养，主要在废弃的宅基或家庭庭院内进行，养鸡的数量一般只有几十只且以蛋鸡为主，养猪的数量一般不会超过二十只。2000年以后开始出现工厂式的规模化养殖，散养的小户陆续被大户挤垮。随着肉禽市场价格波动，且2005年后农村剩余劳动力价格上涨，村庄里的剩余劳动力开始放弃家禽饲养转而在村镇范围内寻找零工机会,小规模的家禽养殖几乎消失。调查时林村仅有四户养殖生猪,两户养殖规模均在十头以内,属于典型的小户饲养,2015年出栏两批,收入不足1万元;另外两户养殖规模在百头以上,占地面积达到六亩,2015年收入约十万元。此外还有三户养鸡,一户是小户饲养,养在自家偏房,约100只,2015年收入只有两三千元;另外两户是厂房饲养,以蛋鸡为主,均有上千只的规模,其中一户2012年尚可,卖蛋收入4万元、卖肉收入0.8万元,但因2013年饲料价格上涨、鸡蛋价格下跌后赔了3.6万元,便把厂房转租给了别人,另谋他业了。另外,村庄内还有两户养羊,均不到十头的规模。毫无疑问,中小规模的饲养业收入只是极个别家庭的收入来源之一,对于大多数的家庭而言,是否养些鸡、猪、羊等要依据家庭内劳动力的闲置情况,数量较少的家禽饲养仅仅作为家庭的辅食而已。

(3) 务工收入

农村家庭中最重要的财产来源便是务工收入了。改革开放以来,外出务工成为每个农村家庭的常态,相比于较为稳定的农产品价格,劳动力工资逐年上升,尤其在2010年"刘易斯拐点"到来后,劳动力的工资水平迅猛提升,务工性收入成为家庭中占绝对地位的财富来源。

林村的务工分为两类:一类是未婚青年的进厂打工,集中在市镇范围内的制造厂,山东、江苏和广东的电子厂,其流动性强,收入较低,村里一多半的青年人均在毕业或辍学后有过类似的工厂打工经历;另一类是在建筑行业务工,全村约有70%的青壮年分布在山西、河北等建筑工地,一般男性青年结婚后如果没有一技之长或资金支持的话,会纷纷去建筑行业进行季节性务工。林镇作为远近闻名的建筑之乡，各村均有以建筑业发家的包工头。每年岁末，打算外出的务工人员都会通过亲友的推荐确定来年的务工地点。家庭中代际成员因特长不同、朋辈资源引荐的不同，往往分属在不同的工地上，即使父子有幸在同一个建筑工地打工，其工资性收入也是以个人为单位分别发放的。务工收入与个人的劳动密切相关，具有典型的个人属性，是以个人为主体的独立财产收入。家庭中的独立财产除了务工收入外，60岁以上的老人还有国家发放的养老金，这些收入均是以个人身份而存在的、具有明确边界和属性的财产。但所有财产一旦进入家庭之内，其使用范围便发生了质的变化。

2. 日常生活中的经济再分配

在林村，受计划生育政策的影响，1985年以后，家里很少有生育两个及以上男孩的，多数家庭属于单子家庭。由于家庭财产继承身份的唯一性，父子之间的自上而下的经济单位边界变得模糊，自下而上的财产边界则在家庭的不同发展阶段有不同的形态。

59岁的L3有一个儿子和两个女儿。女儿出嫁后她和儿子一家一直住在一栋房子里。丈夫在外打工的钱由L3掌管。2012年，儿子要买小轿车，L3夫妇补贴了3万元。2013年，儿子开始在镇上开汽车维修店，平时住在店里，周末回家住，连续三年每年年底的进货钱都由L3夫妇垫资，每年两三万元。孙子2岁以后儿媳开始在县城医院做护工，周末回家，月薪800元，由她自己保管。家里的日常开销一直是L3夫妇在负责，儿子儿媳挣的钱从未上交过，只是在孙子上幼儿园后支付学费。孙子上学以后，L3给孙子专门做了个账本，每年由儿子儿媳来支付

第四章 成家：家庭内部的结构演变

上面的花费。到年底"结账"时，儿子儿媳上交的钱总是多于账本的总额。

很明显，L3的儿子并没有按照明晰的账目进行经济结算，而是以超额的数值进行回馈。L3对此举的解释是：

> 儿子儿媳给多少我们就拿多少，本来不分什么你的我的。账目算不清的，算清了就不是一家人了。我们本来也不是缺这个钱，就是要让他们知道要养家糊口了，自己身上有个担子，不能老指望我们。你说我们只有他这一个儿子，现在挣的钱以后又带不走，不都是给他们的？那现在也不能一股脑都给，总得要他们自己知道的，况且我们也要顾家里的开销，上头也有老人要养的。

货币经济的属性天然就是边界清晰、产权明晰，但是在家庭单元之内，个体处于关系之中，成员之间可以用量化的方式处理经济账目，但却无法用这一方式处理情感关系，所以才会有"一家人不能算太清"的经验总结。

单子家庭中父子之间的经济单位是分立的，但是在日常使用的过程中却常常被混在一起。L3的家庭中，因丈夫外出打工由L3当家，父代的个人财产通过家庭单元的融合而成为共有资产，代与代之间无须经过再分割而直接享有对共同资产的使用权。L3儿子的维修店不仅是核心小家庭的资产，也是血缘直系家庭的共同产业，所以在资金链不足的情况下，父代进行经济贴补也在情理之中；但是又不能让子代过于依赖于父代的庇护，所以L3专门为孙子设立账本，通过此举警醒儿子要有担当的意识，这看似"分"的举动，实则是"合"的线索，通过账本的往来明细，子代的独立财产也汇聚

权变型家庭：中国农村家庭的结构流变与伦理实践

于家庭单元之内，如此，个人财产都经过了家庭的再分配而重新回归到日常生活之中。这个过程对于同居于一处的父代而言，是自始至终的，对于子代则是分时段的，如在孙子尚未就学时，抚育幼儿成长便是整个家庭的共同开支，成员均是按需购买而不分彼此，待到孙子就学后便开始划分责任区，子代需以明确的方式来支付清晰的账目。家庭内分属于个体的经济单位开始向整体分流。

货币经济是量化可见的，虽然资产从个体上升到家庭后其使用属性发生了变化，但个体对家庭的经济贡献也会呈现出来。

> X1从2005年开始外出务工，在镇制瓶厂工作了三年。每个月厂里发300元左右的零花钱，一般买衣服、零食、工作时用的手套、鞋子、创可贴，以及充饭卡（30元/月）等花掉一半，剩下150元便攒下来。年底工资和平时攒下来的一共四五千元，全部上交家里，贴补家用。"自己留着没用，家里有事要花钱，开支大。给了家里，自己用的时候再要。"

> S7专科毕业后，第一年的收入勉强兼顾生活和交友娱乐。2007年开始在镇上开店，赚了2万元交给家里1万元。2008年带着妹妹一起去苏州电子厂上班，月薪2700元，第一年年底和妹妹一起交给家里2万元，次年因谈了女朋友准备结婚，工资不再上交。

市场化以来，外出务工收入远高于农业收益，尤其是生长在市场经济中的青年一代，他们从学校出来后首先进入工业化生产体系，经济收入以货币的方式明晰至个人，但他们多数人会将消费后剩余的部分上交给家庭，此时经济单位的个人边界被打破，拓展至家庭边界。但这个过程并不会长久，尤其是当青年个体面临组建小家庭的需求时，经济单位便又会回归到个体上来。

3. 婚嫁时的财产转移与归属

在林村，每个家庭最重要的事情就是帮助子代完成婚嫁。婚嫁对于家庭而言是重大事件，直接关乎子代的成家立业。在男女比例失调、人口大面积向城市流动的今天，农村中适婚女性资源的减少直接催涨了彩礼价格的飙升，准备结婚彩礼成为每个有儿子的家庭首先要完成的硬性财富指标。阎云翔认为，子代婚嫁时支付给新娘家庭的彩礼通过新娘父母又返回到小家庭中去了，彩礼就变成了新郎要求分割家庭财产的一种方法，是家庭财富从上一代向下一代转移的最直接途径。① 这里的上一代无非就是还处在生产领域中的中年一代，当老年一代已经卸去伦理义务退出务工行列时，家庭的运转轴心移向了中年一代，所谓"一代人不管两代事"便是如此。处于家庭结构夹层中的、肩负了承上启下责任的中年一代，在对下的伦理责任未完成之前，其经济收入均处于以他们为支配主体的全家共同使用格局之中，即中年一代的家庭身份和伦理职责决定了其经济收入的使用范畴，名义上是个体的劳动所得，实质上是家庭所有成员的共同资产。特别是在少子化的家庭中，自上而下的代际财产边界并不是很清晰，从婆媳对高彩礼的说辞中便可见一斑。

S5："这个彩礼钱是他们（公婆）给儿子娶媳妇花的钱，就是不娶我他们也要花这个钱。说白了，这就是给儿媳妇的钱，不管儿媳妇是谁都会有这笔彩礼钱，这不是他们对我的恩情，

---

① 〔美〕阎云翔：《私人生活的变革——一个中国村庄里的爱情、家庭和亲密关系（1949—1999）》，龚小夏译，上海书店出版社2006年版，第175页。

而是为了给他们儿子娶媳妇用的。"

S5 的婆婆："没办法，这个钱就是给人家（儿媳妇）娘家的钱，一般人家（亲家）也不会花多少，剩下的都会让儿媳妇带回来，等于是给儿子一家成家用的，不算白给。反正我们的钱以后总归都是儿子他们的，早给和晚给的事，这个钱也没跑出去，最后还是回到儿子手里了。钱转了个圈，没出这个家门。"

青年一代一旦完成婚嫁成立了小家庭，就意味着在血缘直系大家庭中又嵌套了小家庭，大中有小的圈层结构使得原有的共产性财产分配出现变化。一般在经过彩礼的支付和回流的过程中，父代所拿出的婚嫁财产便由子代公然占有。而中年一代面对如此的婚嫁市场和变化的财产观念也妥协性地接受了。

对于中年一代来说，他们的家庭观念是自上而下涵盖不同代际的大家庭，所以对财产的理解也是基于这个大家庭的边界范畴而展开的。虽然他们劳动所得的货币收入变成了儿媳妇的私人财产，但是只要在大家庭的范围内，就还是整个大家庭的共同财产，只是更换了财产的使用和决策者而已。对于青年一代而言，家庭内部其实是存在着类似差序格局一样的圈层结构，小家庭处于内核之中相对稳定，从小家庭向外则是血缘直系大家庭，所以名义上父代向子代进行的财产转移仍然保留在大家庭的单位之内，但是在实际的使用过程中，往往是以小家庭为边界进行的财富支配。

林村 27 岁的 Z5 于 2013 年结婚，彩礼 18 万元，婚后一个星期便拿到了从娘家返回的 15 万元彩礼钱，此时公婆还欠外债 11 万元。Z5 的丈夫做钢筋工，年收入六七万元，为了帮家里还债，每年上交父亲 1 万元，剩下的交由 Z5 保管。Z5 的公公年近 60，常年在外做木匠，年收入五六万元，婆婆在家种地。截止到 2016 年，公婆还有外债 4 万元。

在 Z5 的认知中，债务是大家庭的，丈夫作为小家庭的一员分担一些是无可厚非的，但却没有要拿出彩礼钱去还的道理。对于彩礼钱的支配和使用，是由以 Z5 为中心的小家庭来安排的，大家庭并没有丝毫使用的权力。最终，因婚嫁而欠的外债主要还是由父代偿还，子代的绝大部分收入作为小家庭的私有财产被保管和储存起来了。

青年结婚后因为婚嫁时的外债压力较重，子代在经济收入尚可的条件下，往往需要上交一定数额的货币以共同偿还家庭债务。但是这个阶段维持得很短，往往会随着仪式性分家而变成一种被分摊到个人头上的小家庭债务，或随着新生代的诞生而终止子代向父代的资产回流。林村的仪式性分家伴随着少子化现象而日渐减少，在没有经过仪式性财产分割的家庭中，子代对父代家庭的债务责任总是存在，直至有了新生命的出现，新婚青年的责任重心才会从大家庭移向小家庭。也可以说，分家与否并不直接影响代际互助和共产的生活实践，只有当新的三角结构建立、小家庭重心下移时，父子单元的财产独立才成为现实，而这种独立性并不妨碍父代家庭对子代家庭的经济支持。

农村家庭中，因为每个人的身份不同，其财产属性也会不同。在家庭中，个体难以脱离其身份而存在，因为中国社会并不是个人的集合体，而是身份的结构、关系的集合。[①] 有身份就有责任和义务相伴随，中年群体身兼重任于一身，既要承担对上的养老职责，又

---

① 费孝通：《乡土中国·生育制度·乡土重建》，商务印书馆 2011 年版，第 51 页。

要肩负对下的婚嫁任务，还要为自身生活的市场化做好准备。这一承上启下的伦理身份决定了他们的财产既要为公又要为私，公决定了成员平等的使用权利，私决定了财产主体人的绝对支配权。这并不是意味着子代的弱伦理性身份，恰恰相反，子代作为小家庭的建立者同样需要承担起养家糊口的重担，不同的是，子代的伦理重心是向下的，中年一代的经济扶持往往会随着子代伦理重心的下移而下沉。

4. 家庭经济的独立财产与共同消费

不同成分的家庭经济具有不同的边界属性，而一旦进入到家庭之中，经过生命周期中家庭事件的不同组合或调整，便在公与私、个体与家庭之间发生了实践性的变化。

土地作为家户资产，虽然是由特定个人负责的，但作为家庭成员赖以为生的粮食来源，土地上的产出一直是家庭内的公共品，并遵循着按需分配的原则。小户的家禽饲养如同土地产出一般，作为自给自足的产品都是先集体消费而后个人分配。但在实物和货币的相互转换之间、在使用和归属问题的分配上，无法一锤定音地对个体财产权利边界进行划定，而是一个不断实践的过程，在实践中总是根据成员、家庭情况的变动而不断协商。

> S9 在 2010 年给两个儿子分家时，将 1.5 亩的好地分给老大，2.5 亩的较好地分给老二，剩下一块春地（只能种一季的）由 S9 夫妇耕种。但由于老大一家住在县城，所以老大的地一直由 S9 夫妇种着。老二媳妇看老大不种，自己也不种。所以地虽然分了，但一直是 S9 夫妇在种。分家后头两年，S9 夫妇自己投入农资，秋收打回来粮食后，主动分给两个儿子，自己只留了

春地上的粮食。但是因为两个儿媳妇先后把他们送过去的粮食卖了钱，S9夫妇就改变了方法，从第三年开始他们自己种粮自己收自己吃，不再主动给儿子送粮食，谁家需要吃粮谁家去他们那里要。这样，粮食归老人，粮补也由老人拿，S9说等到儿子想种地了再把地交给他们。

相比较于农业，工业劳动力的价格优势毋庸置疑，青年一代越来越远离务农生活，农业生产在市场经济的人为选择中被位移到中老年群体身上，他们便担负起整个家庭的基本口粮供应。但是，粮食不是天然共有的，而是经过生产主体人的有意分配的，他们希望通过分配获得未来的预期性回报。虽然中年一代的资产在某种程度上是被家庭所共产的，但是这个共产的过程是通过财产主体人对所掌握的资源重新分配达成的，其属性仍然是以财产生产者为主体的多人使用。正如S9所抱怨的：

> 我自己辛辛苦苦种地打粮食，他们不珍惜，以为是白给白拿的，扭脸儿就卖了。我现在让他们自己吃粮来要，要知道是我们辛苦种下来给他们的，供他们基本吃喝的。不然还嫌白拿的少嘞。

务工收入的分配原则则与之相反，其经济收入首先归属于劳动者个体，当财产从个体向家庭发生转移之后，经济的属性也由独立变为共同所有。这种情况多数发生在青年结婚前、结婚后分家前以及中年群体帮助子代婚嫁时。青年群体结婚前，其务工性收入除掉个人消费和日常开支外，剩余资产往往会主动上交于家庭以作为公共开支，这在林村比较普遍。

权变型家庭：中国农村家庭的结构流变与伦理实践

Z6中专毕业后去广州美容院打工，起薪只有两三千元，每年年底拿回家里的钱有七八千元；2012年月薪涨到5000元后，开支也随之增多，连续两年拿回家里1.5万元，直到2014年结婚才不再上交工资。

婚嫁往往是促使家庭财产向个体收缩的重要起点。在林镇多数农村家庭中，子代一旦完成婚娶仪式，自下而上的经济共产便受到小家庭的拦截。如此，两代家庭内部财政各自成形并由妻子掌管，相互独立运转，只有在遇到家庭重大开支如买新房、买汽车等事件时才会汇集。而重大事件一旦完成，各自又回归到代际分产的模式中。

W10在建筑行业打工，是山西某工地的技术员，2010年为了给儿子结婚在县城购置了价值25万元的房产，儿子完婚后全家入住新居。儿子和儿媳妇在家附近开了个手机维修店，年薪6万元由小夫妻自己掌管；W10的收入则由其妻子掌管，家庭日常开支由他们夫妇承担。代与代之间的经济财产分属于不同的账户之内，相互独立。

而中年一代在子代婚娶前，其务工性收入完全归属于大家庭所有，全家的日常生活开支集中在中年家长的身上。与此同时，子代婚嫁时他们更要用尽毕生储蓄支付亲家彩礼、三金以及举办婚礼的费用等，其财产属性虽是个人所有却为家庭共同消费所用。只有当子代完成婚嫁成立小家庭后，中年群体的财产独立性才成为可能。虽然分家前，中年群体仍需要承担家庭日常的公共开支，但因成员个体尤其是子代已经拥有了独立的收入能力，中年群体经济财产的家庭公共边界开始收缩，从而其收入的个体属性逐渐显现。

在家庭生命周期中的不同阶段，家庭成员的伦理性责任不同，因而与之相关的经济财产的属性也不同，从而在家庭之内、代与代之间出现了经济财产在个体和家庭单元的公私边界中延展伸缩的现象。

第二节　家庭权力的动态平衡

家庭权力存在于性别和代与代之间，是家庭内部成员之间的地位关系。从服从和被服从的权威关系来看，家庭权力意味着家庭成员各自能力的相互影响，一般以谁来做决定和谁来执行决定为尺度。[1] 这是典型的传统型权力关系，在父权制被瓦解的今天，传统制度化权力也被全面削弱，不同成员之间有了充分的协商空间，家庭权力关系出现流动而多元的可能性。[2] 在人口高流动的今天，成员个体因成长背景、价值观念、生理要素、后天能力等不同禀赋而占据不同的权力领地，家庭内部很难再形成一种对个体进行高度垄断的权力结构。但并不意味着成员之间正在走向一种绝对平等的格局。相反，家庭成员的不同禀赋使得相互之间的权力领地不同，个体角色身份的多样性使得家庭权力领域内部形成多样且重叠交错的权力空间，它是多维度的网状格局。[3] 这样，结构关系中的个体就需要在动态中维持网络的均衡，尤其是在成员流动和缺场的背景下，家庭

---

[1] 王金玲：《家庭权力的性别格局：不平等还是多维度网状分布？》，载《华中科技大学学报（社会科学版）》2009 年第 2 期。
[2] 吴飞：《浮生取义：对华北某县自杀现象的文化解读》，中国人民大学出版社 2009 年版。
[3] 王金玲：《家庭权力的性别格局：不平等还是多维度网状分布？》，载《华中科技大学学报（社会科学版）》2009 年第 2 期。

权变型家庭：中国农村家庭的结构流变与伦理实践

内部的权力关系便不得不在变动中去进行调试，以维持一种相对的平衡状态。在农村家庭中，谁来当家既是一个问题，又不是一个问题，理论上谁掌握经济大权谁就是当家人，但在实际中，因性别优势、经济禀赋能力、情感投入等因素的影响，具体谁当家便成为一个生活实践的情境性问题。

在日常生活中，农村家庭向内的关系格局并非总是和谐平稳的，而是在实践中对个体与家庭的利益取舍进行不断调和。市场经济条件下，个体权力与赚取货币收入的能力挂钩，经济实力支撑起个体的独立与自主性。与此同时，在家庭内部基于情感需求的伦理性付出也占据着主导地位，终其大半生为子代奉献人力、财力、物力及情感的父辈地位最高。如此，一方权力地位的提高并不意味着另一方地位的降低。在变动的生命长河中，随着年岁的增长，不同个体的身份和地位都在发生转变，青年个体从被抚育者变为当家人，父辈从顶梁柱变为被赡养者，每位成员在不同时段拥有不同的身份属性，家庭内部的结构关系总是处于变动之中。

1. 成员个体的双重属性

中国家庭中的个体是没有绝对的自由的，只要处于关系网络和伦理角色之内，便没有了"原子化"的机会。无论是青年还是中老年人，都不得不在家庭关系中去处理自由和非自由的张力。

（1）市场化条件下的自由

市场化条件下，可以自由出卖劳动力的个体，能够借着外出务工的机会跳出村庄，并在城乡的流动中拾得空前的自由。青年个体尤其是男性个体，毕业后便可以借助于外出务工的机会走出村庄，在赚取一定收入后，凭借经济实力进行社会交往，追寻经现代传媒

第四章 成家：家庭内部的结构演变

渲染的都市化爱情与浪漫。其实，早在大集体时期，青年个体毕业后便开始以个体身份从事生产活动，人民公社解体后，随着改革开放的深入，市场经济造就了一大批就业岗位，青年个体便开始在离开村庄和家庭的新环境中体验自由的生活。20世纪90年代末，林村的青年男女到林镇的工厂上班已经成为一种潮流。一方面，教育水平的落后使得当地的辍学率很高，几乎有一半的孩子高中没毕业就辍学在家。另一方面，村落社会中信奉"穷人的孩子早当家"，早早便让已经辍学的男青年外出务工，提前学习谋生，女青年则出于安全考量，直到十七八岁才能结伴在附近工厂打工。2000年以后，县城的中专和私人的职业技术培训学校应市场之需发展起来，村里原本高中没读就辍学的青年便能通过这些学校提供的平台走向外省，主要以学校对接的劳动密集型企业为主，包括河南、山东、江苏、广东等地的制衣厂、制鞋厂、编织厂、电子厂等。据统计，林村第十二生产队20—35岁的女性有23人①，除了5人仍在外读书，剩余18人中，A1自幼在家帮父母照管药店，A2因患有轻微的小儿痴呆而不允许外出务工，② 其余16人全部有外出打工的经历，有的跟随亲戚在工地做小工，有的在邻镇制瓶厂上班，有的在镇集市上做销售员，有的在县城超市里做收银员，她们所从事的都是临时性工作，以"出去耍耍"为目的，赚取的工资完全可以自由支配，这便是青年个体的婚前自由与独立。在这一阶段，无论男孩女孩，他们外出的目的并不以挣钱为主，而是以体验自由为终极目标。正如L14所说：

---

① 以2015年调研的横截面数据为基点。
② A1和A2并没有接受访谈，只是被其他受访者提及，为了避免和其他受访者的姓氏重叠，故用A作为代号。

说是出去挣钱，其实是去外面耍耍，打工自由些，人多，在一起说说开心话。那都是临时工，干一天有一天的钱，不想干就回来了。其实在外面也不自由，你要拿人家的工资就有人管着你，在家老的（父母）也管着你，但不一样。在外面比在家里自在些，家里都是熟人亲戚的，你干点啥事都在人家的眼皮子底下。也没人玩，闷得很。

但是，很多人也注意到，"毕竟年纪还小，没经历过啥，在外头遇到问题还得靠老的给你支支招"。此时未成熟的个体在心智上还是依附于长辈的指导与保护的。

（2）福利资源稀缺下的依赖

自由独立的个体在面临资源和福利保障时便开始显露其天然的依附性。婚嫁市场中适婚青年男女比例失调问题凸显后，适婚年龄的青年个体对家庭的依附值开始直线攀升，尤其是男青年只有借助于家庭的财力和物力支持才能在婚嫁市场中占据优势地位。适婚女青年的婚嫁事宜也远不是个体独立意志的自由选择，而是在家庭网络中被层层筛选和考验后的集体意志，虽然有时候女儿会与父母在未来丈夫的问题上展开激烈的争论或对抗，但无论哪一方妥协，其结果都不得不说是家庭集体的共同决议。不管是相亲还是自由恋爱，女性择偶的问题在婚嫁前都难以挣脱来自家庭的层层评判，除了家庭成员对该事宜的行为干涉和意见表达，还有当事人在重大事件决议前对家庭"把关"的切实需求——从情感上的认可、接受，到行为上的接纳、支持。在林村，没有人能够完全依靠自己的力量完成人生重要的婚嫁、生育等大事，原生家庭对新婚小家庭的扶持和资助是每个新婚小夫妻得以稳定发展的前提，而这一前提也是青年个体难以完全独立和自由的根源所在。当然，家庭成员之间的相互需求是个体难以摆脱依附属性的关键原因,青年一代需要年长一辈的财富、情感、物质、生活的扶持,老年一代需要来自子代的照顾与赡养,中年一代虽然是家庭承上启下的主要支柱,是财富的输出者、义务的承担者,但也需要依托于家庭这一整体性单元才能获得其地位和价值。

对于"自由""独立"等概念的理解,林村人往往解释为"能来回流动""能离开家、离开村子到城市去""能来回窜窜",当问及自由的前提时,无一例外的回答是"不能不顾家"。也许,当个体通过市场的力量获得经济地位和独立行动的能力时,对家庭其他成员的依附属性便开始减弱,但面对个体间的意见冲突必然会出现其他成员的妥协性行为,即为了避免冲突的进一步激化而同意那些并未符合理想标准的人选或计划。① 个体经济地位的上升和行动上的自由流动是市场化带来的机遇,但个体仍然难以超越家庭的整体利益,同时,家庭伦理因村落社会的存在而得以被维系,此乃个体之本。市场经济社会中,家庭已经不再是一个上下等级森严的权威结构体,随着家庭生产的市场化剥离、教育功能的社会化承接,原本结构严密、功能齐全的合作社模式已不复存在,家庭变成由多个成员紧密结合的生活单元,个体对家庭的权威式服从变成资源性依附,这便为个体的自由和独立提供了空间,然而包括抚幼、养老等个体的现实需求又使得这一依附性在村落社区中顽强生长着。可以说,家庭依然在为每个独立个体提供源源不断的集体性福利。那些教育程度低、难以获得稳定就业的青年个体,在市场化竞争中,只能依附于

---

① 〔挪威〕贺美德、鲁纳编著:《"自我"中国:现代中国社会中个体的崛起》,许烨芳等译,上海译文出版社2011年版,第52页。

家庭寻求资源救助。

农村家庭作为一个完整的运行单元体,能够为每一个成员赋意——作为家庭中的一员,在完成自我发展要求的同时也要使家庭得以延续。这一意义不仅是传统儒家道德规范下的伦理惯常,更是基于生活所需的现实要求。孤立的个体在村落社会中难以获得正式的身份,是一种在村落文化中不被认可的非健全性人格,只有依附于家庭才能获得正常的生活,被排斥和歧视的"光棍"就是最好的证明。在村落社会中,家庭是基本的交往单位,个体的拓展关系最终都会回到家庭的范围内,在这个意义上,只有成立家庭才能获得健全的人格和社区性身份。而要实现这一目标,个体就不得不借助于血缘家庭的资源和力量,因此在角色关系中的个体具有天然的依附性,这也是家庭伦理的产物。

2. 夫妻间当家权的让渡

女性家庭地位的上升是近年来大家有目共睹的,但女性地位的提高并没有以男性地位的降低为代价,[①] 相反,女性在家庭中的权力地位并不是一种绝对的自主权,而很大一部分来源于和男性的分工与协商。虽然在现代化进程中,夫妻关系被作为现代亲密关系的代表而倡导爱情至上,但在林村的生活实践中,夫妻之间亲密关系的核心内容并不是所谓的浪漫,而是琐碎生活中的相濡以沫。[②] 这种相濡以沫的生活在家庭中表现为权力关系的分配与协调。

---

① 徐安琪:《夫妻权力和妇女家庭地位的评价指标:反思与检讨》,载《社会学研究》2005 年第 4 期。
② 陈辉:《过日子:农民的生活伦理——关中黄炎村日常生活叙事》,社会科学文献出版社 2015 年版,第 29 页。

(1) 缺场男性的权力让渡

林镇是以建筑业著称的建筑之乡,林村中的一个自然村(聚点)的200多口人中,外出务工者高达65%,在外从事建筑业的男性从18岁到68岁的都有,女性外出务工者很少,每个生产队里都不足5个人。但从就业率来看,男性在家庭中占据着绝对的地位,女性一旦结婚生子后,便很少有外出者,由此形成男工女耕的性别分工结构。但农业是个弱质性行业,受天气等影响,惯有"农忙抢收"的说法,尤其是把粮食视为市场化作物时,为了获得最高的价格,便要在最佳时期将粮食收割,这样,即便农业机械化程度不断提高,农忙季节外出务工者都会回乡参与收割作业。所以,女性在农耕方面的贡献集中体现在农闲时段;就收入而言,除粮食自给外,卖出粮食的收益可能仅仅是外出务工者一个月的工资而已,在此意义上,粮食收入只是一种作为零花钱的生活补给,一定程度上解决了赋闲在家难以务工者的劳动力问题。

正是夫妻关系中的这样一种性别分工,使得女性具有在村的家庭主动权,通过她们在场的人情交往和对外互动维系了基本的地缘和亲缘的网络资源。对内,家庭其他成员的饮食起居,如子代的教育抚养、亲代的日常照顾等问题,也因为人力资源的可获取性而得以在家庭内顺利完成。这样,男性的经济主权因为不在场的弊端而被过渡给在场的妻子,女当家人便成为每个家庭的常态。她们主管日常开销、家庭布置、待客行礼等日常琐事,这样便在日积月累的生活实践中确立了当家人的地位,即便男性务工回家,也因对日常事务的不熟悉而认可女性的当家权:

> 男的当家挣钱,女的当家管钱。做生活是女的做主,对外就是男的当家。有钱谁都会当家。我常年在外,媳妇在家,肯

定她当家里的家。女的在家就是看好孩子，顾好家，地种不种地都行。媳妇手里有钱，买冰箱也会跟我商量一下，就是我不同意她也能买，因为她拿着钱呢。对外礼单上写的是我的名字，因为我从小就是这个村子的，对很多老人他们不知道媳妇的名字，找不到人。一般来说，对外礼单上，谁当家写谁的名字，没男的写女的名字，但是有儿子就写儿子名字。我在家两个人都当家，对外的话我出面去招待亲朋好友，参与村庄事务，对内媳妇当家，地怎么种、家里的钱怎么花都由她管。碰到什么事儿要商量了，谁对听谁的。一般我也懒得管，媳妇说了算，我享清闲。一年在家就那么个把月，抵不上她的。①

我在家里我当家。自己没钱了就跟老公要，他的钱就是家里的钱嘛，不分他的我的。我以前经常拿钱贴补娘家，老公不知道，我跟他讲买了东西了他就不会细问的。②

可见，女性当家权的确立在某种程度上是被男性所"禅让"的，主要面向的是家庭内部的事务管理和对外的亲缘网络交往。

（2）稀缺资源竞争中的优势地位

女性地位的上升除了自身能力之外，整体上与婚嫁市场中女性资源的稀缺有关，婚前男性不得不以高彩礼吸引女性资源来完成婚娶，这样便无形抬高了女性的身价地位；婚嫁成本提高的同时，女性自由流动的风险也在加大，再婚成本非一般男性家庭所能承受。因此，男性婚后多以谦和退让的姿态挽留婚姻，如此，女性的优势地位就自动形成了。

---

① 来自对林村第六生产队中 X5 的访谈。
② 来自对林村第十生产队中 L12 的访谈。

第四章 成家：家庭内部的结构演变

> 小两口吵架、拌嘴很正常。他要偷懒不想去地里干活，我也不去。他会享福，我干吗要那么辛苦啊？孩子生病我操心多，他要是在旁边玩电脑，就会跟他吵架。平时玩牌打麻将可以，但是不能耽误事。他成年在外辛苦赚钱，不能回来就跟他嚷啊。自己不挣钱，说话肯定不硬气，很多时候会让他，但是吵架我是不会让他的。小两口不能啥事都管，也得有些小空间。他的个人爱好我不干预，但是我买衣服、化妆品和自己喜欢的东西，我做主，我的事情我管，我不管他，他也别管我。家里买大件，以男的为主，一般我说不买的多，钱紧张，能将就着过就将就下。①

日常生活中，虽然矛盾不断、争吵时有发生，但一般不会演变为政治性的权力斗争。毕竟家庭权力的性别格局就总体而言，还是建立在经济基础和风俗惯习之上的，本质上仍然是男强女弱的不平等态势②，只是现实生活往往需要将这种不平等维持在平衡的状态中。

> 钱嘛，自己挣得来花得硬气，挣不来那自己的东西就节俭些尽量不买，但是不会委屈孩子，对丈夫更不能节俭。他自己不在乎，但是我每年都要给他买新衣服，穿得太差会被别人看不起的。家里男人挑大梁，他是家里的门面担当，男人是要站在外面的，是家里的脸面，要是他穿得太差我就会嚷他。③

---

① 来自对林村第四生产队中 S6 的访谈。
② 王金玲：《家庭权力的性别格局：不平等还是多维度网状分布？》，载《华中科技大学学报（社会科学版）》2009 年第 2 期。
③ 来自对林村第四生产队中 S6 的访谈。

权变型家庭：中国农村家庭的结构流变与伦理实践

从家庭分工看，传统的男主外、女主内逐步演变为男赚钱、女当家的普遍现象；从家庭权力的分割看，传统的夫唱妇随逐步转变为女人做主的普遍现象。① 但是，在实践中，这种权力分工使得夫妻之间对内总是在维持一种均衡状态，女性的当家权实质上是一种基于个体优势的资源管理权和分配权，因权力最终来源于男性，所以当触及根本原则问题时还是会周全男性的地位。这样，当家权在夫妻关系中可以划分成表里两层结构：男性作为当家的表层门面，负责家庭对外事务；女性作为实际当家人，负责内外的具体事宜。就权力的根源来讲，这种表里结构的平衡一方面是男性经济权力的让渡，另一方面则来源于女性在当地婚嫁市场中的地位优势。

3. 婆媳间的权力分配与调和

在婆媳之间，家庭权力的张力可以表达为地位之争，面对繁杂的家务，享有地位者便可以坐享其成。此外，权力还包括对事务的话语权和裁决权。女性在家庭中的地位提升，使得婆媳之间关系变得更加紧张。代与代之间的权力关系出现张力的情况下，容易出现自立门户独立当家、共同生活权力分工、权力一元化三种局面。在父权制已经瓦解的今天，出现第三种情况的概率很小，而前两种情况可能在不同的时段轮替出现，从而在家庭生命周期中形成动态的权力关系。

新婚期的婆媳关系总是相对友好而亲密的，初来乍到的年轻媳妇在未熟悉婆家环境和人际关系之前总是会受到婆婆的多方位照顾。此时，家庭的权力中心仍然在公婆手中，媳妇只有对嫁妆的支配权，

---

① 陈讯：《妇女当家：对农村家庭分工与分权的再认识——基于五省一市的 6 个村庄调查》，载《民俗研究》2013 年第 2 期。

但这种权力格局只是暂时的。当代与代之间的经济收入开始分别汇入两个不同的经济掌管人手中时，权力结构便一分为二，婆媳之间会自动形成两个各自为营的权力中心，分别拥有独立自主的经济支配权。当三代同居于一户时，权力便在代与代之间出现分工与分化，即基于家庭和个体的需求而形成不同的管理区域。近年来，受婚嫁市场的影响，年轻女性的地位飙升，使得各自为政的这一权力格局的转变过程加速到来。

新生代的诞生是婆媳权力关系发生逆转的关键节点。围绕新生儿，从生活照料到教育，婆婆的权力均让于年轻媳妇，尤其是在代际合作育儿的过程中，甚至会出现老人保姆化倾向，即老人承担全部家务却没有决策权的现象。[①] 就血缘直系家庭内部，无论同居与否，祖辈皆具有照料孙辈的义务。在三代同居的家庭中，祖辈对孙辈的照料时间未必少于其父母，在不同居的家庭中，年轻父母将孙辈送至祖辈家庭进行照料的事例比比皆是。[②] 但是，祖辈围绕新生代对子代小家庭进行全方位服务的同时，并没有获得同等的权力，反而形成"严母慈祖"的权力格局，即子代小家庭的决策权和话语权多数以年轻母亲为中心，祖辈则处于边缘地位：[③]

> 干活的时候婆婆当家，享受的时候儿媳妇当家。孩子小的时候哪一个不是当婆婆的带，上学的时候儿媳妇接送，送完孩子回来就玩麻将，吃饭是现成的，每天她们就是玩玩。儿媳妇

[①] E. Cohen, L. Kuczynski, Agency and Power of Single Children in Multi-Generational Families in Urban Xiamen, *China and Psychology*, Vol. 15, No. 4, 2009.
[②] F. Chen, G. liu and C. A. Mair, Intergenerational Ties in Context: Grandparents Caring for Grandchildren in China, *Social Forces*, Vol. 90, No. 2, 2011.
[③] 肖索未：《"严母慈祖"：儿童抚育中的代际合作与权力关系》，载《社会学研究》2014年第6期。

权变型家庭：中国农村家庭的结构流变与伦理实践

想分（家），地由公婆种，粮食收回来卖了钱由儿媳妇拿，吃的全是公婆的。现在儿媳妇就觉得理所应当，就该她们享受。现在（儿媳妇）就跟仙女一样，我们现在会做的就一直做，等不会做了再说。即便是婆婆个性很强，现在也会被儿媳妇摩擦得不强了。为了孩子生活得好，家庭和气，就少跟儿媳妇吵，一吵架儿媳妇跑了你还得给儿子再找（媳妇）。为了儿子忍着不敢说啥。不觉得委屈。我们这个年龄，就是个老百姓、老农民，就是走到天边也要做。现在儿媳妇不做，反正有人做。①

儿媳妇生育前的高地位有赖于当地婚嫁市场中女性资源的稀缺性优势，在年轻小夫妻尚有离婚风险的情况下，婆婆的隐忍和退让是一种主动甘为"仆"的行为选择，也是一种代际价值差异下的自我牺牲。可以说，婆媳关系在离婚危机的胁迫下出现了180度的大反转，权力地位从婆婆转向年轻媳妇，更有人戏称婆媳是主仆关系——婆婆干活、儿媳妇坐享其成。当第三代出世，婆婆为孙子"鞍前马后"的全方位照管正式开始，此时，年轻媳妇的女主人地位则得益于新生儿所需的家庭照料，这个过程可以一直持续到幼童上学。抚幼是家庭的主要功能之一，对于幼儿的照料，往往要依赖于整个家庭的集体扶持。在转型社会中，随着对教育的重视和育儿观念的变迁，逐渐形成以年轻母亲为核心的一整套育儿规则，婆婆的传统育儿经验被挡在科学门槛之外，导致婆婆的角色只能是生活照料者、育儿的辅助者，很难触及新生代的权力中心。② 可以说，在抚育新生代的过程中，婆媳间的权力地位是一高一低、一强一弱的不

---

① 来自对林村第十一生产队队长 Q1 的访谈。
② 肖索未：《"严母慈祖"：儿童抚育中的代际合作与权力关系》，载《社会学研究》2014 年第 6 期。

对等关系。但婆婆期待通过对子代及孙代的扶持来换取亲密情感的维持和老年期的延时性回报。

到第三代开始就学，婆媳关系便会打破抚养期间的主客权力格局，重新回到两个独立的交往主体，各自维持着对不同代际核心小家庭的绝对权力。而在这个阶段中，婆媳之间的互助交往是自愿而对等的。有些家庭的婆媳关系互动良好，能继续保持同一个家庭权力中心，只是在不同事务上进行不同的分工，如婆婆掌握当家权，儿媳妇主管抚幼权，互相扶持但又互不干涉。就抚幼这件事来说，年轻媳妇作为孩子的第一负责人握有教育的权力，而婆婆则作为家庭生活的管理者负责日常的生产消费。她们各自拥有自主的空间和权力，年轻个体的娱乐休闲或交友、家庭的人情交往与日常生产等在协商互助的前提下能够有序开展，这样便形成多层交错且和谐共处的权力分工格局。

待到婆婆年老需要被赡养时，则又重新返回到一高一低的权力地位关系中去了。尽管伦理关系中，婆婆是位高者，且儿媳妇对婆婆的照顾与扶持是一种基于现实情境和伦理要求的责任义务，但因儿媳妇掌握了家庭资源的支配权而拥有实际的权力地位。

4. 父子间权力的更迭

父子关系历来是家庭关系的主轴，父子之间的权力地位变动往往暗示着家庭内部结构的分裂与组合。传统时期，以父权为绝对权威的父子一体的家庭制度及伦理规范为家庭的绵延提供了运行的基础。现代社会中，父权制度及其经济根基受到市场化的全面冲击，父子一体的强规范体制蜕变成一层浅约束力的伦理观念，父子之间的权力开始被分解，关系也在实践中不停地变动。

权变型家庭：中国农村家庭的结构流变与伦理实践

现代家庭的当家权往往被分裂成不同的权力领域，日常琐碎事务的处理权交由妻子，重大事宜的决策权共同商议，经济财产的支配权由夫妻协商，而对外的交往权一般由男性担当。父子间的权力关系和地位结构在不同的时期会涉及不同的领域。就经济权力而言，市场经济为每个出卖劳动力的个体提供了相应的报酬，每份报酬具有清晰的边界，不被其他人所干预。子代务工所得收益是否上交于家庭是由父子协商决定的。青年个体具有足够的话语权来决定这份工资的去留，他可以全部花掉，也可以上交一定份额用以家庭开支，虽然这是个人自由权力的开端，但并不足以挑战父代的当家权。可以说，经济独立使子代获得了独立的财产支配权，但在未成婚之前，个体的经济支配范围要受到父代的管辖，他只能在不触及家庭整体利益的前提下为个人争取最大的自由，如自由分配经济收入、自由决定行程安排等。而当子代缔结婚姻，开始成立核心小家庭时，父子关系的当家权力格局才开始发生变化。此时，父子关系从家内关系转变为家际关系，代际关系演变为两个核心家庭之间的互动关系，[①] 父子之间的经济支配权开始以个人为中心进行回缩，代与代之间变成两个自负盈亏的货币经济收支体。

随着经济权力的分裂，处理小家庭内部琐碎事务的权力也跟着分割，父子间的权力领域便集中在对外的人情交往上，相当于村落社区中的外交权。只有当父子分家，分裂成两个独立的家庭单元体，子代核心小家庭在亲属关系网络中才拥有其独立而健全的交往资格，否则只能以个人名义进行资源关系的往来。实际上，在血缘直系家庭中，当经济权已经不再统归一处时，父辈的当家权有时只是一种

[①] 王跃生：《个体家庭、网络家庭和亲属圈家庭分析——历史与现实相结合的视角》，载《开放时代》2010年第4期。

被子代赋予的虚权，或者说是一种基于家庭伦理的道德关怀和情感尊重：

> 老的在就老的当家，丈夫挣了钱给我，我把钱给父母保管。他们就是保险柜，相当于替我们存钱了。每年年底给他们钱，给之前要留足自己的花费。母亲去世早，家里的事儿，比如买什么东西都是我当家，生活费、日常开支也是我当家。丈夫在外面上班，顾不上家里。①
>
> 分家后还是我当家，小事不管，大事要跟我商量下。儿子的事情，现在什么都不用管，就是有大事他们也是跟我说一下，让我们知道，真正拍板的还是他们自己，我也当不了儿子的家。其实吧，就是钱当家。没钱不当家。现在儿子尊敬我，就一直当家，以后他们不跟我说了，就不当家了。老了糊涂了，也当不了家了。我当家就是个空架子，空当家，没有实质性权力。儿子才是实架子。②

但当所有人都强调"有钱好当家，没钱不好当"时，当家的权力指向的是一种财富的生产能力和资源再分配地位，这是基于经济基础上的实权。当父代逐渐退出劳动领域或其经济收入开始下降时，子代的情感回报维系着父代当家权力的仪式性内容，实质上权力的根源已经从父代转向了更具实力的子代。

> 没分家，老的当家。我老婆管家里的柴米油盐，顾生活，我给孩子出主意，把个关。年轻时吧，操心小孩读书，孩子大

---

① 来自对林村第十生产队中 L12 的访谈。
② 来自对林村第二生产队中 J1 的访谈。

了操心孩子娶媳妇。我家还是我当家，儿子做什么事都要征求我的意见，比如，家里要修补什么，儿子要问我意见，其实最后还是由儿子去做，但是儿子问我，就代表对我的尊重。比如，家里要买大型农具，如三轮车，儿子也会问我意见，他们有钱就他们买，没钱的话我就资助一点。①

父子轴的权力更迭和伦理延续在一明一暗的表里结构中完成，这得益于和谐亲密的代际关系的建立。一旦亲密关系被破坏，父子轴很容易分裂为两个不同的权力格局，各自维持着一整套相对独立的日常生活实践逻辑。

第三节　人情交往的双元结构

对于一个家庭而言，人情往来是在日常生活中维持其关系网络和家外资源的最基本方式。从文化意义上看，人情包括三层含义：一是礼节应酬和礼物馈赠，表现为《礼记》中的"礼尚往来，往而不来，非礼也"；二是人之常情，是一种被村民默认、不言自明的日常交往行为准则；三是情面和恩惠，指人与人之间的某种关怀和帮助。② 在日常生活中，人情便是礼节性的应酬和礼物馈赠、重大事件的往来互助等。

林村的家庭中，人情往来是贯穿始终的，如通过各个家庭中的红白喜事等来扩展和巩固血缘关系外的人情网络，逢年过节的人员往来则围绕着亲属群体而展开。在市场化的自由流动成为常态后，

---

① 来自对林村村会计 L18 的访谈。
② 孙春晨：《"人情"伦理与市场经济秩序》，载《道德与文明》1999 年第 1 期。

人情的关系网络开始沿着个人的能力禀赋而拓展出血缘亲属外的人情结构,不断建立和发展个体自己的关系网络,并在人情基础上形成与自己利益相关的关系共同体。[①] 因此,我们在农村家庭的人情世故中往往能看到来自亲属和朋友的两条实践线路,两者既可以遵循着乡土社会的人情往来原则,又能依照市场的行情应势而动。与此同时,人情交往的对象也分为个体和家庭的双重单元,在不同的情境中交往的主体不同,规则也不同。而当人情礼收回到家庭单元之内时,根据不同的情形会延伸出多样的分配方式。如此,在农村家庭的人情事件中往往可以看到不同标准的往来实践,使得人情礼单的构成要素复杂多样,每个家庭因人情的来源和背景不同而采取不同的处理方式,如此而践行出多样的人情分配逻辑。

1. 不同单元的人情往来

无论是在村落社会还是在变动的市场经济中,一个人若不通"人情世故",在世人看来就是"不成熟"的表现,而一个人处理人情关系的能力大小又常常成为衡量其社会活动能力和人际交往水平的标准。[②] 村落社会中,一方面,人情往来主要是基于家庭生产生活而发展起来的邻里互助和亲友网络,沿着血缘和地缘关系伸展;另一方面,随着外出务工的普遍,基于个人禀赋而延伸出来的业缘、趣缘关系十分发达,围绕个人事务而形成的朋辈交往圈为人情网络添加了新的资源和规则,使得农村家庭中的人情往来变得多元却不失秩序。

在林村,婚丧嫁娶仍然是村庄里最为重大的家庭事件,非单个

---

① 孙春晨:《"人情"伦理与市场经济秩序》,载《道德与文明》1999年第1期。
② 同上。

权变型家庭：中国农村家庭的结构流变与伦理实践

家庭自身努力所能完成，必须要寻求家庭之外的亲友帮助。从这个意义上讲，由婚姻、生育和共居而自然建立起来的原始初级关系——亲属群体，依然是村落社会关系的基础，各种非单独家庭所能满足的需要最先通过亲缘或拟亲缘关系网络加以满足。[①] 对于经济实力较强的家庭而言，他们可以通过货币购买市场化服务来替代亲友的劳心劳力，如婚事前后的餐饮食宿安排、庭院场景布置、音响乐队服务等，包括婚嫁当天的喜宴也全部由车队接送到酒店承办，但这并不意味着市场就替代了亲友的人力互助。亲友依然需要提前两三天到场。一来市场化服务难以覆盖礼俗性区域，尤其是那些富含各种寓意的仪式性互动，如婚嫁前天晚上组织喜队前往女方家抬柜、提前准备大锅饭[②]等，都需要众多亲友的支援；二来除了亲友的人力物力支持外，场面是喜事的关键因素，而要想场面盛大隆重就要先把人情处起来。

在村落来往中，人情礼可以是实物也可以是现金，本家亲戚往往在婚事前就来到主家帮忙，人情礼往往包括三重：人力帮忙、喜炮、喜车等形式的直接参与，提前被宴请的婚宴礼钱，以及婚礼当天下午的新人磕头改口费。按照当地风俗，婚宴至少摆三天，往往在结婚前三天本家[③]亲戚就要提前来到主家帮忙：贴挂喜字和花球、布置婚房、制备音响、架设拱桥门等，共同营造喜庆的氛围；购买蔬菜果油等，备好宴请宾客的干果、喜糖、喜烟、喜酒等，联系接

[①] 曹锦清、张乐天、陈中亚：《当代浙北乡村的社会文化变迁》，上海人民出版社2014年版，第432页。
[②] 抬柜是当地婚前的一种习俗，即结婚前一天晚上，新郎带领三五个男客到女方家面见岳父母，吃下五味（酸甜苦辣咸）饺子后，把新娘的一些贴身用品（内衣、洗漱用品、化妆品、衣服、鞋帽等）装在柜子里搬运回男方家，寓意外嫁女自此后就搬家了。当地习俗，红白喜事都要吃大锅饭，吃大锅饭已经发展成为当地的一种文化。
[③] 本家指基于血缘关系的宗亲和男方家的其他亲属群体。

送亲友新娘的喜车、乐队，主家主要负责安排不同人员的工作、协调分工，和亲友一起帮忙。这些出劳力者均是以家庭为单元进行的人情支援，无论人多人少、干多干少，均是以家庭单元的名义进行的互助往来。

货币礼和实物礼并没有严格的区分，往往可以依据各自的家庭情况而自行裁定。乡亲礼是以家庭为单元进行往来的，一般以实物礼居多，包括一串鞭炮、一升大米、一杆粉条，2000年以后连粉条也要从市场上购买了，乡亲礼便以货币礼进行替代，随着消费水平的上涨，礼钱从20元、50元涨到2016年的100元①，但条件较差的家庭仍会以实物礼进行来往。亲属关系中，有条件者分为两层：一层是家庭单元的人情往来，本家"五服"以内的亲戚按照关系深浅不同，礼钱的数目也不同，近亲以500元打底，远亲给两三百元即可；另一层是以个体为单元的人情往来，此时遵循朋友交往原则，按照一般的市场消费水平而定，最少三五百元，多则不限，具体数目视个人的经济水平而定。

表4.1和表4.2是2008年L15婚礼的两份礼单：

表4.1　婚宴礼单

关系称谓	礼/钱	关系称谓	礼/钱
表哥	100元	父辈朋友C	一万响鞭炮
父辈朋友A	五千响鞭炮	外公	一万响鞭炮
父辈朋友B	五千响鞭炮	父辈朋友D	100元
堂姐A	一万响鞭炮	二舅	两万响鞭炮
大舅	两万响鞭炮	新郎朋友A	50元

---

① 现在乡亲礼一般是50元，只有家庭条件较好，关系处得好的才会给100元。

(续表)

关系称谓	礼/钱	关系称谓	礼/钱
新郎朋友 B	100 元	大堂哥	50 元
父辈朋友 E	100 元	新娘朋友 B	100 元
新郎朋友 C	50 元	新娘朋友 C	100 元
新郎朋友 D	饮水机	表姑	两千响鞭炮
表舅	两千响鞭炮	邻居 D	10 元
表姐 A	两千响鞭炮	邻居 E（父辈朋友）	一千响鞭炮
邻居 A	10 元	队长	两千响鞭炮 + 5 元
父辈朋友 F	200 元	表叔 A	10 元
三舅	一万响鞭炮	姨表叔	10 元
父辈朋友 G	五千响鞭炮	姑表叔	10 元
父辈朋友 H	五千响鞭炮	表叔 B	两千响鞭炮
邻居 B（父辈朋友）	一千响鞭炮	邻居 F	10 元
邻居 C	一千响鞭炮	堂姐 B	50 元
父辈朋友 I	200 元	新郎朋友 I	50 元
四叔	一万响鞭炮	父辈朋友 K	五千响鞭炮
五叔	一万响鞭炮	邻居 G	一千响鞭炮
父辈朋友 J	一万响鞭炮	父辈朋友 L	两千响鞭炮
新娘朋友 A	100 元	新郎朋友 J（邻居）	10 元
新郎朋友 E（店老板）	100 元	新娘朋友 D	太空被
二伯父	100 元	新娘朋友 E	100 元
新郎朋友 F	100 元	表姐 B	100 元
新郎朋友 G	100 元	新娘朋友 F	100 元
新郎朋友 H（邻居）	一千响鞭炮		

这是一份婚宴上的礼单。从中可以看出，人情交往的主体多元，既有以个人为单元的交往关系，又有以家庭为单元的人情交往。即

便是在同一个家庭单元内,也可以分出很多交错的交往关系来。例如,外家的二舅家经济条件较好,以二舅为代表的两万响鞭炮是以家庭为单元送出的婚宴礼,二舅家的表哥又以个体为单元给了200元的礼钱,不过没有列在礼单里。大舅和三舅均以家庭为单元只给了一份贺礼。本家关系中,五叔家作为本家,除了人力帮忙外,以家庭为单元送了一万响的鞭炮,未出嫁的堂姐B则另外给了50元的贺礼钱。四叔家和二伯父家分别是以一份实物礼和货币礼作为贺礼,大伯父家则以大堂哥的名义送上了家庭贺礼50元。在现代农村家庭中,人情的交往单元没有严格的规则性限定,家庭单元作为交往的主体外,以个人为单元的交往关系也并存于其中。

除婚宴礼单外,还有一份婚后的磕头改口费礼单,看似是以个体为单元的货币礼,其实是以家庭为单元的亲属关系再认定,所以称呼均是成对出现的。但也并不排除基于个体单元的交往,比如大堂哥、大堂嫂虽未和父母分家,但基于同辈交往的原则也要支付新人改口费:

表4.2 磕头改口费礼单

关系称谓	磕头改口费(元)	备注
父母	200	
大伯、大娘	200	经济条件较好
二伯、二大娘	100	
四叔、四婶	100	
五叔、五婶	100	
姑表四爷爷	10	
姑表爷爷、奶奶	50	经济条件较好
姑表二爷爷、二奶奶	10	
远亲大爷、大娘	10	
二姑奶奶	50	

(续表)

关系称谓	磕头改口费（元）	备注
三姑奶奶、三姑爷爷	50	
远亲大姑姑、姑父	10	
远亲二姑姑、姑父	10	
远亲三姑姑、姑父	10	
远亲四姑姑、姑父	10	
远亲五姑姑、姑父	10	
远亲六姑姑、姑父	10	
远亲叔叔、婶子	60	
外公、外婆	200	
大舅、大妗	200	
二舅、二妗	200	
三舅、三妗	200	
大堂哥、大堂嫂	20	
大堂姐、堂姐夫	60	
二堂姐、堂姐夫	60	

相较于婚礼，农村家庭中的丧事远为复杂而隆重的多。出丧当天"五服"以内的所有亲属都会参加，村落的其他村民也会在出丧前去吊唁，其仪式性交往的韵味更重。交往的主体分为两类：一类是以家庭为单元的"五服"以内的所有亲戚，他们往往是"不请自来"的，以上礼者居多，一般的亲戚（主要是外戚）给15个烧饼，远亲则给10元或20元。邻居之间的往来也是以家庭为单元，给5元或10元聊表心意。在丧礼上，家庭单元之内的个体单元，并没有单独往来的人情资格，均被囊括在家庭单元之内。另一类则是以私人交往为主的独立个体，他们往往是某个血缘直系家庭成员的亲密好友。这些亲密好友往往是基于个体单元的人情往来，他们多以货币礼为主，上礼百十元或送花圈。

此外，还有其他的人情事件，如搬家暖房、孩子满月、看望病人等。在正式的亲属关系交往中，暖房和小孩满月一般限于近亲范围内，由主家专门通知，以家庭为代表参与其中，不存在个体身份的参与空间，是小范围的家庭互动行为。而看望病人也是一项人情事件，但对亲属朋友而言并不是必选项，可视地理距离和关系远近选择是否探望。

村庄的仪式性交往讲究的是家庭单元之间的网络联结，这是个体单元难以逾越的，但是个体单元作为灵动的主体，可以在不同的情境下同时展开人情往来，而不受家庭单元的影响。这样，在血缘直系家庭内部，会另有一张从个体单元出发而建立的人情网络，两者并不冲突，反而相得益彰。

2. 人情礼的家庭再分配

围绕家庭生命周期而发生的人情事件往往以家庭为单位进行人情往来，但是在家庭内部，不同事件的主体人不同。婚嫁以新婚夫妇为主角，而丧礼则以孝子为主体，搬家暖房虽然是父辈在主持，但房屋所有人却是年轻夫妇，满月虽然是新生儿的庆典，但却由年轻妈妈来应承、由父辈来招待宾客。当对外进行人情往来时，家庭是一个紧密的完整体，共同承接来自家庭外的礼俗事宜，此时中年父母往往是家庭事件的具体实施者和经济开支的主要承担者。但是当宾客散场，面对家庭内部的人情礼单，是要收归家庭整体还是细分至个人，则视不同的情况而定。

（1）血缘直系家庭内的人情礼分配

婚嫁喜宴的人情礼按照性质可以分为实物礼和货币礼，按照来源可以分为礼钱和磕头钱，按照送礼的单元可以分为个人礼和家庭礼，按照亲属关系可以分为娘家礼和婆家礼等。礼钱的构成是多元而复杂的，因此在对礼钱进行分配和处理时也显得多样化。表4.1的礼单中包括父辈朋友、乡邻、亲戚家庭和朋友礼四种，按照宴席的承办支出和收益一体原则，父母出资出力宴请了宾客，礼钱应该回收至父母手中，由父母代表家庭整体而统一进行财富支配，所以这份礼钱就被父母所掌管，礼单也由父母所保管；另外一份磕头钱则由新婚夫妇所拿，礼单也由他们保管。实物礼中，像鞭炮等用于家庭喜宴上的物资都由家庭所收纳，而像饮水机、毛毯、太空被等送给新婚小夫妻的礼物则收归他们所有。这是婆家对礼钱的再分配。新娘娘家的礼钱主要包括婚宴礼钱和来自男方家的彩礼钱两种，婚宴礼钱作为娘家家庭人情礼尚往来的回收款由父母所掌管，男方家的彩礼钱一部分给新娘置办嫁妆，一部分用来支付婚宴等嫁女开支，剩下的钱如何支配则视女方家庭情况而定，若有尚未婚娶的兄弟则通常将钱留在家里，若没有经济负担则会以陪嫁嫁妆的形式返还至新娘个人。S7回忆起2010年的礼钱分配，认为父母的做法十分合理：

> 当时我们事儿上收回来的礼钱有1715元，有些耍得不赖的朋友送了东西就不给钱了。家里的人情一直都是爹娘在管，我们刚结婚没分家，所以这个钱等于是家里的，爹娘拿，但是朋友的礼我们要自己记住自己去还的，爹娘只管亲戚家的事。婚事当天下午的磕头钱有1940元是我们磕头挣的，就让我们自己拿着了。这个钱爹娘一般都是不动的，除非家里有不好的事，才会把这个钱拿出来。有了小闺女儿（生了女儿）一年后就分家了，父母拿的那个礼单就给我们了，等于是要我们自己去还礼了，原来的一大家分成了小家，他们就不管了。其实还是不分家的好，分家以后就成了两个小家，亲戚家有喜事要给两份

礼，不分家的话给一份就好了。我家当时给了2万元彩礼钱，我媳妇带回来5000元和一些家具，这就是我们自己的了，爹娘不管的。

W8家庭条件较S7好，娶妻时婚宴上收回来的礼钱和磕头钱都由小夫妻掌管：

> 我们2010年结的婚，当时是在酒店请客吃饭的，本来想分两次的，后来爸妈说两次麻烦，就合在一起了。我的同学、朋友和工厂里的同事坐了三桌，亲戚坐了两桌。有些亲戚离得远，结婚当天才到。提前请客吃饭的话就是专门登记拿礼钱的意思。爸妈原本想自己拿的，后来说全给我们自己管了，礼钱和礼单都在我们手上。结婚当天磕头钱得了7000多元，也是我们自己拿的。等于爸妈就出钱出力给我们操办操办，钱都是我们拿着。虽然礼单在我们手上，但是亲戚家的人情礼钱还是爸妈在走着，家里就我一个儿子嘛，分得没那么清。彩礼钱给了2.2万元，她爸妈买了电视机、冰箱、洗衣机什么的，也不剩多少了。

在婚嫁礼钱的分配中，可以清晰地看到，彩礼钱本身就属于从男方家向女方家转移的带有仪式性的财富礼，是基于两个家庭缔结亲家关系而进行的往来互动，所以彩礼钱的配置是由女方父母全权决定的，新婚夫妻没有任何发言权，而一旦将这笔钱以嫁妆的形式返还回来后，便成为具有个人属性的私人财产，不再归家庭所管。磕头钱是小夫妻"挣"来的，是按照近亲的要求进行花式磕头后的认亲钱，也叫改口费，其属性是小夫妻个人所有的。

除红白喜事外，农村家庭生命周期中还有搬家暖房和孩子满月这两大重要人情事件，因购置房产都是父母出资出力，所以暖房礼一般会回到父母的人情账目内，而满月礼一般会回到年轻妈妈的手中，作为对婴幼儿的祝福，这是有特指对象的往来行为，是以家庭为单元但指向个人的私人属性礼。而婚宴上的礼钱则是基于农户礼尚往来的人情钱，因为是以家庭为基本交往单元，所以属于家庭所有，但因为其中包含基于个人交往而拓展的朋友人情，所以在分配过程中往往具有模糊性，可以归个人也可以归家庭所有，具体如何配置则依照家庭情况而定。

（2）兄弟家庭之间的人情再分配

当人情关系从家内延伸至兄弟家与家之间时，人情的分配同样遵循着权变的逻辑。在多子家庭之中，分家时往往会将亲属关系一并分配下去，一般年长者照应①外公外婆和舅舅等主要外戚。如M1在给两个儿子分家时将亲戚关系也一并分成两份，老大家管姥姥和一个姑姑，老二家管两个姑姑。那么，在姥姥家的白事中，老大的上礼份额要重于其他人，给30个烧饼或3个花糕、12个馒头，不能以货币替代。这种分配是针对已经年迈的老辈亲属关系而言的，因年长的老人已无力维持，只能交由下一代来接续，这种现象在多子的中年一代颇为常见。

> Z1的丈夫在家里排行老二，1992年大哥结婚时一次性分家，家里老辈亲戚的人情往来仍然由公婆在维持。2002年婆婆患胃癌，次年去世，公公便在2003年把1.5亩耕地和家里的亲

---

① "照应"是当地的俗语，指具体负责与某特定人家的人情往来，维护、巩固并延续两家日常关系。这里延续着传统的礼俗，即老大是门户，不能离本，只有老大能帮父亲迁坟头，其他兄弟就算再有本事也不能移走父亲的坟，只能另立坟头。而老大作为家里的门户，负责照管与姥姥家的人情往来。

戚人情分了下去，老大照应姥姥家的亲戚，老二和老三分别照应公公的两个表弟家，每逢过年、五月农忙后都要去送礼。但老三于 2004 年因欠债外出后便一直杳无音信，便由老大和老二家每年轮流照应分给老三家的亲戚。2013 年公公因病去世，1.5 亩耕地的粮补改由老大家掌管，公婆一辈的亲戚也合并在一起两家一起走，看亲戚的钱从粮补里出。

围绕父辈的亲戚人情再分配，已经分家的兄弟家庭之间根据不同的情形在实践中不断地进行分与合的调整，最终达到家与家之间的平衡关系。但在维持平衡的关系时，往往会实践出一条分中有合、合中有分的再分配轨迹，如对父代丧礼的筹备。

丧葬礼钱本来并不构成一个问题，因为一般情况下，收回来的丧葬礼钱往往不足以支付整个丧葬的开支。但因为涉及已经分家的不同家庭内基于个人交往的人情圈，所以在分配过程中要处理不同的情况，相应也会出现多种方式并存的、均被接受的不同选择。

2012 年，W10 父亲过世后由三兄弟共同承办丧礼，丧葬费用一共 9220 元，其中棺材 2500 元（老二购置），火化费 700 元（老大支付），寿衣等贴身衣物 300 元（父母提前置办的），丧礼饮食约 2000 元（W10 垫资），当地吊丧乐队两天 560 元（W10 垫资），忙人帮工钱 340 元（W10 垫资），守孝棚搭建费用 900 元（W10 垫资），白衣孝服 520 元（W10 垫资），纸扎 400 元（W10 垫资），其他费用 1000 多元。老大是退伍军人，许多战友纷纷前来吊唁，有的拿花圈、纸扎、元宝，有的上礼钱 50、100 元等；老大和老二两家都在县城住，丧礼只能在村里的 W10 家办，乡邻吊唁或拿烧纸或给 5 元、10 元，亲戚则以实物礼为主。按照礼单合计，老大朋友（以战友为主）礼钱约2000元，亲戚、乡邻礼钱约1000元，老二朋友礼钱约450元。按照习俗，父亲的丧礼费用应由三兄弟平摊，实际上扣掉礼钱还应出5770元，每人约1923元。但因各个家庭的人情份额不同，所以为了周全大家，最后决定将人情礼钱按照各自的归属进行分配，老大拿回2000元礼钱，W10因为出力最多，乡邻礼和老二的朋友礼（老二五个朋友中，有四个是同村人）归W10。这样，费用9220元不再等分，老二因为没有拿礼钱，所以分摊2500元（棺材钱），剩下的费用由老大和W10分摊。

就这样，收支按照不同的逻辑进行了再分配，即回收的礼钱按照不同家庭的人情往来进行单独处理，而丧葬费用则作为独立的义务性支出进行平摊，但考虑到回收份额，而将老二的平摊费用给予了象征性的减少。

不同于W10一家，Y4两兄弟则没有将人情单独计算，而是统一算在总账之内，即在定下忙人头①后，两兄弟以每人4000元的标准交给忙人头，由忙人头进行统一支付，人情礼收回2000多元被单独放置。待逝者安葬后，除礼钱外，结余近1000多元，两兄弟商量后将礼钱和结余的一共3000多元平分掉了。而当逝者本身有储蓄的情况下，则会优先使用逝者的储蓄，W5家两兄弟便是这样处理丧葬费用问题的。W5父亲是小学退休教师，去世前每月有1850元的退休

---

① 当地称丧葬帮忙者为忙人，忙人中有一个主事者称为忙人头，忙人头安排忙人分工，主要包括负责做饭、购买食材和丧葬用品、招待来客、记账、挖坟、抬棺材等。一般的丧礼请十六七人即可，规模较大、丧礼隆重者则需要二十个人帮忙。一般基于日常交往，忙人多为青壮年男丁，年龄在三四十岁，以四五十岁者为辅，农闲季节男丁外出务工劳力稀少时，也会请六十岁左右的忙人，如果男的壮劳力不够，也会请女的去做饭。

金，不需要子代的经济赡养。去世时留下9000元的储蓄，两兄弟便用这笔钱作为丧葬费用交给了忙人头，当时收回的丧礼钱随即交给忙人头用于丧葬开支。丧礼结束后还剩下1500元，由两兄弟平分了。其实W5兄弟两个在父亲生病住院时就知道父亲有储蓄，但是生病住院的开支没有花这笔钱，而是留在丧礼上使用。丧礼上的人情礼钱在各个家庭回收总额相差不大的情况下，如W5和Y4家，则不会作为单独项目进行单独处理，只有当差距悬殊时，才会被重视并相互协商后再处理。

就家庭人情事件而言，个人的生命成长历程不得不借助于家庭的整体性力量和资源，因此在处理人情礼的过程中，发生在家庭内部的再分配逻辑因家庭情境不同而有所差异。个体是关系中的一员，作为家庭成员，因其家庭身份而具有相应的权利和义务，在承受权益的同时也是义务附加于身的过程，每个人的权利享受皆是对应义务付出的结果，因此家庭成员之间的独立是在特定范畴内发生的。在生命周期的不同阶段中，血缘直系家庭内无论是个人还是核心小家庭，都具有灵动选择的空间，但又会受整个家庭发展的限度所局限，因此在日常实践中随着具体情境的变动而调整自身行为，最终形成不同家庭的多元复杂结构和关系，而同一家庭在不同阶段或不同情境下也会呈现出多彩的样态。当然，其中会有矛盾和冲突，也会有紧张与缓和的不同结果，农村家庭的日常实践就是在繁杂的关系和变动的情境下不断去调试个体和整体的一个过程。其间，个体成员在家庭关系中不时表现出自由和依附的双重属性，夫妻之间的分工合作中将情感、利益和家庭发展搅拌在一起，以灵动的方式应对不同状况，血缘直系家庭作为一个功能联动的血缘共同体，不同代际的核心小家庭单元之间时而合居时而分居，不仅在经济和生活方面，也在人情和其他家庭事务中适时而动，时而合体时而分裂，导致同一家庭的不同时间轴中结构样态不同。

3. 实物礼与货币礼中的人情逻辑

农村家庭在村落社会中往往以整体的面貌出现，如婚丧嫁娶等重要事件都是以家庭为单位来承办的，在此基础上，农村社区的地缘和血缘关系仍然维持了重要的帮工互助体系，那些超出家庭自身能力范围的重大事宜不得不依赖于村落亲缘关系的人情网络。随着市场经济的发展，从事非农职业的人越来越多，村民间的社会关系在弱化，传统意义上的人情伦理在乡邻社会中逐渐减弱，但亲属关系尤其是近亲网络中的伦理互助功能仍然被完好地保留着，并在不断的互动过程中，形成以近亲为中心、远亲和邻里为辅助、朋友关系为支持的家庭人情结构。这一结构体系一方面受到村落礼俗规范的制约，践行着具有仪式性内涵的往来互动，另一方面受市场因素的影响，低成本的实物礼逐渐转向刚性的可计量的货币礼，使得原本具有上下浮动空间和多元弹性的人情辅助物变成具有显性价格的负载物。

林村在2000年后，传统的粉条、大米、鞭炮等实物礼因农产品的市场化而逐渐变成了从市场中购买的鞭炮、礼花等喜庆物资和货币礼。相比较而言，在婚宴礼中，关系越近越欢迎实物礼，本家亲戚多送高额的喜庆婚炮来增添喜气，邻里则以小额的喜炮为礼，而以朋友身份出席的人员则多以货币礼的方式道喜，并且数额较高。这是两种人情的不同逻辑，即近邻和亲戚多以本土的方式呈现，朋友则以市场化的方式进行交往。在围绕亲属群体的改口费礼单中，外戚的礼钱最高，本家的礼钱次之；按辈分来看，父辈的数额最高，年轻同辈的数额次之，长辈的数额最低；在同一类别中，受家庭经济条件影响，数额也不相同。总之，除近亲外，亲属圈和乡邻的礼钱数目与朋友的数目相差甚大，朋友多以货币等可计量的方式予以资助，亲属、邻居多以帮工和实物的形式给以支持，但相互之间并不矛盾，无论是实物还是高额货币，都是受欢迎的。

虽然近年来货币礼越来越普及，但并没能够将实物礼和帮工体系排挤出人情实践中，尤其是在丧葬礼俗上更是如此。一般丧礼办三天，条件较好的家庭办七天。丧礼不同于婚礼，需要请村庄中有威望、懂礼节的人来当忙人头主持整个丧葬仪式，主家即孝子，只需要把钱事先交给忙人头便无须再烦心琐事，只要在灵位前守孝即可。具体的流程如下：长辈去世的第一天，孝子（儿子或孙子）给生产队队长或有威望者磕头请来做忙人头，然后由忙人头为逝者压上白布后，根据在村男丁的情况商量人选，带着孝子去给忙人磕头，凑够十六七人即可操办普通规模的丧葬礼。在村落社会中，当忙人头带着孝子在男性面前磕头后，基于人情伦理便无法拒绝，否则传出去会被人所唾弃的。相比较于红事，白事中的帮工都是孝子专程请来的，一旦被磕头就必须应承，没有退缩的余地，除非是身体有疾，在乡村礼俗中，基于人情之上的个人退缩空间极其有限。另外，丧葬中的吊丧乐队和唢呐团是从市场上用货币购买来的有偿服务，而这一购买行为也是由忙人头全权负责，使得原本的市场因素也被裹挟在乡村的礼俗人情之内。因此，丧礼中的规模、礼节等全部由忙人头根据当地的一般水平和主家的意图而定，无论是宴席标准还是丧礼环节都没有私人可发挥的太多空间。第五生产队队长 R2 对此进行了详细的解释：

> 红事帮忙的一般是本家人，不用给钱。而白事要请忙人，

一般要请十六七人，其中有一个是忙人头。以前女儿女婿一般会象征性地给忙人几元烟钱，现在变为主家在丧礼结束后给忙人20元钱。忙人和忙人头都不是固定的，忙人一般在本组范围内寻找。找忙人帮忙不是以关系远近来选择，而是看能不能干下这个活。忙人头有两个工作：一是负责安排忙人干活；二是帮主人家管理开支，比如和主人家一起商议应该买什么菜、酒之类，忙人头一般会按照大众水平给主人家建议，主人家不能随便提高标准，乡里乡亲的，不能差距太大，主人家顶多买个好点的棺材、多请些吊丧乐队来或者买些好烟答谢别人，除非是大包工头，摆个大酒席，什么都从外面请，那没人管，村里的就统一吃大锅菜，没有酒席。

这样，在村庄里因红白喜事中帮工体系的存在，亲戚网络中的人情礼俗被有力地维持在低成本的乡土结构中，并通过一整套的人情体系加以巩固，亲属关系中的市场化行为只能在有限的范围内实现，比如把传统的花糕和馒头换成从市场购买来的烧饼，邻里把烧饼礼替换为便于携带的小额货币礼等，村落社会（尤其是亲属圈）仍旧维持着其稳固的低价人情礼俗。可以说，在农村社会中，但凡发生在亲属和乡邻之间的人情礼皆是以家庭为单元，输出和接收者也是代表家庭出现；而基于个体交往的朋友关系则按照市场交往原则进行礼尚往来，实行货币礼。

红白喜事是林村农民家庭不得不动用亲属网络资源来共同完成的大事，于家庭而言，其伦理性意义要远远高于物质性利益、人情法则高于市场原则，所以即便在经济上是亏损的，在仪礼上却是实至名归的。而其他人情事件，如搬家暖房、孩子满月、看望病人等，则被市场化标准所影响，由乡土实物转向货币往来，由此形成可计量的等价往来原则。虽然刚性的货币礼逐渐占据了上风,但只能借助于村落礼俗的伦理人情发生作用,并服从于传统实物礼的交往规则。暖房者往往携带一箱牛奶、一箱方便面、盆栽、电器等物资前往主人家,未能到场者则由他人帮忙带去暖房礼或定额货币。近年来,开始流行货币礼,就是实物之外再加定额的货币作为礼钱,这样就形成了家庭之间有清晰标准的礼尚往来的价格表。小孩满月礼也是基于同样的逻辑,在近亲小范围内以实物加货币礼的方式送去祝福。通常情况下,实物礼是到场者必须要准备的,如十斤鸡蛋、宝宝衣服等,货币礼是在实物之上的加码,为相互之间提供了一个基本的参照水平线,除只有货币礼的未到场者外,其他人的实物礼是人情往来的基本规则。

可见,在人情实践中,实物礼仍然占据着重要地位,尤其是在逢年过节的人情往来中,货币礼并不被人们所欢迎,农民家庭只能选择适当的实物礼品进行往来。但随着市场化浪潮的全面席卷,从市场中购得的实物礼也变相地被货币化,具有显性价格标签。即便如此,实物礼在某种程度上具有上下浮动的可能,不像货币礼那般刚性的等价往来,这样便为人情结构中的家庭提供了伸缩的空间。

第四节 结构与关系的平衡

结构与关系是一体两面的,结构的变动伴随着关系的调整,而支撑家庭关系和结构的则是家庭伦理,伦理就蕴含在日常具体而微的生活实践之中。在家庭现代化理论中,人们习惯性地将家庭伦理预设为以个体为本位和以家庭为本位的二元对立主义,但是在生活中却不难发现,从家庭的结构关系中很难切割出纯粹的个体或家庭

权变型家庭：中国农村家庭的结构流变与伦理实践

的范畴。

家庭单元的结构从内部构成来看，经济、权力和对外交往是其关键要素，缺一不可。在现代林村的家庭实践中，经济、权力和对外交往并不是全然一体的，可以被细分为相互独立的领域，而每个领域之内又充斥着代际和夫妻之间的多元协商，最后在多维交织的立体结构中构成动态的家庭关系。康岚认为家庭关系的和谐程度取决于成员个体对自身的定位，个人如若是独立于家庭之外的，家庭利益和个人利益之间因张力而零和博弈；如若是包含于家庭之中的关系角色，则因价值趋同利益共享而双赢。① 但是在个体利益之中，能否以绝对的经济理性将其划分为单纯利己和利己又利他的两个空间？或者说在个体利益和家庭利益的张力之间是否有调和的其他方式来模糊个体与家庭的利益对立？这便是本章所要揭示的核心内容，即在经济、权力和人情的三分领域中，不同个体之间的利益是多层交织的，在单个领域之内的利益失衡并不意味着绝对利益的冲突，个体完全可以在其他领域内形成缓和性的互动关系，以此来冲刷原有的"公""私"对立的格局。个体与整体之间何者为本位，并不是一种价值选择，虽然在历来的东西方社会中个体均淹没于整体之中，无论这个整体是城邦还是家庭②，至少在转型时代的今天，日常的生活实践已经将本位主义消磨在琐碎的个体互动之中了。

经济是家庭单元的根基，经济单位的独立意味着个体的自由。市场经济为每个个体提供了独立财产的自由基础，但在家庭单元之内，因经济成分的多元性而构成了不同的单位主体，与变动的需求

---

① 康岚：《反馈模式的变迁：转型期城市亲子关系研究》，上海社会科学院出版社2012年版，第72页。
② 孙向晨：《个体主义与家庭主义：新文化运动百年再反思》，载《复旦学报（社会科学版）》2015年第4期。

相碰撞便产生了不同主体的财产再分配和家庭主义的共同消费现象，如此，经济单位便在日常需求中被不断地改写。

当然，媳妇地位的上升是不争的事实，市场化方式的变革带来了家庭结构与关系的变动，夫妻关系中媳妇的重要性在亲密关系的构建中大大提升，但仍旧维持着"亲子关系为核"与"夫妇关系为重"的并置局面。① 例如，家庭单元中的人情礼，在对外面向中，是能够容纳个体和家庭单元的双轨交往的，个体基于情感交往或利益诉求而发展的人情关系，最终都会回到家庭单元之内，并通过家庭中的婚丧嫁娶等事件体现出来。而当人情礼收回至家庭之内时，往往基于不同的情形进行配置，是归于个体还是上交家庭，则各家有各家的章法，在权宜性地调节个体与家庭利益分配的同时，也是权力关系的再调整。林村的家庭中，夫妻关系和代际关系的权力结构总是交叉错叠于生活之内的，丈夫的经济支配权往往因外出务工而让渡于在场的妻子，以此形成婆媳代际关系中相互独立的经济基础，男性成员的角色回归是否改变权力格局则因时因地而论。经济虽然是家庭政治的基础，但却不是权力的唯一来源，基于日常互动的情感付出往往能在经济之外觅得更加紧密的代际关系。当独立个体通过婚姻和生活重新嵌入在家庭和家庭关系中时，个人本位和家庭本位并存。② 正如刘汶蓉在代际情感的转型研究中所言，家庭主义仍然是现代理性分析和情感取向交织的呈现方式③，而正是这种交织又变动的结构维持着家庭单元内部的关系平衡。

---

① 崔应令：《婆媳关系与当代乡村和谐家庭的构建》，载《武汉大学学报（哲学社会科学版）》2007年第2期。
② 金一虹：《流动的父权：流动农民家庭的变迁》，载《中国社会科学》2010年第4期。
③ 刘汶蓉：《转型期的家庭代际情感与团结——基于上海两类"啃老"家庭的比较》，载《社会科学研究》2016年第4期。

第五章

分家：时分时合的生活模式

计划生育政策改变了林村家庭的人口结构。少子化成为普遍特征，代与代之间复杂的仪式性分家明显减少，以分灶为象征的简化方式替代了系列分家中详尽明晰的财产分割仪式。代与代之间财产独立，各自具有可自由安排生产生活的基础，原本蕴含在分家中的家庭再生产和家庭结构继替的意义变弱。基于日常生活的实践需求，分家变成空间上个体对私人领域的自主性安排，是否分家仅仅是代与代之间为了改善生活状态的一种权宜之计。

在人口大流动的时代，农村家庭在不同阶段为了应对外来冲击，代与代之间往往采取时合时分的空间结构再组合的策略，从而形成了灵活多变的家庭结构样态。经典的家庭现代化理论中常把家庭结构分为联合家庭、主干家庭、核心家庭等标准类型，把结构从大到小的类型变迁作为评价现代化程度的标准。[1] 但是在实践中，核心家庭和主干家庭之间、主干家庭和联合家庭之间，还存在着多种中间状态的结构关系，它们均难以被划归到一种静态的分类体系中。[2] 一方面，第六次全国人口普查的数据显示，农村直系家庭数量近些年

---

[1] 唐灿：《家庭现代化理论及其发展的回顾与评述》，载《社会学研究》2010 年第 3 期。
[2] 石金群：《转型期家庭代际关系的流变：机制、逻辑与张力》，载《社会学研究》2016 年第 6 期。

权变型家庭：中国农村家庭的结构流变与伦理实践

出现上升的趋势，以代际互助为主要特征的、流动的、临时的三代同堂的家庭十分常见，低龄老人帮助照看孙子女、照料家务已经成为普遍的、非正式的社会保障和社会福利提供方式。① 另一方面，代与代之间不定期的互助合作常常模糊了分与合的边界，随着家庭内部的代际独立与协作，家庭结构与关系的变动也沿着生活实践的现实需求逻辑而展开。

社会转型过程中，家庭结构随之变动，人们的居住安排变得多样化，导致日常生活中的家庭形态和结构并非总能归类到经典的家庭结构类型中去，② 生活实践中的家庭结构总是动态变化的。现实需求不同，结构的流变方向亦不同，没有一种静态的长久不变的结构。

第一节 分而不分的家庭结构

现代农村家庭的分家现象已经不能单单通过空间安排来判断了，虽然空间格局上的离合影响着社会关系的内容，③ 但空间距离难以阻挡时间维度上的聚合力，在不同的时间维度中，家庭内在的经济、权力、人情结构和外在的空间布局发生着不同的权变组合。现代农村家庭单元的分与合在绵延的时间轴中早已不再是静态的标准样板模式，在日常实践中，分、合边界变得日益模糊。

少子化家庭的分家行为中没有了专门的分家仪式，无论子代是留在母家庭中还是分居于新处，都说不清楚有没有分家，时而"伙

---

① 石金群：《独立与依赖——转型期的中国城市家庭代际关系》，社会科学文献出版社2015年版，序二，第1—2页。
② 姚俊：《"临时主干家庭"：城市家庭结构的变动和策略化——基于N市个案资料的分析》，载《青年研究》2012年第3期。
③ 费孝通：《乡土中国·生育制度·乡土重建》，商务印书馆2011年版，第233页。

在一起"，时而"各吃各的"，遵循着一种边界模糊的代际互动方式。许多有分家之实的代际小家庭因成员个体的流动而主动联合为变形的扩大家庭①——有的家庭虽保留分灶分食的形式，却延续着代际互助和共同劳作的密切往来，有的家庭虽同处一个屋檐下却分灶而食、互为陌路。总之，分中有合、合中有分的结构安排成为多数家庭的日常实践模式。

1. 同居分食

农村家庭中往往以分灶的表象来判断是否分家，如果共居一房而代与代之间分属两个灶台、各自配置柴米油盐等厨房用品的话，则分家现象属实。其实，除了分灶之外，还有内在的土地资源、养老费等经济义务、当家权、对外人情的权责划分。但在日常实践中，后几项规定已经流于形式和口头之约，使农村家庭的结构内外交织而错综复杂。

> P1 家里的房子是 2002 年儿子娶媳妇前盖的，亲戚帮工二十天，花了两万多元。当时儿子挣的钱交给他一起还债。2005 年儿子结婚，五年后因父子关系不融洽而分家，父代和子代的厨房分别在庭院两边，分开吃饭。田地分割，但是儿子不在家，田里的活还是 P1 夫妇在做，收回来的粮食伙在一起。虽父子已经分家，但邻居和亲戚家的红白喜事只出一份，写 P1 的名字。"分家时就说好了，只要我能顾得上，就不用他们负担。现在咱

---

① 变形的扩大家庭指核心家庭间一套松散的亲属关系，虽地理上分散并各自独立，但重视和维护超核心亲属关系。参见〔美〕F. R. 艾略特：《家庭：变革还是继续？》，何世念等译，中国人民大学出版社 1992 年版，第 7 页。

会干,还有钱,就不用要养老费。自己花钱少,粮食和菜自己种,不要钱,打下来的粮食一起吃。""要说分家,就是分灶、分地、分亲戚①、儿子给养老费。那你问我算不算分家,肯定算的,该分的都分开了。现在公婆没权威,你和儿子儿媳分开了,人家过人家的生活了,不关你的事,吃饭也分开吃。但我就这一个儿子,分不清楚的,该伙的还是会伙在一起的。"

对于只有一个儿子的农村家庭而言,代与代之间的家庭边界已经变得模糊且有弹性,即使已经进行了分家仪式,也无法将代际财产和生活完全割裂开来,父子一体的实践逻辑仍然沿着农业生产和日常互助而继续演进。在这个意义上,分家并不意味着家庭的代际更迭,恰恰相反,家庭并没有割裂为两个独立的交往单元,仍然在同属的大家庭中开展人情往来与社会交往。② 对于有一个以上儿子的家庭而言,分家则是兄弟之间的权责划分,但并不妨碍代与代之间的合作与互助往来。

X5 排行老二,大哥结婚后就分出去单过了,分家时分走了 0.7 亩麦地和 0.5 亩春地,X5 和父母伙着 1 亩麦地和 1 亩春地。X5 在大女儿满月后与父母分家,虽然父母只留下 0.3 亩麦地和 0.5 亩春地,但因为 X5 夫妇均在外打工,家里的农田就交给父母耕种,粮补和粮食均由父母掌管,年末回家也和父母伙着吃饭。X5 的两个孩子在上学前交由同处一院的父母照看,上学后便由妻子回家专门照管,农地也从父母手中拿回来自己耕种

---

① 当地方言称人情往来为"走亲戚",所以亲友人情的代际交接成为"分亲戚"。
② 这并不排除家庭中的个体基于市场契机而缔结的私人关系圈,个人的朋友圈往来丝毫不会受到分家的影响。

了，代际分灶吃饭。虽然 X5 兄弟之间因日常妯娌关系相处得不是很融洽，但各自和父母间的互动频繁。X5 的父母除在家种地外还养了六只羊，年底往往会杀一只分给两个儿子。

同居分食的分家样态在日常实践中总是存在着名与实的错位，尤其是在独子家庭中，名实不符已经成为大家公认的情况。之所以会出现这种多变的局面，是因为农村家庭中延续的父子一体的亲子联动机制是对抗外界挑战的根本策略。虽然市场经济的冲击和财产制度的安排让家庭中不同成员的财产边界和权责义务更加明晰，但是在乡土社会的农村家庭中，支撑家庭有序运转的并不是市场的单一维度，而是基于成员身份和伦理的家庭共同体意识。兄弟之间可以相互割裂为两个完全独立的单元实体，但是父子之间因为隶属于家庭运转的制度体系之内，每个人都难以逃离整个家庭绵延发展的人生使命。尤其是处于承上启下位置的中年一代，在家庭纵向的绵延体系中更是难以摆脱对家庭的伦理性职责。而年轻一代也不是完全独立的一代，他们在外出务工后，家里的土地、幼儿皆面临无人照管的境地，只有依赖于亲代的扶持和帮助才能维持其家庭的正常运转。

2. 分居共灶

分居共灶现象在农村家庭中并不常见，或者说只是一种对新婚小夫妻、外出务工夫妻的暂时性的安排。按照地方习俗，新媳妇娶进家门后公婆不能立即提出分家要求，而是要带领小家庭慢慢熟悉村庄生活、亲友关系、家务料理，待新一代诞生后，提出分家事宜

权变型家庭：中国农村家庭的结构流变与伦理实践

才是妥当的，但如果是新婚小夫妻主动要求分家①就另当别论了。所以，在代际分家之前，无论是同居一个庭院还是分属在不同的空间中，共灶同食是一个必然的过程。

> W9 结婚时新的两层房屋已经建好了，当时婚礼就是在新房里举行的，所以婚后小两口一直住在新房里，而父母则住在 10 米开外的老房里。每天除早餐外，小两口都会到父母那里去吃饭，饭后就双双返回新居。W9 媳妇怀孕后变成父母来新居做饭用餐，饭毕返回老房子去。待到孩子满月以后，父子分家，各自吃饭。

分居共灶其实是一种空间上的分离与生活上的便利相结合的短暂安排。分居确保了代际私人空间上的自主与独立，而共灶则意味着基于生活上的需求维持一个共同体的形式。2010 年后，林村的婚嫁标准提高，娶妻必须要另外准备新居，这样短暂的分居共灶局面开始增多。另外，农村家庭中男性普遍外出务工，而女性留守在家的分工模式为分居共灶的结构组合提供了现实条件。在新媳妇尚未生育时，小家庭的三角结构并未成形，只有依附于父代家庭才能度过适应期。单纯从理性经济角度来看，小家庭的成立就意味着父代家庭的裂变，正如费孝通所说的子代从母家庭中脱离出来搭建新的稳定三角结构，这样在独立经济和分离空间的基础上分居、分灶、分家便具有现实的正当性，也是一种社会所认可的民间传统惯习。但代际分居共食现象的存在，是因为两个家庭需要共同协作一起适

---

① 这种现象一般发生在多子家庭中，从过程上看，往往是老大最先结婚而兄弟尚未婚娶时，老大的小家庭从父代家庭中分离出来，然后兄弟结婚时再次分家，即我们惯常说的系列分家；但从时间上看，先结婚的子代家庭也往往会等到新一代诞生并完成满月礼之后才会提出分家要求。

应新的生活，这是出于理性化的一种考虑，毕竟小家庭中新媳妇一个人生活并不会丰富多彩，只有在大家庭的怀抱中才能获得情感归属。而往往在度过了最初的适应期后，代际分家（分居分灶）成为必然选择，尤其是在新一代的出生或日常消费与生活观念出现分歧时，分灶便被作为一种解决日常生活琐碎矛盾的有效方法。

在市场化经济条件下，分而不分的生活模式其实是伴随整个家庭始终的，已经分家的家庭在代际合作中变成"分家后的不分家"，或者是尚未分家的家庭在少子化的情况下已经没有分家的必要，但是父代与子代的收入相互独立，形成了"不分家的分家"现象。郭俊霞将分家分属在家庭会计和程序两个层面，会计单位上的统一与否和有无仪式性的分家程序之间的错位交叉构成了现代家庭结构的复杂变动，使得农村家庭中的分家成为一个说不太清楚的事情。①

第二节 不同节点的聚与散

许多学者主张将家庭结构与家庭生命周期结合起来进行分析，在变动的实践中展现农村家庭的真实样态。② 王跃生把家庭的代际结构分为三段，即青幼年的抚育结构、中青年的互惠互利结构和中老年的赡养结构，同时把理性交换的互动理念串入其中，形成首尾相连的循环系统。③ 这是顺着家庭生命周期不可逆的方向进行的大时段

---

① 郭俊霞：《农村家庭代际关系的现代性适应：以赣、鄂的两个乡镇为例》，山东人民出版社2015年版，第100页。
② 杨善华、沈崇麟：《城乡家庭：市场经济与非农化背景下的变迁》，浙江人民出版社2000年版，第4页；王跃生、伍海霞：《当代农村代际关系研究——冀东村庄的考察》，中国社会科学出版社2011年版，第5页。
③ 王跃生、伍海霞：《当代农村代际关系研究——冀东村庄的考察》，中国社会科学出版社2011年版，第5—7页。

划分，而在现实生活中，代与代之间的互动是多样且多变的，在不可逆转的大轨迹之中，更多的是基于日常实践的点滴生活，它可能是短暂而临时的，也可能是反复而惯常的，使得外在的人口结构在不同的节点呈现出时分时合的变动形态。

1. 分：夫妻自养与代际独立

独立与自由并非只是年轻一代的要求，在个体意识觉醒的今天，追求独立的私人空间和行动自由是所有成员的普遍需求。

在林村，中年一代乐得与子代分开"图个清静"，老年人在能够自养的时期也并不希望一味地依赖于子代的赡养。代与代之间在身体条件尚好、劳动能力较强的情况下往往选择分居自养。中年父母在结束对子女的抚养后，以及从父代家庭中分离出来的子代家庭并不需要立即赡养父母时，中、青年和中、老年之间很可能成为相对独立的经济单元，王跃生称之为"父子两代自立时期"[①]。

（1）中、青年经济独立与生活互惠

市场经济条件下，父代权威日渐式微，父子两代的独立性增强，生活中日渐普遍的是对各自独立生活的向往，家庭代际关系变得脆弱和多变。[②] 当子代婚嫁组建成小家庭后，在尚未承担抚幼或赡养的伦理责任的阶段，中、青年之间很容易分裂成两个独立的经济体，又因年轻夫妻外出务工造成空间上的分居，进而形成两个分立的生活单位，各自以夫妻为轴经营生活。

无论是否分家，代与代之间的经济财产一般都是相互独立的，

---

① 王跃生：《中国家庭代际关系的理论分析》，载《人口研究》2008年第4期。
② 石金群：《转型期家庭代际关系的流变：机制、逻辑与张力》，载《社会学研究》2016年第6期。

第五章 分家：时分时合的生活模式

但独立并不意味着对立，只要子代需要父代的关键支持，代与代之间的经济互惠往来会立即打通。已经完婚的子代和中年一代作为两个相互独立的经济单元，在日常生活中以互惠为主要特征，尤其是公婆与没有抚育之情的儿媳妇之间，往往需要通过日常的惠助来培养感情，以奠定未来的赡养基础。一般中年一代完成人生任务后便退居二线继续执行家庭之责，清算并偿还子代婚嫁时的外债、赚取货币收入维持家计、供养老一辈、扶持下一代等，虽然经济以独立的形式进行核算，但其功能和职责仍然紧紧围绕整个家庭在运转。对于完婚的青年一代，中年父母作为他们的外援在各种情况下予以帮助，比如抚养新生代、代耕农田、经济扶持等，这种援助是以彼此间经济独立为前提的。如此合两代之力，实现家庭效益的最大化，这是市场经济为家庭发展所提供的新的契机。

> W4 帮助儿子完婚时只有 49 岁，当时有外债 10 万元，全部由他自己还。儿子儿媳一起经营了一家小店，W4 外出打工，收入各自掌管，不共财。父子之间没有分家，生活开支主要由 W4 夫妇承担，孙子出生后由 W4 的妻子照看，儿媳继续经营小店。全家的家务和对新生代的抚养主要落在 W4 的妻子身上，小店淡季时儿媳在家一起照看，这样男劳力得以充分就业；儿媳也能在小店忙季时赚取一定收入，这时全家的财富创造力达到顶峰。

通过代际合作和父代对子代的付出，不仅实现了家庭财富的最大积累，还在合作互惠中培养了代际感情，并对双方目前以及未来的生活提供了坚实的保障。然而，有学者认为这是一种子代对父代的"剥削"，即将父代资源、财富、人力无一例外地向下输出，最大化地利用或挤占了父代本应用于自身的资源、财富，并且从预期来看，其付出并不能得到同等的回报。① 他们将着眼点放在代与代之间的双向回馈机制上，却忽略了代际关系施予和回馈的异时性特征，即子代对父代回报的延时性，使得父代在接受赡养回馈时的社会背景已发生改变，从农耕时代的绝对权威和厚重礼待转向了市场经济时代的货币与理性交往。在家庭利益和个体权益无法同时兼顾时，我们普遍看到农村家庭中用物质来填平基本生活、情感和照料的亏空。这种现象不能单纯从道德和人性方面来指责，而应该在市场经济的背景和城乡流动的环境中，站在家庭整体的发展亦即从向下绵延的城市化进程来进行思考。在农耕时代，全家的财富来源只有土地，由拥有土地使用和支配权的户主来统一调配资源和劳力，代与代之间形成自上而下的经济实体，在资源有限的情况下只能通过节省开支、节俭生活的方式来实现财富的最大化积累。而在市场经济时代，中年一代在整个家庭被卷入市场化和城市化浪潮之后，其肩上承上启下的重担便令其不得不理性地决定其行动，只要个体禀赋和能力充足，完全可以在满足个体和家庭充分消费的基础上，通过代际独立式的分工合作实现财富的最大化。

（2）中、老年生活独立与经济扶持

父权制崩解意味着家庭中难以严格奉行传统的"尊尊"原则，那些依附于他人赡养的老人便失去了优势地位。村庄里对老人的定义并不是完全按照严格的年龄标准，而是遵照当地的社会标准来衡量的，即是否已经帮助儿子娶妻生子、是否具有爷爷奶奶的社会性身份。如果已经满足这两个条件，就可以成为不再为家庭身兼重任的"老人"了。老人在当地是一种没有经济和伦理负担的身份群体，

---

① 贺雪峰：《农村家庭代际关系的变动及其影响》，载《江海学刊》2008年第4期。

是可以从大家庭的责任体系中全身而退、理所应当地享受子代的赡养和回报的。但随着寿命的延长,在老人漫长的"后半生",因肩负赡养伦理的中年一代同样背负着抚幼和还债责任,他们普遍在尚有劳动能力时并不乐意依靠子代为生,而更乐于以自立的方式维持独立自由。如此来看,分住不仅是年轻人的愿望,也是身体健康的老年人的愿望。①

中、老年人的相互独立可以划分为经济和生活照料两个方面。林村老年人在身体和经济尚好的自理期间,多数倾向于自由独立的生活。林村第十生产队的70户家庭中,有21户老人家庭②,其中,有12户单独居住,另外9户和子代共同生活,同居中有3户是丧偶高龄(80岁以上)老人。第一和第二生产队共有128户家庭,有29户老人家庭,有9户和子代同居,其中6户子代未婚(包括单身和离婚两类),另外3户老人年龄均在70岁以上且丧偶;另外20户老人家庭中,只有2户为丧偶老人但身体健朗(年龄在75岁左右),尚能种田,其余18户均为老年夫妇单独居住。这些老年人在尚有自理能力且居住条件允许的条件下,均采取单独居住的生活方式。显然,老年人的自养期随着寿命的延长而变长了,这就意味着中年一代对父辈的养老费支出期限随之变长。在生活方面老人尚能自理,但在经济方面老人是难以自理的,慢性疾病、突发疾病等产生的医疗费用如无底洞般透支着他们的财力。对于有慢性疾病的老人,其

---

① 陆杰华、白铭文、柳玉芝:《城市老年人居住方式意愿研究——以北京、天津、上海、重庆为例》,载《人口学刊》2008年第1期。
② 因访谈时是由生产队队长拿着本队的花名册(以行政户为单位)来一一说明的,所以这里采用行政户来说明代际居住的空间格局。林村的青年家庭普遍在结婚时就和父母分立户口簿(极个别的身患残疾无法自理的年轻男性除外),所以这里的老人家庭指的是以户为单位的、膝下有孙的老年夫妻。

权变型家庭：中国农村家庭的结构流变与伦理实践

生活上保持着相对独立的自养状态，但在经济上却不得不依附于子代的支持，为此，常常听到老年人自我规劝："养好身体就是帮儿女省心了。"

林村的独居老人年纪一般在 60 岁以上，他们往往因为体质下降而从务工大军中慢慢退出，因尚有劳动能力便重拾一亩三分地的农作，偶尔在村镇附近打打零工，获取微薄收入。在他们尚能自理、身体条件良好的情况下，完全可以通过夫妻间的合作与扶持经营起较为满意的老年生活。以 2015 年的打零工情况来看，一般老年男性在村镇范围内的零工年收入约 1500 元，主要是帮别人盖房子（做小工、泥瓦工、木工等），帮村里修路、维修河坝等；土地种植面积约 1~3 亩，按 1.5 亩估算，一年的卖粮收入约 818 元①；粮食补贴每年每亩 149 元；国家养老金每人每月 78 元（2015 年的标准）。扣除养老金，老年夫妻一年的基本收入有 5000 元左右。条件尚可的个别老人，还可以通过担任队长的职务获取每年 1400 元的工资收入，当然这只能是少数人的福利。在走访的老年人中，如果他们可以维持在 5000 元左右的年收入的话，往往不需要儿子给养老费，但当他们把大块田地分给儿子，自己只经营小块的开荒地时，就需要接受儿子上交的 1000 元左右的养老费，此时他们往往也已经丧失了打零工的体力，逐渐退出了劳动力市场。此时代际独立从经济领域转换到生活领域，即老年夫妻在子代给予的养老费等经济支持下，相互照顾或自我照顾而无须子代出面赡养。从老年人的自我选择来看，他们

---

① 2015 年，一亩地生产小麦 600 斤，收购价 1.12 元/斤，投入肥料 120 元、农药 18 元、种子 60 元、耕地 60 元、收割 70 元，因天气干旱浇水三次 120 元，每亩收益 224 元；一亩地生产玉米 800 斤，收购价 0.72 元/斤，投入肥料 100 元、种子 60 元、农药 15 元、浇水两次 80 元，每亩收益 321 元。一亩地一年收成 545 元。不过，老年人回村后往往会在坡地开荒，所以老年夫妻的实际种地面积往往会多于账面上登记的亩数。

第五章 分家：时分时合的生活模式

更加青睐于夫妻双方的生活照料和情感慰藉。

> 70岁的L2和老伴二人住在老房子里。他说："儿子儿媳妇照顾是应该的，但是他们有自己的小家。再说了，久病床前无孝子，自己身体好还说得过去，就是吃一口饭的问题，要是身体不好了，他们天天伺候我们也烦。老伴就不一样了，大半辈子了，知冷知热，照顾得贴心，烦归烦，那就是生活了。"

这也是绝大多数的林村老人在夫妻同在的情况下独自居住的原因，他们不否认子代赡养老人的正当合理性，但是就生活舒适度和活动空间自由度而言，与儿子分开住往往更自在。一方面，不给子代添加额外的负担；另一方面，在夫妻尚有能力和条件的情况下，这种饮食、生活节奏等更加适合于自己的养老状态。

2. 合：需求出发的代际联合

家庭结构的变动随着代与代之间的独立与联合而变动。姻亲单位的联合、血亲成员的增加、个体在城乡之间的流动与迁移等均是导致家庭结构变动的直接原因。从林村家庭的外在空间结构来看，往往因新婚夫妇的情感需求、青年一代的抚幼需求和老年一代的养老需求共同催生了人口结构与空间格局再组合的契机。

（1）青年一代的需求

经典的家庭现代化理论认为，当子代婚姻单位增加时，原有的家庭结构伴随着分家会出现核心化的转变。如今人口高流动的条件下，姻亲单位的增加是否必然带来原有结构核心化的问题则需要放到日常实践中的具体情况下来看。在林村，新人完婚后并不会立即分家，反而会维持一段时间的同居共食或分居共灶的过渡性生活。

权变型家庭：中国农村家庭的结构流变与伦理实践

在新婚初期，年轻夫妇双双外出务工，那么原有的家庭居住结构也因成员个体的流动而无须分家，反而通过空间的错位维持了家庭居住结构的完整性。

第三代的出生会引起家庭居住结构的调整。血缘关系成员的增加无疑将家庭分散的空间结构重新聚合，出现了家庭的"非核心化"趋势，这一趋势可能是暂时的，也可能是长期的。[①] 虽然中年一代处于家庭发展结构的中心位置，但是整个家庭的结构重心却总是在下一代身上，尤其是第三代的出生，围绕新生儿的生活照料形成亲子轴倒置的资源分配规则，全家的生活重心均向下倾斜。父代家庭作为小家庭的辅助性力量，开始追随子代家庭的步伐而及时调整生活安排。一般子代搬进城的话，父代家庭没有特殊原因很少会进城住在儿子家。一来很难转变从乡村到城市的生活习惯；二来子代的夫妻私密空间也不希望被打扰；三来父子分居可以减少日常的摩擦，缓和代际关系。但新生代的出生往往会改变原有的家庭性质和关系模式，此时小家庭的私人情感性质转向三角结构的家庭抚养性质，代与代之间的个体私欲被家庭抚幼的伦理需求所压制，中年一代进城养孙成为普遍的选择。林村第三生产队的 54 户家庭中，有 8 户家庭皆因进城照顾孙子女而门院紧闭。多数的婆婆会在孙子女出生后进城帮忙照料，这样儿子儿媳可以正常上班，她则全职在家照看孙子女、料理生活。一般当婆婆进城后，在外务工的公公到年底和秋收才会回村。当公公回村后，婆婆也会相应地带着孙子女回到村庄里，短暂的相聚后便又夫妻分居两地。这种模式会一直持续到孙代能够独立上学。此后，这种城乡流动、夫妻分合的家庭结构模式才

---

① 姚俊：《"临时主干家庭"：城市家庭结构的变动和策略化——基于 N 市个案资料的分析》，载《青年研究》2012 年第 3 期。

会被新的安排所替代。

基于抚育幼代的伦理需求而重新联合的代际结构在离婚家庭中最为常见。近年来，林村年轻夫妻离婚的案例日渐增多，年轻妻子的缺位使得祖辈中的女性身兼双重身份，她们既是称谓上的奶奶，又承担现实生活中的母亲角色，已经破损的关系在亲子轴中被修复。

当子代外出务工时，原本被分下去的耕地便由父代"捡起"，留守在家的幼儿也由父代照管，而在外出青年回村后，或采取夫妻小家庭团聚的方式，或采取投入到父代大家庭怀抱中去的方式，共度欢聚时刻。当父代年迈或病重时，原本分散的小家庭成员便共居一处相互帮扶。有学者认为，这种互助关系更多的还是来自中国文化中关于亲属责任、义务以及亲情的一整套生活逻辑，[1] 就林村的生活实践来看，还源自日常生活的现实需求。

（2）老年一代的需求

老年一代的生活需求主要由中年一代来提供，中年一代一方面在照料老人的同时还要寻求自我的发展和财富积累；另一方面还要兼顾子代小家庭的发展，在必要时给予子代及时的救助和扶持。中年一代具备较强的劳动能力和代际协作功能，是农村家庭中承上启下的重要一环，处于家庭结构的中心位置，他们对老人的赡养主要表现在养老费的及时给予和生病期间的全方位照料，往往在老年一代退出生产领域后便开始按照当地的一般水平定期上交养老费。他们也是家庭中承重最多的一代，在身兼数任的重压下，常常会出现心有余而力不足的状态。此时，基于血缘联结的外嫁女便在老年人的需求中返回原生家庭。

---

[1] 石金群：《独立与依赖——转型期的中国城市家庭代际关系》，社会科学文献出版社2015年版，序二。

权变型家庭：中国农村家庭的结构流变与伦理实践

自古以来，对老人的赡养是家庭的主要职责。依照林村养儿防老的习俗，对老人的赡养义务主要集中在男性身上，外嫁女因不继承家庭财产也就不具有对老人的直接赡养责任，但基于情感而发生的日常往来和精神慰藉历来都是外嫁女的现实状态。林村男性在建筑行业的经济优势远高于女性，所以当男性外出务工承担起养家人的责任时，赡养老人的责任便会旁落到妻子或姐妹身上，形成血缘直系家庭中外嫁女财产缺位却情感在场，男性人力缺场却资源在场的状态。在市场化和城市化的现代压力下，中年一代背负着对下一代的人生任务和对家庭的供养责任，当刚性的货币经济与柔性的伦理需要不能同时兼顾时，只能寻找其他方式来权衡，或以货币代替劳力，或以父辈的流动来周全下一代的处境，或将伦理责任向外嫁女转移，如此形成了家庭结构的流变样态，同时家庭的边界也向外嫁女开放。

面对祖辈的养老需求时，为了调衡现实生活的经济需求和个体利益，代与代之间可能会以不同的方式联合家庭内的个体资源来共同维系日常的生活。以需求为导向的合力结构下潜藏着"分"的逻辑，这样在家庭分合的内外交叉结构中，既发挥了两代人相互帮助和救援的优势，又避免了住在一起的矛盾。[①] 毫无疑问，家庭结构的分与合、聚与散有赖于父代对子代的帮助和资源的单向度流动，这无疑对学术界已有的代际关系理性化、松散化的命题判断提出了挑战。若将两代人的互动拉长至血缘直系家庭的共同实践中便会发现，家庭受到个体现代思潮的牵引而呈现出"分"之势，同时又在家庭共同体的伦理本位中被重新聚合，这就出现了现代农村家庭的结构

[①] 徐安琪：《城市家庭社会网络的现状和变迁》，载《上海社会科学院学术季刊》1995年第2期。

权变样态。这种权变是在传统的家庭伦理与个体化、现代与后现代思潮的裂变中觅得的生活实践法则，并试图去兼容个体与家庭的整体发展。①

第三节　合中有分的幼代抚养

农村家庭中，新生代的诞生足以将两代人紧密地连接起来，这种连接可能是空间居住格局的再聚合，也可能是内部经济、人力等资源的再组合等，从而出现"分而不远"的居住格局，以及代际独立时"疏而不离"、代际合并时"一家二主"的多变结构，这些都是在生活实践中所常见的。② 代与代之间在高密度的互动中会出现摩擦增多、矛盾升温的现象，所以为了减少冲突，在代际联合的结构内部可能存在着不同权力分工的立体网络结构。这些不同的权力分工围绕着新生代的抚养与照顾，家庭重心下移，形成以子代小家庭为内核、父代夫妻为外围的圈层结构。③ 青年一代作为育儿的总管，掌握着对幼儿发展的总体规划权、话语权和决策权，父代以帮忙者角色而存在，承担着大量的幼儿生理性抚养和家庭照料的工作，但在事务决策与话语权中往往处于边缘位置。④ 这种主从有序的抚养规则能够有效规避冲突，但却难以避免来自琐碎日常的摩擦，所以当

---

① 王欣：《农村核心家庭的现代适应与权变》，载《华南农业大学学报（社会科学版）》2016 年第 1 期。
② 徐安琪：《家庭结构与代际关系研究——以上海为例的实证分析》，载《江苏社会科学》2001 年第 2 期。
③ 姚俊：《"临时主干家庭"：城市家庭结构的变动和策略化——基于 N 市个案资料的分析》，载《青年研究》2012 年第 3 期。
④ 肖索未：《"严母慈祖"：儿童抚育中的代际合作与权力关系》，载《社会学研究》2014 年第 6 期。

权变型家庭：中国农村家庭的结构流变与伦理实践

父代与子代关系紧张时，其空间居住结构便会重新进行调整，直至新的互动关系达成。

1. 有来有往的育儿合作

抚育幼儿是年轻一代的主要职责，也是家庭得以绵延的重要环节，通过对新生代的关注和照管，代与代之间形成了共同的利益结合点。为了完成对幼儿的抚育工作，原本已经分居的家庭可能重新走向聚合。

（1）城乡流动中的来与往

进城是多数农村家庭的愿望。市场化流动和婚嫁市场的高彩礼为子代进城提供了重要契机，城市中的现代化设施、优质教育资源和先进医疗服务等都吸引着农村人口的城市化迁移，林村有条件的家庭便通过进城买房来实现这一目标。但能够有条件进城买房者毕竟是少数，林村的每个生产队中能够在市、镇购房者少则七八户，多则十六七户。在这些已经进城并定居下来的核心小家庭中，许多是夫妻有稳定工作的双职工家庭，家中无人对新生代进行全天候的照看，此时不得不请在村的母亲或婆婆进城帮忙。

> L9 的儿子和儿媳大学毕业后在 X 市工作，新婚后在当地买房定居了，L9 夫妇则住在林村。2013 年孙女出生，L9 的妻子便搬到 X 市去帮忙照料，每年正月底丈夫外出务工后，她便坐车去 X 市开始城市生活。儿子儿媳在 X 市某建筑公司做技术员，平时工作比较忙，没时间照看孩子，只能由 L9 的妻子来履行做奶奶的义务。农忙季节来不及耕种就把家里的田给邻居种了，直到腊月儿子儿媳放假、丈夫务工回到村庄后她才返回村庄。2015 年建筑行业衰退，L9 自 11 月停工后便一直住在 X 市

的儿子家，直到腊月夫妻才双双回到林村。2016 年 4 月农闲，因亲家母得空到 X 市代替照顾幼儿一个月，L9 的妻子便回到村里，到农忙季节又回到儿子家，让亲家母回去秋收了。虽然在 X 市住了三年，但 L9 的妻子并不认为这种城市生活是常态，"现在他们（儿子儿媳）需要我过来帮忙，等孙女大一点了能离人①了，我还是会回老家的，在村里多舒服，宽院子周边都是认识的人，动一动就有吃的喝的，哪像在城里，咂巴下嘴都是钱。地是怕荒了让邻居代种，等我们回来就还给我们了"。

L9 的妻子作为自由的可资利用的人力资源，在孙女出生后便开始游走在城乡之间，因无力照管农田而由他人代种，每年到过年时才能回家和外出务工的丈夫团聚。L9 虽然并不直接参与新生代的抚育工作，但是也随着妻子的流动成为游走的一代。在村庄社会中，抚幼的伦理义务是沿着男性单系继嗣的血缘而延伸的。和亲家母相比，L9 的妻子作为新生代的奶奶，照顾孙女的饮食起居是责无旁贷的事情，哪怕丢掉地里的活也在情理之中。

（2）幼儿成长期的去与回

有数据显示，在三代同住的家庭中，祖辈承担的照料时间与父辈相当，而在不与祖辈同住的家庭中，2/5 的年轻父母会将孙辈送到祖辈家庭进行照料。② 林村绝大部分的家庭中，年轻妈妈在哺育幼儿期间往往无法兼顾农活和家务，只能邀请婆婆来到住处共同料理生活。这样，祖辈便以照顾新生代的名义搬到子代小家庭中，共同生活。当然，决定代与代之间能够同居共灶的是亲密关系的建立和维

---

① "离人"就是自己独立，不需要别人照顾的意思。
② F. Chen, G. Liu and C. A. Mair, Intergenerational Ties in Context: Grandparents Caring for Grandchildren in China, *Social Forces*, Vol. 90, No. 2, 2011.

权变型家庭：中国农村家庭的结构流变与伦理实践

系。如果在抚幼期间，代际关系和谐稳定，则完整的直系家庭结构得以长久；若代际摩擦太多，矛盾重重，祖辈只能返回原来的居处，两地来回奔波。

W12 的大儿子定居县城，二儿子在村里有新居，和 W12 家同排相隔五座房。二儿子家的大女儿出生后，因二儿子和丈夫都在外务工，W12 就搬去二儿子家照顾儿媳妇和孙女的饮食起居。一个月后，婆媳矛盾激化，儿媳妇带着孩子回娘家了，W12 便搬回了老院子。儿媳妇从娘家回来后，W12 白天在二儿子家吃饭、做家务，晚上回老院子。三个月后，W12 不再去二儿子家，改由儿媳妇抱着孩子到老院子吃饭，饭后留下孩子给 W12 照顾，自己回家做家务，晚上带孩子回新居睡觉。有时候去晚了孩子已经睡着了，儿媳妇就自己一个人回新居。

对于父辈而言，为新生代付出是情理之中的事情，即便婆媳关系较差，也不会影响到他们带孙子的责任。W12 在村里是个性格较强的婆婆，和儿媳妇的矛盾冲突不断，导致在育儿初期来回奔波于两个院子之间，但即便心里有气，也不得不继续照顾子代和孙代的饮食起居，直到儿媳妇能够自理。当子代不再需要父代的照顾时，W12 便退回到自己的生活中去，对孙代的照看也改放在自己的生活圈中，变成了儿媳妇在两个院子之间来回奔走的状态。这种基于孙代抚养而合的结构是暂时的，待到孙代长大不再需要祖辈的援助时，代与代之间便会迅速返回到分的结构中去。此外，人口外出流动也是家庭结构重组的契机，当年轻的夫妻共同进城务工时，留下的新生代便和祖辈自动结合，构成隔代家庭，而一旦年轻夫妇回村，这一家庭结构便还原为原来的样态。

2. 主从有序的抚养规则

生育作为家庭人口再生产的必经阶段，往往要考虑个体外的其他因素，比如父母有没有能力帮忙一起照看、家庭经济条件等。在市场经济的大环境下，青年一代加入到外出务工潮，养育第三代就成为代际合作的重要契机，只有借助于父代家庭的扶持，青年一代才能顺利完成人口的再生产。一般年轻女性在生育后的两年内会在家休养和哺育幼儿。一来她们通过信息网络平台的知识共享，习得碎片式的、被冠以"现代科学"名义的育儿方式，虽然具有科学性却不成系统；二来初为人母者没有经验，不得不求助于年长者的帮助。[①] 但父辈所惯常的传统知识和乡土习惯很多时候难以和现代科学的指导原则保持一致，婆媳之间因意见相左而闹矛盾时常发生，最终往往是以婆婆的妥协换来代际关系的和谐。

哺育期和教育期是两个完全不同的分工阶段。在哺育期间，年轻妈妈本身也是需要被照顾的对象，对第三代的照料更多地落在祖辈身上，形成以中年女性为中心的家庭生活；无论分家与否，在这一阶段往往会呈现出以中年人为中心、以第三代为重心的合力结构样态。待到第三代步入学龄期，中年一代对小家庭的全方位照顾慢慢收缩到居于次位的生活领域，占据首位的教育则成了小家庭的主要责任。祖辈作为子代小家庭的资源总后方，往往根据不同的情境给予不同的支持：子代夫妻外出务工则组建隔代家庭，年轻媳妇留守在家则退居二线。在林村第二生产队的67户家庭中，只有四个年轻媳妇在新婚后生育前有过外出务工的经历，小孩断奶后到上幼儿

[①] 王欣：《农村核心家庭的现代适应与权变》，载《华南农业大学学报（社会科学版）》2016年第1期。

权变型家庭：中国农村家庭的结构流变与伦理实践

园前只有一人跟随丈夫在山西干了三个月的小工。截止到 2016 年 5 月，林村娶进来的"90 后"年轻媳妇一共有 18 人，7 人迁居至县城，3 人离婚后走掉了，剩下 8 人依旧在村。从人口居住格局来看，她们在形式上已和父辈分居，但生活上围绕第三代的抚养，却保持着密切又频繁的代际合作和互助。

> Z1 在儿媳妇的女儿满月后主持了分家，把地和储存的粮食划分了。分家仪式只是大家坐在一起说了说，然后写了一份分单①，每个人签字捺手印，前后不足半个小时。分家后，生活依旧，Z1 仍然每天跑去儿媳妇的新房子里做饭、洗衣服和照顾刚出生的孙女，晚上回老院子睡。儿子外出打工，儿媳妇抚养小孩，地里的庄稼仍由 Z1 夫妇在种，收回来的粮食分给儿子一半。唯一不同的是，分家后，没有特殊的原因，Z1 的丈夫只在自己家吃饭。儿媳妇和公婆的饮食是分开的，除非 Z1 在老院子做好饭给儿媳妇送过去，否则就是各吃各的。这样维持了半年后，儿媳妇能够把小家照顾周全时，Z1 便回到老院子恢复原来的生活状态，回到自己主位的生活中。儿媳妇有时候照顾不过来的时候，会跑去找婆婆帮忙照看小孩等，此时由 Z1 围着儿媳妇小家庭连轴转变成儿媳妇向公婆求助的关系格局。但是，当儿媳妇生下二胎后，Z1 又重新开始了围绕新生代连轴转的生活模式，同时，因为儿媳妇要照看孙子，孙女就暂时交由她来照顾，饮食起居全由 Z1 负责。两年后，孙女到了上幼儿园的年纪，孙子也两岁了，可以自己走路了，两个孩子才重新回到儿子的小家庭中；但是每天儿媳妇接送孙女上下学时，照看孙子

---

① 当地人称分家时的单子为"分单"。

第五章 分家：时分时合的生活模式

的任务就又落在了 Z1 身上。

这是常态家庭结构的人员分工和生活安排，对于那些子代离婚的家庭，中年女性既要做奶奶又要扮演好缺位的妈妈角色，此时中年一代承担了整个家庭的抚幼功能。林村第二生产队有 11 个家庭中有离婚的子女，其中外嫁女离婚的有 5 个，只有一个带回了小孩；另外 6 个家庭是儿子离婚，有 3 个离婚前尚未生育，另外 3 个离婚时家里有小孩。有小孩的男性离婚后因经济条件一般而一直未能再娶，所以小孩主要由在村的中老年一代照看。这三户家庭中，有一户离婚男性的父亲因年纪大了不再外出务工，便每天负责接送孙子上下学，闲时养养兔子、种种地，偶尔在村镇范围内打个零工，母亲则负责每天的生活起居，离婚男性主要负责全家的经济收入，一家四口又从分家走向一个三代直系家庭，生活开支由母亲打理。另外两户家庭则因孩子尚小，离婚男性和其父亲一起外出务工，只留下母亲在家照顾孩子。农闲时母亲带着孩子去田里除除草，农忙时劳动力回村全家出力。依照村里人的说法，一旦新生代到了上学的年纪，家里总要有两个人一起照顾，不过帮离婚的儿子带小孩的 L4 说："一个人要强些是可以照顾得来的，就是会很辛苦，每天按时按点接送孩子上下学的话就干不成农活。"从 2008 年电动车在村里全面普及[①]后，骑电动车接送孩子上下学已经成为一种风气。其实从村里到小学步行二十分钟即可，但是因拐卖儿童案件增多，人们对孩子安全的担忧也增多，骑车接送小孩便成为生活的常态。

市场化改革以来，家庭内的儿童抚育出现了私人责任化和市场

---

① 2005 年就开始有了电动车，但当时费用高、车型笨重，在农村普及率极低；2008 年锂电池小型电动车上市，以轻便和小巧的优势很快成为替代自行车的首选。

化的转型,科学的育儿方法成为新的养育指南。① 生活方面,第三代需要成人的长期陪伴和照顾,这是一种对人力资源的需求,无论男女老少皆可承担。但对于第三代的教育问题,就不是谁都可以胜任的了。在重视教育的林村,对孩子的教育首先指向的便是受教育程度普遍提高的年轻夫妇,中年一代这时便丧失了话语权,他们在教育问题上的沉默意味着其地位只停留在生活照料的层面。这样在家庭的权力结构中,围绕新生代的抚育形成了主从秩序的不同分工,包括学习、管教、决策等在内的脑力活归于青年一代,而照顾孩子吃喝拉撒和买菜、做饭、洗衣服、打扫卫生等外围的辅助性的体力活,则归于中年一代。

孩子的前途和教育是绑在一起的,而对孩子的教育最权威的则是年轻父母,中年一代难以逾越,也没有能力去逾越。这不仅是"一代人不管两代人的事"的问题,更是现代化进程中知识对不同年龄层的一个筛选和过滤,只有那些能够胜任或能够适应现代化要求的人,才能在变动的环境中掌握主动权。以往的教育注重在日常实践中通过言传身教的人格德育来培养,而现代教育偏向于日新月异的专业知识的系统学习;成长于传统时代的人一旦无法跟上现代科技的素质要求,便会在教育领域中丧失发言权,失去其在言传身教中的权威地位。

3. "恩往下流"的亲子倒置

农村家庭中,围绕新生代的抚育会发生多次从分到合、从合到

---

① Y. Dong, The Discovery of Parenthood: Science, Gender, and Class in Childrearing Literature During 1980's China, Paper Presented at the Association for Asian Studies Annual Meeting, Philadelphia, 2014.

第五章　分家：时分时合的生活模式

分的过程。代际聚合于同一个屋檐下时，个人空间缩小，不同的生活习惯和育儿主张叠加在一起，使得摩擦不断。①但是，即便矛盾再激烈，也没有父代把自我置于代际关系之上的，他们仍然愿意全天候地照顾新生代，至少父代的行为中饱含着家庭主义的价值原则，这也使得青年一代随家庭生命周期的变动而调整家庭结构成为可能。②围绕新生代的抚幼行为，父代的个体利益在家庭整体利益面前是不值一提的，如性格倔强的婆婆 W12，在和儿媳妇关系闹僵后仍然坚持为子代付出，这种付出远远多于子代的回馈，甚至是一种不求回报的单向度付出。W12 的儿媳妇也并没有因为矛盾的存在就老死不相往来，而是在日常生活中继续维持着代际互动，能自己做的家务自己做，在无法靠自己单独完成的幼儿抚育中仍然寻求婆婆的帮助。在集体单位统包制消解、市场风险日增、社会保障缺位的农村家庭中，家庭的良性运行在化解个人生活压力、提升安全感和幸福感方面，具有不可替代的作用，因此，即便个体独立意识觉醒，每个成员对家庭的价值认可和维护也是有增无减的。③

日常生活中，家庭内"分"与"合"的力量并不总是均衡的，每个人基于个体自由都有一股想要独立分开的意愿，从青年、中年到老年都无一例外，但是作为关系中的个体，又不是想分就分的原子化行为，而是要对家庭的现实情况作出适宜的调整。樊欢欢在对城市中同住育儿家庭的代际关系进行追踪时发现，城市家庭中"分"的动力远远强过"合"，因此基于家庭需要的"合"有很多无奈的

---

① 樊欢欢：《"权威性孝道"的现代处境：对同住育儿家庭代际关系的分析》，载《学术论坛》2014 年第 8 期。
② 沈奕斐：《个体家庭 iFamily：中国城市现代化进程中的个体、家庭与国家》，上海三联书店 2013 年版，第 109—115 页。
③ 康岚：《代差与代同：新家庭主义价值的兴起》，载《青年研究》2012 年第 3 期。

权变型家庭：中国农村家庭的结构流变与伦理实践

成分，多是应对第三代年幼或第一代不能独自生活（如疾病或丧偶）的一种家庭策略。① 这是一种过于强调个体理性与利益的经济人思维，忽略了来自成员个体的家庭主义认同。至少在林村家庭代际共同抚幼的行为中，父代自上而下的家庭主义价值观远远高于经济理性的个体私欲观，否则W12也不会在婆媳矛盾激化的氛围中继续忙里忙外地伺候儿媳妇和孙女，L19的妻子也不会在没有归属感、否定城市生活的心情下照顾子代和孙代长达三年甚至更久。自古以来，祖父母都会参与新生代的照料抚养工作，② 与今天相比，只是介入的程度不同。传统价值观中历来讲究"含饴弄孙"之乐，对于已经成为祖父母的父代来说，照顾孙代是幸福的来源，而随着社会的发展，这一幸福的事变为一种不得不去履行的义务。从这个角度出发，亲代的隐忍和妥协确实含有无奈的成分。林村婚嫁市场中女性资源的稀缺和在市场化中被解禁的婚恋贞洁观，使得当地年轻女性的地位获得空前提高。为此，在抚幼行为中，父代为子代的付出中自我牺牲的色彩明显。所以，在婆媳出现矛盾时，也以父代的隐忍和退让为和局：

> 现在这个社会，咱就做吧，做死了算了。为了孩子生活，就少跟儿媳妇吵，一吵架儿媳妇跑了，你还得给儿子再找（媳妇）。儿媳妇没了，孙子被带走了，家不就散了？在农村，当老的想不开，操不完的心，操心操到死，啥时候死了啥时候算。总归是为了自己儿子。做多少也不说委屈。③

---

① 樊欢欢：《"权威性孝道"的现代处境：对同住育儿家庭代际关系的分析》，载《学术论坛》2014年第8期。
② 熊秉真：《童年忆往：中国孩子的历史》，广西师范大学出版社2008年版，第122页。
③ 来自对林村第十一生产队队长Q1的访谈。

经过不停的追问，Q1说出了以上这段话。她的"操心"不仅包括将儿子抚养成人，还包括为儿子娶媳妇，帮儿子照顾孙子，传宗接代和养儿防老的思想被一览无余。① 亲代采取不计成本的、"恩往下流"的行为直接催生了亲子轴的倒置关系：以新生代为中心，青年一代居于资源和价值的核心地位，老年一代被配置于边缘地带。在市场经济"碾压"一切的今天，父代帮子代完成婚娶后并不能停止操心，新生代的高抚养成本将低成本的父代劳力拉入家庭资源的配置中，形成资源向下流动的倒置的亲子轴格局。

第四节　分中有合的亲代赡养

赡养老人历来是家庭美德，上至国家政治理念、法律法规，下至每个个体的自我认知，无不认可这一绝对的伦理道德和责任义务。通过自下而上的回馈，农村家庭在文化中得以整合，并围绕父代形成共同的赡养单位。

林村老人的境遇可以被划分为两个阶段：尚有劳动能力和收入来源的自养阶段与丧失劳动能力或没有收入来源的他养阶段；不同的阶段中，赡养伦理和标准不同。若因年龄太大而退出劳动领域，子代只需要支付足够的养老费以便老年人能维持生活即可；若因病而丧失自理能力，往往以老伴间的相互扶持为主。一般对农村老人的全面赡养往往发生在老人丧偶或病重时期，而当不再需要全天候的照顾时，每个家庭对老人的赡养情况只能根据具体情形进行合理调配，通常是老人随着子代的城乡流动而游走在城乡或几个家庭之

---

① 贺雪峰：《农村代际关系论：兼论代际关系的价值基础》，载《社会科学研究》2009年第5期。

权变型家庭：中国农村家庭的结构流变与伦理实践

间，这种情况被麻国庆称为在几个儿子之间轮吃的"摇摆家庭"①；但如果老人自己有独立的居所，子代距离又很近的话，便会形成以老人为中心的子代流动，那么以老人为中心的组合结构也会变得多元而流动。

1. 流动中的亲代

老人地位下降成为一个不争的事实。从物质供应、生活照料、精神慰藉三个层面来看，物质生活水平相较于传统物资缺乏的时代有显著提高，但子代对父代的生活照料和情感慰藉方面却呈下降趋势。林村老人的生活标准普遍不高，多数将要步入老年行列的人对未来的养老期待都是"有口饭吃就行"，对自我的老年期许是"不要给孩儿们添负担"。所有人都认同，老人辛苦扶持子代一辈子，到年老被赡养是天经地义的事情，养儿的最终念想就是防老——为老年生活提供一份保障。但转型时代，整个农村家庭面对的是城市化目标和市场化竞争，在这一向度中，已经步入老年生活的一代人往往会为自己无贡献的纯消耗角色而心怀歉意，这是现实环境压力所催生出的现代心理。同时，整个家庭的重心史无前例地向下倾斜，中年一代围绕子代而灵活调度人口结构，子代小家庭又围绕新生代的生活学习而倾注资源，如此整个家庭的资源重心一致地向下转移，向上的回馈相应地被缩小。

家庭养老主要包括为失去劳动能力的老人提供生活费、对日常生活不能自理的老人进行照料，围绕经济支持的家庭养老功能在老人失去劳动收入时就启动了，而集中的生活照料功能只发生在老人

---

① 麻国庆：《家与中国社会结构》，文物出版社1999年版，第55、56页。

第五章 分家：时分时合的生活模式

病危或身体不能自理时期，周期不会很长。对于那些丧偶和身体条件差而无法自理的老人来说，依靠子代的照料是他们唯一的选择，只有那些身体硬朗又能自理的个别老人才能继续维持独居的生活状态。但对于多数的丧偶老人而言，独居并不是理想的选择，有时候也未必就是纯自愿的选择，尤其在老人有不止一个儿子的情况下，老人的自我选择空间往往也是有限的，既要照顾到各个儿子家庭的实际情况，又要在几个儿子之间摆好平衡的大秤，还要顾全老人自己的生活。另外，在市场化经济条件下，子代的城乡流动成为常态，进入到日常生活的实践之中，老人也被卷入其中，变成在不同家庭之间来回摇摆的一个群体。

家庭成员的城乡流动起于第三代的教育和举家搬迁进城。老人作为被赡养者，他的流动与否往往取决于儿子家的地理位置和成员结构，如果儿子带着第三代进城（陪读、抚育、迁居），就意味着赡养老人的责任人发生了空间转移，那么常见的解决方案只能是赡养责任人回村或老人随之城乡流动。

> W6兄弟四个，大哥60岁，从16岁参军后就定居在黑龙江，二哥56岁仍在外打工，W6和四弟均在山西做匠人。父亲56岁时主持分家，老大和W6抓阄抓到老房，每家三间，老二抓到地基和拖拉机一台，老四和父母住在五间新房里。老四结婚一年后（父亲60岁）父子分家，四兄弟开始给父母上交养老费，每人每年给老人200元，还有100斤玉米、100斤小麦、一捆粉条、2斤油、6斤黄豆、60斤谷子（不种谷子后，就换成了大米）。老夫妻种0.8亩地，独立生活。父亲68岁时母亲去世，父亲一个人住在老房子里，把田分给了三个儿子，不再务农。本来四兄弟约定，父亲每两个月轮流去三个儿子家吃饭，

权变型家庭：中国农村家庭的结构流变与伦理实践

老大因无法赡养而把养老费提高一倍，但父亲没有同意，继续独自生活了两年后才开始实行。第一年是父亲自己主动去儿子家吃饭，第二年就变成儿媳妇送饭给老人吃。父亲76岁时因中风不能自理，改由三兄弟轮流赡养，开始是三个儿媳妇轮流去老院子里照顾父亲，后来因为兼顾不周，改为将老人接到家里赡养；老大因自始至终都未能回村，因而将养老费涨到1000元，医药费等另外平摊。父亲77岁时，老二家孙子出生，二儿媳搬去县城照顾新生代；老四儿子上高中，老四媳妇搬去县城陪读；对老人的赡养和照料全部交给在村的老三和三儿媳，老大、老二和老四每年给老三2000多元。老人临终前一个月，所有人都回来共同赡养老人。

子代对老人的赡养往往是从给生活费开始，生活上饮食起居的全面照料要到老人不能自理时才开始。一般老伴在世时往往是夫妻扶持自养的阶段，在这个意义上，亲密关系不只是浪漫爱情，更多的是生活中的相濡以沫。老伴的去世是单身老人被赡养的起点，W6的父亲就是自老伴去世后开始在几个儿子家之间流动，再到几个儿子家轮流给他送饭，基于养老功能而聚合的家庭居住结构不断发生变动。但无论如何变动，都改变不了老人对子代的依附。不同于W6的父亲，78岁的L17在丧偶后为周全子代家庭，每年在城乡之间游走。

L17和丈夫相差5岁，丈夫在72岁时因感冒引发肺功能衰竭，半身不遂达半年之久。住院的两个月里，三个儿子轮流在医院看护，病情好转出院后，大儿子回单位上班，二儿子外出务工，三儿子继续做生意，每到周末或空闲时，他们会回村探望老人。平时老人的饮食起居主要由老伴 L17 照料,在村的三儿媳以及邻居也会帮衬一下。老两口相互扶持了三年,到老人 75 岁时,病情恶化,遂将老人移到县城医院,由在县城居住的老二和老大照料,老三空闲时过去探望。住院一个半月后老人去世,留下 L17 一个人在老院子里独居。三个儿子提出让母亲轮住,但她坚持在身体条件良好的情况下一个人住。每年开春(3 月)到立冬(10 月中下旬)的七个多月时间里,L17 在老院子里独居,老三和三儿媳隔三岔五过去探望和照料一下,住在邻村的女儿也每隔半个月跑过去帮忙打理下家务,到立冬后便被老大和老二接到县城(冬天县城里有暖气,村里没有固定的取暖设备)去住,每家轮住一个月。

相较于和儿子一起居住,老人们更倾向于有自己的独立空间和行动自由,可以在尚有能力时顾全自己饮食起居的习惯,而不用全部依赖于子代的照顾,如此既可以为子代省去照料之责,又可以让自己的老年生活拥有一定的灵活度。这是本来就有独立居所的老人能够实现的自养生活,对于自始至终都和子代共居一处的老人而言,这种生活方式也可以通过居住空间(往往是分家时就已经划定两间房间为老人所用)的独立而实现。村庄中多数老人坚持自我照料的生活实践在某种程度上是老人坚持自我价值的一种体现,只要自我尚可自理便能省去家庭其他成员的照料职责,如此便可以让家庭中的剩余劳动力发挥其所长,儿媳妇种地兼料理家务和照顾新生代、老人自我周全、男性外出赚取家庭收入,不同的身份角色在家庭的向上发展中都能贡献一份力量。

家庭不仅仅是满足单个个体需求的场所,更是家庭功能的承载体,不仅要集全家之力完成子代的抚养、教育、婚嫁和养老,还要周全自我、顾及上下，而所有功能的实现都需要从市场经济中赚取的货币支持，除去维持日常生活开支外，未婚成员的婚嫁及建立家庭所需的一整套生活用品等费用往往是开支中的大头，其次是成员生病的住院开支，尤其是老人的晚期疗养费用，这些支出均需要劳动力外出务工的收入来支撑。在人力和财力不能兼得的情况下，赡养老人的网络就从传统封闭的以儿子为核心的养老体系中向男女平等的外嫁女资源扩展，家庭内的养老压力在家与家之间予以适度的分担。

2. 儿子缺位与女儿回归

中老年的代际独立是需要一定物质条件才能实现的，老人在经济上对子代的依附不可避免，尤其是那些已经退出劳动领域的群体，虽然有国家养老金的保障，但远不足以维持其基本的生活开支。所以，经济方面的货币支持是保障老人基本生活的起码要求，其次才是精神和生活层面的周全照料。从农村家庭的财产继承体制来看，儿子婚娶时继承了房产、土地等家庭资产，便顺理成章地肩负着对老人的经济赡养重担，在习俗中，女儿外嫁不继承财产，也就不具有对老人的经济责任。但对老人情感和生活方面的照料则完全遵照不同的逻辑，往往是以日常生活实践的便利条件而论的，本意上并不涉及财产关系。但是在现实中，当儿子不足以应对自上而下的抚养义务和自下而上的赡养责任时，外嫁女在男女平等的现代观念中便被拉进了赡养老人的伦理网络。随着女性在家庭中地位的上升和城乡流动的人口结构变动，外嫁女对娘家父母的赡养责任发生了从自愿到被需要的结构性转变。当市场经济的货币收入成为每个家庭不可或缺的重要组成部分时，伦理性力量就难以和流动人员的外出务工相抗衡，男性养家人在转型时代被赋予时代发展的正义性，只有赚取足量的货币才有能力去应对来自市场的冲击，去迎合现代化所提出的要求——教育资本、婚嫁资本、生活资本等基本储备。

市场对家庭人口进行了新的分工和调配，外嫁女返回娘家的认同缺口被打开，老人所需的赡养人力和精神慰藉更多地交于女儿来承担，而儿子则更乐意也更适合提供足量的货币资源。市场对家庭人口资源进行的适当调配在部分家庭已经实现，在实践中也许还会继续改写农村家庭的伦理文化。

（1）经济与生活相分离

市场化时代每个人的生活都与货币经济息息相关。林村的老人几乎不到 60 岁都会患上各种慢性疾病，如高血压、肠胃病、风湿等，加上感冒发烧等小病开支，一年花费近千元；婚嫁喜事的人情费①约千把元，包括磕头钱、过年压岁钱、小孩满月钱等；日常的蔬菜不需要买，邻居或子女会从自家菜地里送去当季菜，亲友探望时也会捎带蔬菜和肉，面粉等主食往往由儿子提供，其余那些无法自给的食料则需要从市场上购买，一年 100 多斤大米、30 斤油外加酱醋盐等，加上招待宾客时的大肉、蔬菜、烧饼、油条、凉菜等，一年饮食开支约一千元。2013 年开始，各个村庄的粮油菜店增多，许多家庭不再经营菜地，面条也从自家制作变成直接购买，每年村民的生活开支普遍增加千把块钱。老人普遍习惯烧煤，煤球一天四个，每年花费七八百元，如果是煤气罐则一年两到三罐共三百多元；水电费一年不足 500 元，电话费一年不足 300 元。此外还有意外性支出，比如村庄修路捐钱、村集体水表统一更换费、电视线路维修费

---

① 老人退出劳动领域后就退出了以家庭为单位的人情网络，但是虽然不用给礼钱，却要给小辈亲戚磕头钱，即改口费。

权变型家庭：中国农村家庭的结构流变与伦理实践

等，以 500 元为一般水平。如此合计下来，老人一年的开支有四五千元。对于条件较差、生活十分节俭的老人而言，日常消费中往往会极力压缩人情钱，从五十元、一百元的标准降到一二十元；招待宾客的花费也移交给儿子；慢性疾病只在症状明显时才吃药；蔬菜短缺季靠晒制的干菜叶子或腌菜为生，如此可以压缩一两千元的额度，使生活只维持在温饱的生存线上。即便如此，一年只有九百多元的养老金也不足以覆盖其基本生活所需，其余绝大部分的经济空缺要由儿子通过上交养老费来填补，这便是没有收入的独居老人需要面临的经济压力。老人需要子代的经济支持，而经济来源于外出务工收入，这便为儿子不在场的赡养提供了充足的理由。

中年一代对上的赡养主要表现为货币经济的支持，无论是否在同一庭院内居住，老人尚可自理时都不需要子代花精力照料其生活，这样，养老的主要义务表现在每年的养老费支出和平时有意无意的看望。那些已经步入被赡养行列的老年一代往往不止一个儿子，因此分家后的分居生活是普遍的状况，"与其在几个儿子儿媳之间被嫌弃，还不如给我钱让我自己过，不管过好过坏，人自在些"，一位69 岁的独居老人如是说。在市场经济时代，农村剩余劳动力的价格被市场所发现，并以货币作为对个体价值和成就的重要衡量机制。这些已经步入暮年的老年人群虽然在青壮年时期为家庭做出了巨大贡献，但进入养老期后，不仅对家庭的回报率降低，还成为只消耗而没有产出的负担，尤其是患有重大疾病的老年人，不菲的治疗费是一笔巨大的支出，所以老年人在经济理性原则的杠杆作用下成为失去市场价值的纯消耗者，这是所有成员所共知的。在社会转型后的务工经济和市场化理念中，老年人也首肯了这一价值衡量原则，他们对自身的评价往往是消极的，视自己为"负担"。在这一共同的价值体系中，只要老人自己照顾好自己，在有限的养老费之内维持好自己的生活、照顾好自己的身体、不让自己生病、不给孩子们增加负担，就是作为家庭一员最应该做好的事情，这便是林村老人们的生活之道。

村里的老人对生活的理解往往与品质追求无关，而是一种在总额有限的条件下维系家庭发展的生存实践：

> 肉不吃也行，吃饭没什么讲究。钱是死的，人老了挣不来钱。我们有钱多花点，没钱少花点。老了没什么好赖，健康就行。过日子，吃好些，快乐些，就是会过日子。但不是这个性质。节俭一些，自己有，才叫会过日子。我们这里的人节俭不乱花钱，就是这个习惯，省下来以防有事，到时候不用问别人借钱，给儿子建房娶媳妇也不用借。按照社会的标准说节俭的人傻，我们说人节俭就是夸他会过日子，不浪费。我们这个年龄（68岁），只要顾得上自己，好受就行。现在挣一点就攒一点，但是只要一有病就完了。有些病治不好，就不治了，自己少受罪，也不给儿子添负担。有时候病了，自己能少吃就少吃饭、少吃药，都是钱啊。生病不仅自己受罪，儿子要照顾还要花钱，给他添负担，他损失大。我们不生病就是在帮儿子减轻负担。今年开始我少做活了，都是别人找上门才去做，为了儿子，要保护好身体。自己有能力就尽量靠自己，不能自理了那也没办法。①

老人将市场经济的理性计算原则引入观念中，生活之道就变成

---

① 来自对第四生产队队长 L5 的访谈。

权变型家庭：中国农村家庭的结构流变与伦理实践

为了整个家庭要将自己照顾好、保护好，一方面不给其他成员添负担以减少家庭财富的损耗，另一方面在经济总量有限的条件下尽可能压缩自我开支，减少消费，保持存量。如此，在经济为主线的逻辑下，外出务工是有利于家庭经济总量增长的行为，为此老人反而会支持儿子放弃生活中的赡养责任而外出务工。这就使得单纯的经济支持成为儿子最主要的赡养义务，生活照料和情感慰藉成为老人自我周全的项目。当然，儿子缺场并不意味着儿媳缺场，但是在中年家庭壮劳力外出只留下女眷在村的普遍状况中，女性作为家庭中的唯一劳动力自然需要承担起本该由家庭单元所面对的人情、农耕、家务等事宜，对老人的照顾在某种程度上只是一种辅助和兼顾，只有在老人失去自理能力时儿媳才上升为赡养老人的主要负责人，但前提是新生代暂且不需要中年一代的照料。总之，在市场经济和理性计算成为个体的主要思维方式时，老人随其价值的贬值，地位也急剧下降，并在家庭的总运行中变成配角，这是单纯从经济视角出发的个人定位。但实际上，在文化和家庭伦理角色中，他们往往又是家庭整体地位和伦理荣誉的显著标志，高龄老人的存在与悠闲生活代表了家庭的整体形象，是其在村庄中赢得地位和脸面的重要条件。为此，儿女对老人的赡养不能单纯从经济利弊的角度来考虑，还要在文化习俗上给予足够的偏重，从而为家庭的全面发展赢得坚实的基础。

（2）男女不同的赡养角色

中年男性作为家庭的顶梁柱，在对老人的问题上难以取得经济和生活的双赢，只能舍弃生活上的全面照顾而在经济上给予充足的保障。所以，在老年人的生活中，儿子主要扮演的是经济支柱的角色，实际生活和饮食起居的照料则由他人来替代，这一替代人选包

第五章 分家：时分时合的生活模式

括儿媳和外嫁女。

从古至今，儿媳替代儿子照顾公婆有着根深蒂固的传统，但外嫁女正式被纳入养老体系之中是近些年的事情。一方面是人口结构的变化，少子化现象普遍，对养老责任的分担不再仅限于单一、有限的男丁身上，而是通过子女共同分担；另一方面，受青年婚嫁市场的影响，女性在家庭中的地位和作用力显著提高，掌握高额彩礼的外嫁女在家内事务的发言权、对家庭资源的支配权逐渐增加。在这一背景下，掌握家庭资源和话语权的外嫁女也成为娘家的重要依靠。

林村中，男性外出务工、女性在家务农兼做家务的半工半耕模式，使夫妻在家庭中所扮演的角色不同，即"男主外女主内"。男性外出务工后，女性自然而然地承担起本应由夫妻共同承担的家庭责任，赡养父母便是其中之一。但是，作为农村家庭唯一的剩余劳动力，中年女性往往需要兼顾到这个家庭的发展，即在子代和父代之间作出抉择，如果同时面临下一代需要照顾、老一辈需要赡养时，重小多于重老被理解为人之常情。由此，女儿对于娘家的工具性意义凸显，这就为外嫁女的回娘家之行奠定了现实需要和伦理要求，儿媳和外嫁女作为可相互替代的养老资源，同时出现在家庭养老的视域内。

按照传统习俗，儿媳肩负养老的主要职责，女儿只具有出于情感因素的探望权利而已。但是在变迁的现代农村家庭中，外嫁女对娘家父母赡养的权利和义务伴随新的伦理实践而逐渐形成。只是在家庭正式制度层面，外嫁女仍然无名分和权利，虽然日常实践中外嫁女对娘家的义务增加了，但与双系制度包含的两性权利和义务平等的逻辑却相差甚远。[1] 毫无疑问，农村家庭要实现双系制度并非易

---

[1] 唐灿、马春华、石金群：《女儿赡养的伦理与公平——浙东农村家庭代际关系的性别考察》，载《社会学研究》2009年第6期。

事。虽然在娘家的财产继承制度中，外嫁女被排除在外，但通过婚嫁市场中娘家父母的把关和门槛设定，使得女性在缔结婚姻时能够拥有来自婆家的高价彩礼、新房等代际转移的足量财富。因高价彩礼是通过娘家父母的再度转移而交到外嫁女手中的，这在某种程度上也是一种对外嫁女的财产分割，正如 L16 所言："我们从亲家那里要来的彩礼还不是给女儿留的？户头是女儿的名字，存折在我们手上而已。等他们小两口过好了，就该还给他们了。我们开口要房子要彩礼，不都是给女儿他们要的？我们能捞个啥，还不是图女儿过得好。"经过娘家父母的再度转移，外嫁女所拥有的财富性质发生了变化，其间包含了娘家父母的财富争取和权利让渡，是一种变相的来自于父母的财富继承。从这一逻辑出发，女性在人口结构简化、数量减少的家庭转型中，便理所应当地具有赡养父母的职责，这种职责虽然尚未被民间的正式制度所吸纳，但在生活实践和日常舆论中已经被认可。林村有一大半的家庭均出现外嫁女参与娘家父母的养老现象，甚至有许多老人主动选择去女儿家养老。

  R2 的母亲有三个儿子三个女儿，75 岁时老伴去世，她便独自生活，闷了就去三个女儿家住一段时间。老人 78 岁时查出来食道癌晚期，当时在县城医院做完检查后就一直在县城二女儿家住着，直到最后一个星期才回到村里大儿子家。丧礼由六个孩子一起操办，费用由三个儿子平摊。

外嫁女对父母的赡养一般无须提供口粮，主要负责父母的情感慰藉、生病照料、零用钱支持等。相反，多数儿子则通过提供养老费、基本生活口粮等，用"以养代孝"的方式自动卸去了货币外的其他赡养义务。① 单纯从理性交换逻辑来审视儿子的赡养动机，除制度性规定和伦理义务外，父代在儿子结婚时的巨额财富转移已经过早地将年老后的交换价值抛离，使之在年迈时没有可以交换的财物而难以得到子代趋利性目的的赡养，只能寄希望于伦理道德和情感的回报。从市场经济的发展和转型期人口外出务工的流动来看，子代资源的外流使老人对儿子的情感需求、照料需求难以实现。而此时，女性因男性外出而掌管家庭与资源的权力上升，这样为女性成为娘家养老的后备军提供了人力和财力条件，凭借外嫁女的孝行，老人有望实现从吃饱到吃好的飞跃。

外嫁女通过对父母的赡养行为，能够重新返回到娘家的认同边界内，但这一认同边界只是基于父辈的血缘联系而达成，并不包括女性婆家的其他姻亲关系，如女婿就不在这一认同边界内。其实，对娘家父母的赡养更多是基于外嫁女个体的情感和血缘认同而进行的行为选择，并不属于外嫁女的家庭事务。就家庭制度而言，外嫁女在婚嫁后就已经成为婆家家庭的一员，对娘家的权利义务关系接近于终止。但在市场化经济时代，外嫁女通过日常实践和情感回馈，将制度化的边界在生活层面重新打开，如此她们可以通过财富回流和生活、情感照料重新返回娘家共同体。一方面，转型时期，经济实力的大小决定了个体的能力大小，市场经济为成员造就了新的机遇，无论男女，通过货币和人员的流动将家庭边界重新予以整合；另一方面，人口的流动为外嫁女打开了返回娘家的缺口。

L3 有两个兄弟，弟弟婚后全家搬去东北，老院子空锁着。

---

① 唐灿、马春华、石金群：《女儿赡养的伦理与公平——浙东农村家庭代际关系的性别考察》，载《社会学研究》2009 年第 6 期。

权变型家庭：中国农村家庭的结构流变与伦理实践

大哥在家和母亲一起生活，大嫂很早就去世了，留下两个儿子。大儿子痴呆，娶了个有精神病的媳妇，生下一个儿子后大哥就把大儿媳撵回家了，现由大哥照顾痴呆儿子和11岁的孙子。小儿子20岁时自己谈了女朋友并结了婚，没给彩礼钱。大哥给两个儿子分了家，但都一直住在一个院子里，全家指着小儿子挣了钱盖新房子。2015年大哥家翻建新房，80岁的老母亲没人照顾，便由L3接回家中赡养。

在农村家庭的养老实践中，女性作为赡养老人的重要履行者，既是对原有家庭制度的补救，也是对该制度的有力冲击。中年男性就其所处的家庭结构和发展来看，对老人提供养老费、平摊经济开支的货币经济式赡养远多于日常照料式赡养，女性，尤其是外嫁女作为替代性人力资源，则用细致的生活照料填补了这一伦理空缺，理论上似乎能够达成一个完美的合作。然而，事实远非想象中那般美好，父系家族文化与男性继嗣制度捆绑的强规则性将男性在制度层面规定成一个集赡养义务（财力、情感、照料）于一体的伦理践行者，但市场经济的到来使不得不外出务工的男性只能在货币经济和生活照料之间作出抉择。理性上，作为一个货币经济的充分提供者的意义对家庭发展而言要远高于生活照料，所以当市场力量将男性从家庭结构中抽离出去后，外嫁女作为对娘家养老功能的填补者就顺理成章地进入日常实践，原本被制度排斥在外的外嫁女通过生活互动又重新回到边界之内，只是这个边界只能在情感上被打开，而无法在制度层面上被动摇，即外嫁女无法获得娘家的财富继承权，对娘家父母也不负有经济责任。但是在少子化成为普遍状况的今天，这个最后的边界也正在慢慢被动摇。随着女性家庭地位和经济基础的提升，外嫁女作为重要的养老资源回归至原生家庭已经在生活实践中得以展现，并悄然改写着男女有别的赡养规则。

3. 规则养老与孝养分离

"孝"字是由"老"和"子"二字组成，"老"在上"子"在下，可以理解为"子"代支持"老"一代，也可以解释为"老"是"子"的负担，甚至对子构成了压迫。① 正是因为绝大多数农民把一生的积蓄投到儿子身上，将自己的晚年生活全部交在儿子手里，把儿子当作自己可预期的养老保险，所以孝道就构成一种"以命相抵"的绝对性压力，使得任何受惠于这一代际互动模式中的子代都难以逃脱。

赡养老人作为孝文化的伦理核心，一般通过两种方式来制约个体：一是通过村落成员达成共识，形成外在的舆论压力；二是通过社会化将共同的价值观内化为行动指向。② 在林村的家庭养老实践中，这两种方式同时在起作用。一方面，农耕社会践行下来的"养儿防老"观念在村庄中有着根深蒂固的文化和现实基础，并作为一种常识被实践于日常生活之中，村庄成员无论男女老少，对儿子的身份形成了一种共同的角色预期；另一方面，这一角色预期和文化价值从小便通过潜移默化的言说、行动等内化在个体的认知体系之中。因此，无论是在家庭之内还是村庄之中，都形成了一致的养老文化——父代将一生积蓄用于子代婚嫁、建房和家庭开支中，子代则为父代提供老年的生活来源和照料服务。几千年来，人们已经习

---

① Charlotte Ikels (ed.), *Filial Piety: Practice and Discourse in Contemporary East Asia*, Stanford University Press, 2004, p. 3.
② S. Demé, Culture Conceptions of Human Motivation and Their Significance for Culture Theory, in Diana Crane (ed.), *The Sociology of Cultrue*, Blackwell, 1994.

权变型家庭：中国农村家庭的结构流变与伦理实践

惯于子依赖父、父依赖子的关系，成年的儿子并不以让父母为自己付钱娶妻、盖房为耻，反以为荣；父母也不以靠子女养老为耻，亦以为荣，这种相互依赖的关系被视为美德。① 这种美德在日常生活中被践行为一种基本的人伦之道，构成孝文化的核心，对人们的行为形成一种约束。

鉴于沿袭下来的父系继嗣制度，农村中家庭养老主要是儿子及其配偶的责任，外嫁女作为儿媳妇承担了夫家之孝伦，对娘家的赡养义务则被排除在外。因为"农民经济是一种无货币经济，以至于赡养老人的供养只在家内是可行的，提供实物在超出一定距离时就会是不可能的，因为这需要用现金支付并用此钱购买食物"②。所以，在市场经济到来之前，女儿外嫁他乡后因制度、资金、时间和精力等问题而难以实现对娘家父母的全面赡养，只能在有限的机会中偶尔探望。

随着市场经济的到来，对父代的赡养内容从原来的父权制一体结构中分裂为经济、精神和生活三个方面。经济方面，要为老年父母提供足够的物质生活条件，如最起码的粮食等基本物资和购买日常生活用品所必需的货币，温饱在当今社会已不再是一个问题，温饱后的生活质量问题开始凸显，这就涉及对老人的生活和精神方面的赡养，而这恰恰是林村诸多老人面临的现实问题。精神方面，因为人口的大规模流动，独居老人的精神需求只能通过电话问候来满足，面对面嘘寒问暖的机会往往是有限的，多数人通过街坊邻居的相互扶持来满足基本的精神需求，所以常常会看到农闲时街头巷尾

---

① 李银河：《生育与村落文化》，内蒙古大学出版社 2009 年版，第 125—126 页。
② 〔奥〕迈克尔·米特罗尔等：《欧洲家庭史》，赵世玲等译，华夏出版社 1987 年版，第 145 页。

第五章 分家：时分时合的生活模式

三五成群的老年人凑在一起打发时间的场景。生活方面的养老问题虽然会随着物质经济供应的满足来解决，却难以被货币所取代，毕竟一个人的生活并不能构成理想的生活样态，生活水平的高低既和经济、精神相关联，又和情感互动相联系，人与人的交往互助是展开生活的基本线索，至少是非孤独的。如果以这三方面为孝道的标准，那么很少有人能拿到满分的成绩，子代，尤其是背负着养老责任的中年一代，他们对下的伦理责任和对上的赡养义务同时存在，在既要提供经济又要满足精神的双重标准下，实难两全。因此，以货币经济来周全生活和精神需求的实践方式被普遍接受，这样，养老的内容和养老的形式均发生不同程度的偏移。同时，在货币经济可获得而人力资源缺乏的情况下，由外嫁女来替代儿子履行对父代的赡养义务也成为乡村生活中新的伦理实践。在村的女性因掌握着家庭经济的分配权和支配权，她们有足够的经济支持来践行赡养之责，特别是当夫家的责任或义务尚不构成压力时，她们完全有时间和空间来自由调度生活安排，返回娘家赡养父母便成为一种潮流。这一潮流既承接起女性地位的提升，又填补了娘家养老资源的空白，最终形成儿媳对公婆的养老并不热衷，而对娘家父母的养老却尤为卖力的景象，当然这一景象的前提是，外嫁女夫家的赡养义务可以被其他形式所替代。如此，传统时期外嫁女被排除在娘家边界之外的共识，因市场条件下的人员流动而被改写，基于血缘联结的子代资源重新回到家庭网络中。

外嫁女返回娘家承担赡养义务的现象在村庄并不罕见，她们往往承担了老年父母的生活和精神照顾，物质经济方面的赡养资源仍旧由儿子来承担，这种从经济财产的范畴将外嫁女排除在外的习俗仍然根深蒂固，村庄仍然延续着男性单系继嗣的家庭制度。这就导

权变型家庭：中国农村家庭的结构流变与伦理实践

致具体的养老内容和养老形式之间的错位，现实承担养老事宜的是那些已经外嫁的女性成员，而经济成本则由男性成员所担负，不同性别的财力和人力配合构成部分家庭的养老事实。村庄里赡养老人的标准随着外出务工人员的大规模流动也相应地降低，只要"给饭吃"，达到饭饱衣暖的程度就算孝顺。林村第十生产队中45岁的Z1评价自己对公婆的赡养行为时说："算不上孝顺，自己吃什么就给老人端什么。"可见孝顺的底线被拉低，不虐待老人是基本线、供老人吃饱穿暖是优良，而让老人锦衣玉食则成为理想。所以，无论采取何种形式，只要达到老人的基本生活要求，就是把老人养好了，无论具体赡养的人员是儿子还是已经外嫁的女儿，或是花钱雇的帮工。大部分的家庭养老其实主要还是靠老年夫妻间的自养，即由子代提供基本物资，在能力尚可的条件下由老人自己照料自己。一方面，养老不再是一个重中之重的家庭问题，而成为尚有能力的老人自我照料的问题，这便形成一种新的实践伦理——在老人尚能劳动时应自己照顾好自己，不给子代添负担（指生活和精神方面的）；另一方面，赡养老人的行为依然内含着伦理人格的文化意蕴，所以有必要动用各种资源，尤其是外嫁女来填补家庭养老过程中的人力资源缺位现象。

无论儿子还是女儿，没有人偏爱赡养不能自理的老年父母，正所谓"久病床前无孝子"，只是因为情感的付出、传统文化和现实发展的需要而不得不去服从这一伦理安排。当传统养老丧失了其存在的父系家长制根基后，赡养老人成为基于代际交换和回报的一种情感互助，儿媳作为家庭的后来者只能通过婚后的生活互助和情感互馈来培养代际情愫，并以此为由善待老人。老年父母对家庭奉献一生，在年迈时获得子代的回报是天经地义的，这一原则被所有人所认同。但当家庭中既有整体利益又有个体利益时，来自家庭的回馈就要看两者之间是否能够达成一致，血缘直系大家庭和夫妻小家庭之间的利益一旦发生矛盾，占经济主导地位的个体就掌握了资源再分配的权力。此时，年迈老人的养老需求就变成了个体需求，是一种纯消耗而没有产出的生活方式，而整体家庭的发展需要源源不断的财富和资源积累，显然两者处于矛盾的境地，那么老人对于自身的养老需求就不再是一种自古而来的权利伸张，而变成一个自我安好的家庭利益服从者。单纯从这点来看，市场力量对家庭成员的伦理道德进行了重塑，本应在奉献一生后安享天伦之乐的老年父母，即便到了垂暮之年仍然抱有"不能拖累子女"的愧疚心态。他们这种"不能拖累子女"的"善解人意"背后不仅是迫于市场经济压力下的观念转变，而且反映了一种以家庭为边界的自我认知，即他们在考虑自身处境的时候并不只是将自己看作理应得到子女赡养的长辈，而是将自己视为整个家庭的一部分，他们在家庭资源分配中的权益是服从于整个家庭的长远发展的。①

于老年父母而言，其生命价值是服务于家庭的整体利益的，只要是有利于家庭财富积累和未来发展的，他们都会心甘情愿地接受，并在价值上给予合理化。林村独居老人比例高达一半以上，其中不乏七八十岁且患有顽疾者。他们坚持"自力更生"，即便是在几个儿子家轮流住，也强调独立自养，在他们眼中，"儿子媳妇都太辛苦了，他们下面也有人口要养，自己顾得上自己就不拖累他们，等到哪一天实在动不了了，不拖累也不行了。现在能动就自己动动，做一点是一点"。他们即使已到垂暮之年也没有停止为家庭的整体发展

---

① 王德福：《乡土中国再认识》，北京大学出版社2015年版，第97页。

而贡献自己的一份力,这一贡献从自养开始,能力之余再帮子代做些家务活。

在市场经济时代,老人的行为选择空间与中青年一代的充分自由度截然相反,他们的价值和意义被家庭伦理所定义,又被市场经济所挤压,只能在有限的生活实践范畴内进行合理的选择,生前尽其所能地不拖累子女,死前也不能任性而为,而要为家庭的整体形象负责。他们虽然是受赡养者,但是却要为这份晚到的权利承担家庭的形象之责,不能用非分的要求拖累子女,更不能做出如自杀这般有损家庭名誉的行为。这便是处于农村家庭关系下的老人处境,也是在市场经济的转型时代,通过日常实践被村民所形塑出来的老人伦理。

第五节　流变的结构与实践的伦理

经典的家庭现代化理论常常把分家设立为家庭结构变动的重要起点,由此家庭规模变小、家庭结构和关系得以简化。费孝通在论述家庭结构的稳定三角关系时,也是以新三角结构的形成作为原家庭结构的转折点进行分析。当新的核心小三角结构从母家庭中脱离出来后,家庭结构在断裂中便实现了人口的继替。① 这是从文化视角出发对家庭伦理的结构性解剖,从关系结构的视角看,姻亲关系成员的增加和血亲成员的增多都是家庭关系发生变动的契机,而这个变动未必如家庭现代化理论的预设般将传统伦理逐渐解构,反而是

---

① 费孝通:《乡土中国·生育制度·乡土重建》,商务印书馆2011年版,第206—210页。

第五章　分家：时分时合的生活模式

在时分时合的结构流变中实现了传统元素与现代转型的弥合。

林村的家庭惯以分家作为"立门户"的起点，当小家庭从母家庭中分裂出来以后，通过参与社区性的公共活动可以逐渐获得村庄的认同和接纳，从而搭建起小家庭的社区性资格。陶自祥认为这是一种家庭内部分裂与继替的延续机制。他以分家为对象，从小家庭结构单元的建立与社区性资格的获得出发，论证新的家庭单元如何在村庄中立足和发展，却忽略了市场经济下家庭结构的不完整性和市场流动中的多变性。[①] 农村家庭在城市化浪潮中，无时无刻不被市场化所侵蚀与改造，成员个体的流动性和结构的完整性若仅仅在村庄层面是难以解释的，只有放在市场化的城乡流动背景下，结合村落的日常实践，才能重新认识家庭结构的变动与伦理文化的延续。家庭中分工合作的亲子轴是天然纽连的生命相关体，作为历来的情感共同体，一起承担着来自家内和家外的压力与挑战。理论上，家庭是最基本的社会单位，但因成员的流动性和身份认同的个体性而在代际互动的实践中形成边界流变的多元样态。从自上而下的发展来看，家庭是资源、情感和道德的共同体，其利益诉求、价值立场和发展目标是一致的；从具体的生活实践来看，其内外结构分合流变，内在的经济、权力、对外的人情交往结构和外在的居住空间结构在不同的情境下交织出不同的实践样态，但总体上是以调衡成员利益、满足家庭向上发展为主旨的。

在现代市场化流动的背景下，家庭结构在离乡与返乡、离土与守土的现实选择中处于多向流变的姿态，缺席的个体与在场者的分工共同支撑起家庭的有序运转。适时而分、应时而合的结构安排来

---

① 陶自祥：《论家庭继替——兼论中国农村家庭的区域类型》，中国社会科学出版社2015年版，第141页。

权变型家庭：中国农村家庭的结构流变与伦理实践

自不同成员个体的日常需求和家庭绵延的伦理义务，在经济与伦理的双重挑战之下，女性的资源优势便被纳入家庭伦理的具体实践中。即影响家庭聚散分合的并不仅仅有经济因素，还有基于家庭伦理的抚养和赡养义务，且不说女儿结婚时家庭中强烈要求的就近婚嫁以方便日后照应父母的原则，婚后女性角色的回归也为不牢靠的赡养伦理注入了新的活力。①

在少子化家庭中，家庭结构中分与合的边界不仅体现在外在的居住空间结构中，还体现在内部经济、权力关系和对外人情的琐事中，内外多元因素在生活中不断变动，分居合灶与同居分食的生活安排不时上演，以此来共同完成家庭的农业生产、子代抚养、亲代赡养或其他突发性事件的生活需求。与此同时，因亲代在"生养之恩"外还拥有互惠性的其他交换资源，② 使得代际相互独立生活的状态成为经济、情感和日常互助的能量来源，如此在亲子轴的脉络下汇集成一股巨大的暗流支援着农村家庭的不断发展。但也有学者看到，亲代丧失创造收益和独立生活能力时无法得到及时回报的悲剧，他们付出了很多，有的甚至连维持生计都很困难。③ 在林村，这是孝道伦理被"恩往下流"所排挤的极端案例，但林村的老人在家庭结构和资源全面整合于市场化竞争的现实面前，也逐渐形成了削减开支、自我独处的自保式家庭主义实践，当不得不被赡养时又在流动的结构中去成全整个家庭单元的伦理安排。

林村的家庭在实践中形塑着伦理，一方面，市场化经济原则中

---

① 金一虹：《流动的父权：流动农民家庭的变迁》，载《中国社会科学》2010 年第 4 期。
② 康岚：《反馈模式的变迁：转型期城市亲子关系研究》，上海社会科学院出版社 2012 年版，第 180 页。
③ 郭于华：《代际关系中的公平逻辑及其变迁——对河北农村养老时间的分析》，载《中国学术》2001 年第 4 期。

"恩往下流"的倒置型亲子轴关系已经定型,整个家庭紧紧围绕这一"生生不息的生存结构"[①]而聚集人力和资源,共同支援家庭的有序运转;另一方面,在流动与缺席的个体角色背景下,家庭内部不断调整和变动的成员分工,以多元的形式践行着家庭的伦理责任。这样,女性的身份地位和角色归属被重新定义,使得家庭的边界出现了应时而动的景象。

[①] 孙向晨:《个体主义与家庭主义:新文化运动百年再反思》,载《复旦学报(社会科学版)》2015年第4期。

第六章

权变逻辑下的个体与家庭

有学者在研究农村家庭的关系变迁时,往往把家庭变化视为从以公为本的经济合作社模式向以个人为中心的私人生活模式的转型,并从个体的视角出发,认为是个体的私利性侵蚀了家庭公本位的伦理基础,而这种私利性集中体现在青年个体身上。即在国家权力撤出私人生活后的市场经济条件下,家庭成员尤其是青年一代在市场经济中蜕变为只享权利不负责任的个体,他们在结婚前与未婚妻共同加大父辈的财富转移额度,结婚后便立即分家,待到父辈年老时又弃之不顾,这便是无公德的青年个体形象。① 但如果把青年个体放在父子联动的家庭关系中来看,对其私利的定性便有待商榷。转型时代,个体的崛起具有普遍性意义,家庭中因中年一代身兼承上启下之重责而遮盖了其独立形象,老年一代因地位下降而让人忽视了其独立自由的形态,青年一代在年轻时尚无须承担过多的家庭责任,自由、独立且不断受益于他人的形象凸显,所以,单独理解家庭中的某个个体而不顾个体背后的资源分配和流动是难以还原事情真相的。社会转型是一个动态的过程,从起点到终点的中间部分都是过

---

① 〔美〕阎云翔:《私人生活的变革——一个中国村庄里的爱情、家庭和亲密关系(1949—1999)》,龚小夏译,上海书店出版社2006年版,第243—261页。

权变型家庭：中国农村家庭的结构流变与伦理实践

渡阶段，一直在变化。① 个体权利与家庭利益本就不是截然对立的，将个体从家本位伦理中直接带入对立的个体主义世界，难免操之过急而陷入西方普世主义的个体化理论预设之中。

在社会从传统向现代和后现代同时转轨的过程中，中国的农村家庭无疑受到市场化的冲击，催生出与市场紧密相依的自由个体。首先，市场经济为个体提供了独立的空间和自由的机会，使农村家庭的代与代之间能够基于独立的经济实现生活的自主性，而这一自由独立的生活状态不只是年轻人的追求，也同样是中老年群体的共同诉求。其次，婚嫁市场中，在青年小夫妻最大程度地"剥削"父代以实现核心小家庭财富最大化的"合谋"行为中，往往还夹杂着两个亲家之间的潜在利益之争，其间不乏基于家庭利益考量的策略谋划。随着婚嫁市场中女性资源的升值，彩礼成为婆家赢得婚嫁市场竞争的重要手段，价高者得的心理在经济较为贫穷的家庭中表现得尤为异化；而彩礼对于娘家而言，则是予以外嫁女更多情感、资源、财富和权力的主要方式，以此形成婆家和娘家对潜在养老资源的争夺。最后，现代农村家庭代与代之间的分家行为已经很难用具体的标准来界定，分财、分灶、分居的标签都难以清晰描述血缘直系家庭内部的结构形态。在不同的情境下，基于血缘关系的代际联结会以不同的形式表现出来，核心小家庭的边界基于亲密关系、现实需求和伦理性要求而延展伸缩，代与代之间的独立与联合在日常实践中随情境的需要而适时权变。

毫无疑问，市场经济将农村家庭的生产生活伦理进行了重新的梳理，它缔造了独立自由的个体，将整体性的家庭单元离散为分居

---

① 金耀基：《从传统到现代》，法律出版社 2010 年版，第 83 页。

于不同地点的个体集合。流动和变迁不仅成为个体的特性还成为家庭结构的实践特征，但家庭作为个体的堡垒仍然顽强地保留着其福利功能，这是市场化冲击家庭后的意外结果。当市场经济越是要将个体离散为自由的个体时，单纯依靠个体的力量越难以应对来自市场的竞争和挑战。无论是婚嫁、抚幼还是养老，无不需要来自家庭的整合性资源的支撑；高成本的抚育、教育甚至生产和生活，无不需要来自整个家庭的资源合作，这是一种家庭主义的回归，至少是在应对挑战和困难时的方法论上的回归。表面上看，家庭更像是个体发展的资源后备场，实际上，血缘关系的亲子轴一直都是支援个体成长与家庭发展绵延的原动力，当亲子轴上的个体镶嵌于家庭和村庄结构之中时，个体的独立和自由便有了它的前提和伦理性规约，同样处于亲子轴上的夫妻关系也受制于这一结构规约。在这个意义上，血缘直系家庭作为农村家庭生活实践的基本单元，正是依托于亲子关系轴的资源互助才承接起了不断变动的市场化挑战，维持着农村家庭在转型社会中的柔韧性和抗逆力。

第一节　农村家庭权变的结构表征

在现实生活中，血缘直系家庭是农民生活实践的基本单元，是农村家庭结构多元变动的基本范畴，但它未必是一个结构完整的实体单位，而可能是由分居于多个地点的核心家庭和残缺家庭构成，基于家庭伦理而建立起来的命运相依的亲密情感和日常互动足以使其保持一个紧密关联的单元体结构。现代的市场化经济重塑了每位个体的自由之身，但在城市化发展的压力之下，唇齿相依的个体与家庭不得不调整内部分工和结构，代与代之间的结构与关系在变动

权变型家庭：中国农村家庭的结构流变与伦理实践

的市场环境中出现多样化的变体形式，以应变外来冲击。显然，主流核心家庭的结构类型说已经难以解释动态的日常实践。生活中，以亲子轴为联动纽带的超核心亲属关系使家庭内的公私界限具有相对性和弹性，家庭本身的概念边界变得更加开放和模糊。①

1. 核心与边缘：家庭边界认同的收缩性

"家庭"对社会来说，是一种客观存在，但对个体而言，却是一种存在于个体意识中的认同，这种家庭自我认同不仅决定了家庭的边界，同时也是家庭成员之间关系的基础，直接影响到人们在家庭内外的一系列行为。② 在家庭研究中，学者一致认为，伴随着父辈权威制度的衰落，家庭中心从以父子关系为主轴转向以夫妻关系为主轴，这一过程也是由公共家庭向私人家庭的制度转变，所以，现代家庭的发展方向是以爱情为基础强调成员间的亲密关系，以儿童为中心重视孩子的教育。③ 这样便构成了经典现代化家庭理论的基本预设，即家庭的认同边界从传统的大家庭收缩至核心家庭的范畴，呈现出家庭结构核心化、内部关系离心化的特征，传统的家庭亲缘网络都蜕变为核心家庭外围的资源后备场。

不得不承认，现代农村家庭的结构重心在向下倾斜，形成以第三代为重心的亲子关系轴倒置、"恩往下流"④ 的局面，但家庭的边界仍然停留在血缘直系家庭单元之上，家庭关系不仅没有被个体离

---

① 吴小英：《家庭政策背后的主义之争》，载《妇女研究论丛》2015 年第 2 期。
② 沈奕斐：《个体家庭 iFamily：中国城市现代化进程中的个体、家庭与国家》，上海三联书店 2013 年版，第 126—127 页。
③ 唐灿：《家庭现代化理论及其发展的回顾与评论》，载《社会学研究》2010 年第 3 期。
④ 贺雪峰：《农村代际关系论：兼论代际关系的价值基础》，载《社会科学研究》2009 年第 5 期。

心化，反而在市场化竞争中沿着家庭伦理的脉络弹性伸缩。市场经济离析出了独立的个体，并为个体提供了空前的自由，但从本土化情境出发，个体及其所归属的核心小家庭只能在传统延续的家庭伦理和现代自由的张力中重新寻找其定位，在不同的情境中适时调整其在血缘直系家庭中的结构与关系，以便适应现代市场中的各种挑战。

村落社会中，人们辨别一家人的外在标志是姓氏，同一个姓氏下的血亲成员便是一家，家庭分为大家和小家，大家即为同一个爷爷下的本宗成员，小家即为父母子三角结构的核心小家庭。在日常实践中，核心小家庭才是维持基本生产生活的重心，小家庭被血缘直系家庭所包裹，而血缘直系家庭又被包容在大家庭之中，形成层层相套的具有伸缩性的家庭范畴。在村民眼中，家庭是一个整体性单元，至少是一个上有老下有小的血缘直系家庭结构，是承担养老和抚幼伦理的完整家庭样态。但在生活实践中，亲密关系的建立与否关系着家庭的认同边界，依照关系的亲疏远近形成家庭的核心与边缘区域，关系疏离者即便血脉相连也只是维持一种伦理上的仪式性友好。实际上，子女结婚或分开居住与否并不一定会影响到父辈们的家庭认同，对于绝大多数老人而言，他们仍然会把已经分家、独立居住的子女看作家里人。[①] 不过，子代的家庭边界认同未必能和父代完全重合，尤其是通过婚嫁行为而成为家庭一员的媳妇，她们的认同边界往往是在生活实践中形成的，并根据日常生活的变化而变动。

无论是核心小家庭还是血缘直系家庭，作为第三代的新生儿无

---

① 陈午晴：《当代中国的单位变革与家庭变迁》，河北大学出版社2004年版，第28页。

权变型家庭：中国农村家庭的结构流变与伦理实践

一例外地占据着家庭的核心地位。贝克尔曾用"最大化产出""家庭未来的收入源""高回报"等词语来解释家庭对孩子高投入和高预期的原因。① 实际生活中，对子代的高预期确实是其他成员进行利他性关爱的动力所在，这种预期不仅是经济层面上的理性计算，还包含情感上的亲密关系互惠、未来的感情回馈和伦理职责，情感和理性因素交织在一起，将血缘直系家庭连接成一个生活单元体。即便如此，日常生活中不同成员的不同需求很可能成为改写家庭边界的契机。祖辈自上而下的生活实践中，孙子孙女作为同一个姓氏的子嗣必然是家庭之内的成员，儿子儿媳作为家庭中承上启下的关键人物，无疑更是家里人，女儿到底是不是家里人就要分情况而论了。在养老环节中，女儿作为老人的血亲，是家里人，但因为嫁去别人家，又不是一家人，外嫁女的身份认同在原生家庭中的划分便具有阶段性和情境性。

城市化进程中，男人外出务工，便由女人当家。女性在家庭中地位的上升使其能够有足够的资本返回娘家回馈父母，这时候年老的父母把外嫁女重新纳入自己的家庭边界内，至少在情感认同和养老实践上将其重新划入"自己家的"行列。但又因外嫁女通过生育和生产生活已经完全融入婆家的家庭网络，娘家父母的认同只是基于情感上的伦理回馈，就其制度性身份而言仍然是"别人家的"。女性多重家庭成员身份的保留和认同意味着家庭边界的延伸，它涵盖了自己的核心小家庭及血缘直系的父母家庭。② 从自上而下的关系来

---

① 〔美〕加里·斯坦利·贝克尔：《家庭论》，王献生、王宁译，商务印书馆1998年版，第6页。
② 陈皆明：《中国养老模式：传统文化、家庭边界和代际关系》，载《西安交通大学学报（社会科学版）》2010年第6期。

看，老人的家庭认同倾向于把自己的子孙涵盖于内，外嫁女作为血亲自然也在家人的边界内，但女儿婆家的女婿等就被排除在外了。从平辈关系来看，外嫁女的家庭是亲属关系网络中的一环，已独立于本宗家庭，因此，在血缘直系家庭的范畴内，外嫁女往往被置于最边缘的位置。这是外嫁女在娘家的境遇。就外嫁女自身而言，她们对娘家人的认同也是基于血缘关系而建立的，父母、兄弟等皆在认同边界内，但是平辈的姐妹因为更亲密的姻亲关系的存在，而将这种认同感人为降低了。相反，在婆家，媳妇作为孩子的母亲，作为丈夫的妻子，是核心小家庭中的关键成员，这是通过姻缘关系和生育行为而生成的稳固地位。基于媳妇的生活实践，父辈是否也在家庭认同的范畴内要看日常的互动关系，如果代际关系良好，则子代在同居共食的互动中会自动将父辈纳入其家庭认同之内，若已经分居、分灶，则基于经济独立的原则，子代的家庭边界会在不同层面发生不同变化——就亲密情感而言，父辈被放在核心家庭圈的外围；就生活生产互助而言，父辈往往因其付出而被纳入共同的生活圈；就伦理义务而言，父辈作为赡养对象被囊括在核心家庭圈以内，这是一种伦理价值认同中的家人意识。

在关系相对较差的代际互动中，因为缺乏亲密关系和情感互动，子代的家庭认同仅限于核心三角结构而言。自下而上的家庭概念是一种泛化的被伦理义务所规制的单位，作为父代资源、财富的直接承接者，子代难以卸去其赡养长辈的义务，但因为情感上的隔阂，而难以真正将父代纳入亲密关系的核心圈，仅仅保留义务上的关系往来，这在关系恶化而导致分家的农村家庭中较为常见。但需要说明的是，虽然关系恶化是一种代与代之间的共同行为，但并不影响父子基于血缘关联的情感认同，只是因为姻亲关系的加入，使得生

权变型家庭：中国农村家庭的结构流变与伦理实践

活实践中的互动边界变得模糊，有时自下而上的家庭认同将父辈列入核心区域之外，使自上而下的父代认同变成单向度的期待；于父代而言，在其自养期可以是独立的生活单元，但到了被赡养期，父辈却难以将子代列入家庭的边缘地带，究其本质，是因为父辈的福利网络是自上而下展开的，在需要生活帮助、生病照料和金钱援助的他养阶段，血缘关系是唯一可以依赖的，除此之外再没有其他更值得信赖的替代性保障，这是现阶段别无他选的结构性伦理。

受市场的冲击和城市化的竞争，血缘直系家庭被分裂成不同的家户分离式生活圈，代与代之间、成员个体之间因采取独立自养的形式而使认同边界在不同的生活圈中各自收缩，使得农村家庭的边界从客观血缘身份到主观认同再到村落的地方性共识，出现了不同程度的错位。也许，单纯基于个体理性来看，家庭认同和亲密关系的边界问题在本质上是一个资源保障的问题，父代作为子代的重要资源支持，使得子代难以与之决裂，子代作为父代的养老来源，使得父代难以放弃子代。但在农村家庭单元中，代际关系和个体认同除了受现实利益的影响外，还被伦理所牵制，现代理性和传统伦理往往交融在一起难分彼此，形成代与代之间强有力的黏合剂。处于关系中的个体，相互作为不可替代的情感寄托，有效抗击着市场的竞争和城市化的压力。为了对抗外界的冲击，个体主动或被动地灵活扮演不同的角色分工，与此同时，家庭的核心和边缘区随之调整，使家庭结构充满能动性和灵活性，从而形成不同的结构样态。

2. 独立与联结：血缘直系家庭中的权衡性

农村家庭中的结构安排与关系格局在时间轴上是不断变化的，这种变化不仅和家庭的生命周期、个体的能力禀赋密切相连，更与家庭中的伦理实践相互作用。费孝通在论述中国传统家庭结构和关系时，用三角结构的分散离合来说明家庭关系的演变。实际上，家庭中的基本三角结构本身就是暂时的，子代不能永远安定于旧的三角结构，他需要和另外两点结合成新的三角结构，破裂是三角结构的最终形态，因为抚育功能的基本目的就是培养独立的社会分子去继替社会结构中的缺额。[①] 就成员个体而言，被抚养成独立个体才能承担起社会赋予成年人的义务，但基于个体自身的力量远远不足以应对社会风险和市场竞争，只有在有分工和团结的家庭单元内，才能最大限度地保护和积蓄个体能量，从而激发更大的潜力。因此，原生家庭三角结构的姻亲拓展意味着新的家庭单元体的搭建，如此基于血缘关系的向下绵延便在直系家庭范围内联合起个体的力量，共同应对转型社会的挑战。所以，费孝通描述的暂时性三角结构只是一种基于单个核心家庭单项的抚育功能的阶段性完成状态，就农村家庭而言，家庭的基本功能除了抚育幼小之外还有赡养老人之责，此时原三角结构的断裂状态则会在恰当的时候以男性单系继嗣为原则进行弥合，形成血缘直系家庭的实体单元。

就血缘直系家庭而言，代与代之间在尚有经济能力时分开居住是现代农村家庭的普遍样态。无论是从经济效益方面，还是从个人生活舒适度来看，代际独立是维持家庭关系和睦、个体自由和财富积累的较优方法。当子代的三角结构完整建立后，父代便可以在尚有余力的条件下外出务工保持财富的定量积累，同时又能在适当的时机以馈赠者的身份对子代予以帮助，以此建立起可预期的互惠关系。

市场化经济把个体的能力以显性的形式横亘在关系之内，代与

---

① 费孝通：《乡土中国·生育制度·乡土重建》，商务印书馆2011年版，第267页。

权变型家庭：中国农村家庭的结构流变与伦理实践

代之间的情感互馈不再是一种天然的养育之恩与回报之理，而变成一种基于现实生活的扶持与互助的关系维系，父代对子代的恩情从养育向扶持扩展，只有共同完成市场化挑战才能确保家庭的良善运行，从而保证家庭的有限资源向赡养功能输入。因此，看似相互独立的代际生活，其实在内部一直是以资源互通的形式相连接，父代资源的积蓄沿着血缘直系的脉络在家庭中不断被再分配。在林村男工女耕的分工模式中，代际合作才能使小家庭的抚育功能不受损伤，原本处于独立状态的子代与父代在人力资源方面进行了融合，共同服务于新生代的健康成长，这一过程延续到新生代能独立就学便结束。此时，紧密联合的代际结构又重新回到相互独立自主的样态。当子代面临进城买房、买车等大件开支不足时，父代的经济资源便开始向下输送，血缘直系家庭的联合在经济方面达到融合状态。表面上，代际独立是常态结构，但实际上，代与代之间在家庭面临重大事件时，会自动联合为一个单元体，来解决独立个体和单个核心家庭难以应对的资源不足问题。

家庭现代化理论认为，现代家庭关系中，夫妻轴正在替代亲子轴成为家庭关系的核心。但在日常生活实践中，夫妻轴的重要性上升的同时，并不意味着夫妻轴替代了亲子轴，相反，在农村家庭应对市场化风险和城市化竞争的过程中，夫妻轴和亲子轴同样重要，在不同的发展阶段和不同的情境中，农村家庭往往会依据具体现状对两者进行权衡。[①] 代际独立便是这样一种惯常的尝试，而代际联合则作为家庭发展的隐性力量，源源不断地为农村家庭的发展注入资源与动力。

---

① 沈奕斐：《个体家庭 iFamily：中国城市现代化进程中的个体、家庭与国家》，上海三联书店 2013 年版，第 284 页。

第二节　农村家庭权变的内在逻辑

　　林村多样化的家庭结构变动和家庭伦理实践是转型社会下家庭作为能动体的自我适应和调适。基于已经苏醒的个体意识与权益诉求，每个成员均有独立的文化表达和行为参与能力，[①] 但个体的发展并不是与家庭相割裂的自我探索，而是在家庭的支撑下勇敢扮演多元角色的全面成长。现代化发展中，市场经济通过作用于人口的流动而改变着家庭的结构和面貌，在这个过程中，农村家庭不是被动地接受社会变迁的影响，而是发挥自己的优势去迎接各种挑战，呈现出各成员之间合力应对的局面。[②] 当下，家庭成员的自我意识觉醒，从青年到中年再到老年人，无一不要求独立自主的私人空间与生活领域，与此同时，家庭作为一个完整的单元体仍旧完好地运转着，那么，转型社会中的家庭反应便不仅仅是成员之间的策略性回复，更是在动态的生活实践中成员间的协商式互动。[③] 即便如此，却不能断言我国代际关系的独特性和优势在于独立个体间的情感联系。众所周知，老人对子女的过于依赖会增加代际的紧张和冲突，这是我国农村家庭的普遍状况。[④] 一方面，个体意识在各个家庭成员身上

---

① 薛亚利：《"韧性"的家庭主义和"脆性"的个体主义——透视城市婚姻礼仪的代际变迁》，载吴小英主编：《家庭与性别评论（第6辑）》，社会科学文献出版社2015年版，第69—90页。
② 张永健：《家庭与社会变迁——当代西方家庭史研究的新动向》，载《社会学研究》1993年第2期。
③ 樊欢欢：《家庭策略研究的方法论——中国城乡解体的一个分析框架》，载《社会学研究》2000年第5期。
④ 刘汶蓉：《孝道衰落？——成年子女支持父母的观念、行为及其影响因素》，载《青年研究》2012年第2期。

权变型家庭：中国农村家庭的结构流变与伦理实践

已经显现，另一方面，因公共福利尚不充裕，成员间的照料压力和基本责任依然被保留在家庭之内，并在家庭绵延的继替机制中生成现实的伦理实践，如此，个体与家庭之间的和合共生①关系得以维系。

1. 个体崛起

五四运动将西方个人主义价值观输入中国，但个体的自主性和权利意识被彻底唤醒却是在中华人民共和国成立以后，个体经历了从脱嵌于家庭到嵌入集体和脱嵌于集体再嵌入家庭的两次转型，直到第二次的再嵌入，能动性的个人选择伴随着市场经济的转型才唤起了个体的全面觉醒。② 现代化进程和市场经济的发展都一脉相承地推动着自由个体的崛起，表现在家庭生活中便是个体欲望、情感和能动性的显现，即个体不再为了集体利益和家庭的绵延而牺牲自我，而是可以根据日常实践重新界定亲属关系的距离，并在个体的人情来往中重塑其身份认同。③ 如若从个体主义出发，则个体是以个人本位为价值原点，每个家庭成员都是一个利益主体，个人拥有自由选择的权利和能力，同时个人为自己的生活负责。④ 但是，在高流动和高风险的市场社会中，林村个体在为自己负责的同时也在实践中坚守着为家庭负责的姿态，并在权利的维度上与家庭达成一致，因为

---

① 刘汶蓉：《家庭价值的变迁和延续——来自四个维度的经验证据》，载《社会科学》2011 年第 10 期。
② 沈奕斐：《个体家庭 iFamily：中国城市现代化进程中的个体、家庭与国家》，上海三联书店 2013 年版，第 26—29 页。
③ 〔美〕阎云翔：《中国社会的个体化》，陆洋等译，上海译文出版社 2012 年版，第 11—21 页。
④ 李桂梅：《现代家庭伦理精神建构的思考——兼论自由与责任》，载《道德与文明》2004 年第 2 期。

代际的支持和相互依靠为个体所带来的利益庇护，正是崛起的个体在现代化发展中所需要的，[①] 也是中国不同于西方的个体特点。

（1）个体独立与自由

可以说，经济独立是个体崛起的关键性变量，在市场化经济席卷一切的时代，拥有了货币便拥有了经济上的主动权和行动上的能动性，当外出个体开始获得务工性收入时，他们便具备了自我选择和对未来进行自我谋划的能力。

在学者已有的研究中，一旦提及个体的崛起，往往以青年个体为典型代表，他们在消费领域对潮流的热衷、在婚嫁市场中对权利的过度索取等都被作为例证带入到个体化的叙事中。日常生活中，他们追求标新立异的个性化形象，穿着艳丽的服装，戴着闪耀的饰品走向自由的市场之中，那些手握财政大权的女性在经济许可的前提下自由发挥对美的诠释，这些现象无一例外地彰显了个体的自由和独立。走进家庭之中，个体同样存在于各个角落，不仅仅是在现代思潮中成长起来的青年一代，中老年群体也在转型时代顺势开拓自己的独立空间。中年人位居家庭承上启下的关键地位，身兼对上之孝养、对下之抚育的重责，其资产在某种程度上是被家庭所共产的，但是这个共产的过程是经过财产主体人对资源的重新分配达成的，属性仍然是以财产生产者为主体的多人使用；正是占据着公共消费的经济主体地位，中年一代的个人嗜好和休闲娱乐都是不受他人所干扰的，例如，中年女性饭后三五成群地聚集于广场和空地上调高音响跳着广场舞，农闲时与牌友接连数日的打牌时光等都是基

---

① 康岚：《代差与代同：新家庭主义价值的兴起》，载《青年研究》2012年第3期。

于个体意愿的自由选择。除了个人爱好的独立自由外，还包括成员个体在居住空间和饮食安排中的自主性。当代与代之间皆具备经济自主能力时，相互独立的生活状态不仅是青年一代的愿望，也成为中年一代的主动要求，即使是那些没有经济基础、身居家庭权力边缘的老年人也同样在生活中维持着个体的独立。林村老年夫妇均在世时，无一例外地会选择独立生活，即便和子代共居一室也分食分灶；如若丧偶，在经济条件许可的条件下，也以独居为主。林村第五生产队中，年龄大于70岁的老人中，有26个丧偶独居者，其中女性19人，男性7人，他们无一例外全部独自生活，虽然日子清贫，但贵在自由。

家庭中，中年一代因其身份的特殊性而容易被刻画成一味付出的牺牲者形象，无论是在资源、人力还是情感方面，他们的付出都远远多于回报。这是在整个家庭生命周期发展过程中的阶段性表现，也是在市场化时代父辈所背负的转型压力。但是，如果剖开微观的日常实践便能看到，即便背负家庭重担，在帮助子代完成婚嫁和抚幼的过程中，他们出于个体意愿的独立需求也十分强烈，如在S5的婆婆帮忙照顾孙女的过程中，她情愿每天两地奔走也要在晚上返回老宅图个自在。可见，在具备独立的基本条件下，每个成员个体都希望选择适合自己的生活方式。

（2）女性地位的提升

家庭中女性地位的提升主要指年轻女性的地位转变，她们婚前几乎都有外出打工的经历，脱离了父母的管束后，她们在自由的时空中广交朋友、自主消费等，这是现代社会赋予她们的机遇。婚后，她们还可以将农业生产和包含育儿在内的大部分家务转给老一辈，即使这种权利是暂时的,或者是象征意义的。[①] 直至今日,婆媳关系大反转的现象仍然在继续,父代养育新生代已经成为一种新的家庭范式。年轻妈妈可以外出务工、就近工作,也可以退居二线做家庭主妇,即使在繁重的育儿工作中她们也可以随时脱身。虽然照顾幼儿的体力活被父代所承接,但对新生代的主管权却仍旧握在年轻妈妈手中,她们对核心小家庭的发展规划具有绝对的主导权,这是父代难以涉足的,在这个意义上,血缘直系家庭中的个体间的权力关系在不同的领域中呈现出不同的状态。父代也并非丧失自我的非理性付出的角色,他们很多人会把花费在新生代身上的开销等以分设账本的方式进行权责划分,这是一种通过相对明晰的分责形式来索求生活和情感回馈的策略,也是一种伦理责任意识的向下传递。尽管在城乡流动家庭中,父代可能会为了帮助子代抚育新生代而抛弃农耕的田园生活,但是到了农忙季节,父代也完全拥有绝对的话语权来要求子代回乡务农或接替抚幼的工作。

夫妻关系中女性地位的提升不仅来自意识形态宣传中男女平等思想的普及,也来自分工社会中夫妻合作的需要,但这并不意味着家庭内男性地位的下降和女性相对于男性的议价能力的上升。毫无疑问,男女同工同酬的市场经济为男女平等提供了机会,同时不同酬的市场化机制却在暗中催化了男女的不平等,而在家庭中,男女权力的平等却是不同领域分工的结果。一般日常事务的处理得益于夫妻的商讨,但大事的拍板往往以男性的立场为主。在林村,因婚嫁市场女性资源的稀缺,在高彩礼、高房价的婚嫁危机中,女性的主动权和地位优势便借市场之机凸显出来。但这种地位的优势并不

---

① 赫艾琳:《家庭经济策略和家庭结构》,载《开放时代》2017年第1期。

权变型家庭：中国农村家庭的结构流变与伦理实践

是个体化时代所宣扬的本质平等，而是一种借势而生的产物。贝克等所书写的现代与后现代个体的崛起，是个体摆脱了阶级、妇女摆脱了家务的束缚，旧式的工作制度被取而代之为灵活的工作形式，[①]而这些在林村都尚未完全实现，出现的仅仅是借市场化之机被解放于流动经济中的个体形象，他们仍然是作为道德和伦常关系中的个体，并未蜕变成绝对的权利主体和原子化个体。

张景燮认为，东亚社会的家庭在前工业社会是一个需求共同体，由团结的义务来维系，而现代社会以个人为中心设计生活的逻辑逐渐占了上风，家庭更多地成为一种选择性关系，一种个人的联合，家庭中每个人都有自己的利益、经验和计划。[②] 这是个体已经崛起的社会性质和家庭样态，虽然不是绝对的实践规律，但却道明了自由个体的能动范畴。林村的家庭关系便是在这样的互动中展开的，当新婚小家庭基于新生代的抚幼等需求而向父代求助时，家庭结构的变动随着父代的个体选择而变动，关系融洽时合于一处同居共食，矛盾争锋时则退居于独立空间中以流动个体的身份进行生活互助。可见，代与代之间权力关系的调整往往与个体的利益密切相关，空间格局的安排也在变动中调和着个体之间的摩擦，使之处于相对平衡的状态。

2. 家庭绵延

在中国文化传统中，家乃"承世之辞"也，"承世"表达了生

[①] 〔德〕乌尔里希·贝克等：《个体化》，李荣山等译，北京大学出版社2011年版，第234—236页。
[②] 张景燮：《无个体主义的个体化：东亚社会的压缩现代性和令人困惑的家庭危机》，载上海社会科学院家庭研究中心编：《中国家庭研究（第七卷）》，上海社会科学院出版社2012年版，第23页。

命的世代相续，它是无限生命延续的承载者，由此生成"生生不息的生存论结构"，从而将个体主义的消极影响降低到最低限度。① 这是一种基于文化视角的家庭主义回归，成员之间互助的起点是基于姻缘和血缘而产生的先赋性的责任和义务，而非现代化理论中的自愿性情感。② "家庭"既是一个概念，又是一种实践形式，充满了变量，又缺乏清晰的边界，所以历史记录和法律文书中的记载因脱离实际的家庭状况，而更应被视为一种想象中的样态。③ 如若要剖析真实的家庭样貌，有必要将理论和文化统统悬置，从生活实践着手，在家庭的绵延和发展中还原其本来面貌。

（1）生产与人口再生产的拆分模式

家庭成员外出务工直接导致家庭生活单元中的人数减少、规模缩小，出现了多元的非常规核心家庭。在这种多样化的结构中，货币式经济取代了传统的共居生活，成为现代农村家庭存在和维系的物质基础，家庭自我认同意识的延续构成了精神条件。④ 在现代化发展中，家庭单元因人口的市场化流动而被拆分为生产和生活两分的格局，尽管还拥有维持生计的土地，但由于土地产出效益低，而教育、医疗、建房和婚娶费用不断攀升，分散外出的打工模式是农民不得不做出的选择，这样便形成在城市就业，在家乡养老、养小的生产和人口再生产拆分进行的实践模式。

当家庭被拆分为外出和守土两部分时，成员间的风险分配往往

---

① 孙向晨：《个体主义与家庭主义：新文化运动百年再反思》，载《复旦学报（社会科学版）》2015年第4期。
② 刘汶蓉：《家庭价值的变迁和延续——来自四个维度的经验证据》，载《社会科学》2011年第10期。
③ 赫艾琳：《家庭经济策略和家庭结构》，载《开放时代》2017年第1期。
④ 潘鸿雁：《国家与家庭的互构——河北翟城村调查》，上海人民出版社2008年版，第2页。

权变型家庭：中国农村家庭的结构流变与伦理实践

遵循经济理性原则，即在林村男女间不同的市场回报率和生活成本的比较中，女性以无偿劳动维持低成本的代际人口再生产自然成为首选。① 这是一种基于家庭绵延而发生的人口结构重组，在流动的市场化背景下，城市化作为家庭的共同目标自然将重心放在新生代身上，从而在家庭关系的权力格局中形成以新生代为核心的倒置的亲子轴序位。现代社会，家庭人口的继替和绵延是家庭单元与社会共同向上发展的结合点，正如费孝通在论述家庭与社会继替的关系时讲道："人类学习时期既然比其他动物都长，所以人类社会的整个结构总有两个部分，一个是分工合作以谋维持社会生存的中心结构，一是培植社会分子的预备机构，也就是中心结构的附属外围。"② 前者是农村家庭在市场化社会中的生存样态，后者是在生产和生活拆分模式下的家庭之相。此时，家庭既是个体发展的资源条件，又是一个以团结文化影响和保护个体抉择为归属的单位，工具性和价值性特征并存。③

被生产和生活所拆分的个体在现代社会中需要家庭的支撑，而家庭的发展依赖于人口的继替和绵延，生育行为的背后是家庭伦理文化的落地。在个人意识觉醒的林村，能够看到许多只有一个女儿的家庭生活得很惬意，同时也能看到生了两个女儿还想再生个儿子

---

① 金一虹：《流动的父权：流动农民家庭的变迁》，载《中国社会科学》2010年第4期。拆分型劳动力再生产模式最早由布拉沃伊提出，指的是俄国工业化时代那些在城乡迁徙的移民工人将本应完整的劳动力在生产过程中拆分为两部分——在城镇劳动者个人的再生产和在乡土村社抚养子嗣老弱。See M. Burawoy, *The Politics of Production*, Verso, 1985, pp. 102-105.
② 费孝通：《乡土中国·生育制度·乡土重建》，商务印书馆2011年版，第282页。
③ 薛亚利：《"韧性"的家庭主义和"脆性"的个体主义——透视城市婚姻礼仪的代际变迁》，载吴小英主编：《家庭与性别评论（第6辑）》，社会科学文献出版社2015年版，第71页。

的年轻妈妈的纠结,更有担心未来婚嫁压力而把二胎男婴提前打掉的现实案例,这就是伦理观念下的真实现状。而当我们把这些现象放置于农村家庭单元内来重新理解时,便会发现,生育行为远不是当事人个人的事情,而是要调衡不同个体和代际的价值张力,同时还要在现实生活中去调和因生育而引发的一连串琐碎矛盾。在市场经济的冲击下,生育文化中的传宗接代义务对青年一代已毫无约束力,反倒是基于对未来养老的考虑,青年一代才想去主动生个儿子。但是,生下孩子以后如何抚养又需要考虑实际情况,如果没有亲代的帮助,对青年一代而言,抚养孩子并非易事。所以,看似个人可以自由选择的生育行为,实际上被家庭关系和特定的社会环境所牵引着。

(2)亲子轴式的代际扶持

市场经济时代,家庭生活得以运转的根本前提是货币,所以必须要有特定的成员负责赚取足量的货币收入,但同时家庭作为一个基本单元和组织,又必须有相应的成员肩负起运营家庭生活的基本职责,这是整个家庭生命周期的各个阶段都需要同时解决的两大问题,也是家庭作为一个完整单元得以运行的基本条件。

家庭成员既是家庭单元内的资源、情感和利益的享用者,又是家庭单元顺利运行的直接责任人。如果代与代之间、个体之间在不同的分工情境下各司其职并能够维持合理的家庭秩序,相对自由的核心小家庭结构便以常态样貌出现。但当父代与子代的男性同时缺场时,女性之间的代际联合与互助便基于家庭需求而自动形成,血缘直系家庭之间的生活联动同样成为常态。个体作为自由独立的劳动力,单凭一己之力难以应对来自货币经济的婚嫁市场竞争、就业竞争、教育竞争和城市化竞争,没有血缘直系家庭的资源支持就难

权变型家庭：中国农村家庭的结构流变与伦理实践

以迈向城市化道路，所有个体，无论中青年还是老年人，只有在家庭中才能寻得需求的满足。在这个意义上，家庭不只是个体的资源场、避风港，更是个体得以顽强应对社会竞争的动力源。家庭本身是一个能动的场域，通过个体与家庭的互动而相互汲取源源不断的能量，为个体提供情感、资源的支持，是个体的坚强后盾；反过来，家庭也基于自身的运行和发展目的而将个体推向市场，去赚取足量的货币与资源，进而为亲子轴的代际联动积蓄足够的能量。

亲子轴的代际联动不仅体现在经济上的代际支持，还体现在日常的人情交往逻辑和个体的婚恋选择中。在林村，即便是以个人朋友关系为名的往来互助，也是要回归到家庭单元内去周全付出与回报的平衡。每个人都处于上下一体的家庭结构中，家庭作为基本的人情单位统筹了不同个体的行为选择，即便基于个体交往和市场原则而拓展出广泛的朋友关系网络，但人情礼的往来最终都会回归到家庭之中，宴席礼钱的分配也会基于家庭的具体情况而作出不同的选择，是收归家庭还是分给个体，皆以家庭内部协商而定。哪怕是情感方面的自由婚恋行为，在婚嫁选择过程中，家庭其他成员也会积极对择偶方进行考量和筛选，为个体编织起层层保护网，同时将性、爱情、婚姻进行切割，[1] 造就了个体欲望和家庭意愿相结合而产生的高彩礼、事实性婚姻和闪婚、闪离的婚嫁现象。很明显，包括离婚在内的婚嫁选择都是个体与家庭共同协商、相互作用的结果，而对于婚后家庭生活的维系同样需要几代人的共同努力。婚姻完整者，夫妻分工、代际合力谋取经济收益，共同经营和改善家庭生活；婚姻破裂者，同样在家庭中依赖父母或其他家庭成员的力量，经营

---

[1] 宋丽娜：《婚恋技术主义：农村 90 后青年的婚恋实践》，载《中国青年研究》2016 年第 9 期。

日常生活，完成抚幼责任和人生任务。可见，文化上的偏好和亲子关系的现实支撑，都使中国农村家庭表现出惊人的凝聚力。①

第三节　个体主义与家庭主义的兼容并蓄

在个体主义和家庭主义的分析框架下，研究的立足点如若放在个体主义之上，则会是个体权利意识的觉醒倒逼家庭主义，将个体主义看作家庭变迁的驱动力量；若立足点放在家庭主义之上，则往往沿袭着家庭现代化理论中"敌进我退"的思路，将家庭单元对个体的工具性价值和情感性需求作为抵消个体主义负面后果的兜底者。② 如果剥离掉家庭在儒家意识形态中被泛化的制度表达，那么家庭无论是作为生活单元还是文化根据地都占据着社会的核心价值地位，正如个体占据着现代性的关键地位一样。③

个体和家庭本就是唇齿相依的共同体，在现代化进程中个体要独立、家庭要发展是一个并行不悖的团结体，当进取型的个体主义冲击家庭原有结构时，家庭作为一个能动体也在不停地根据特定条件进行主动调试，而非单向的退守。在这期间，亲代也不是单一而极端化的受害者，他们同样是现代化进程中的独立自主的个体，他们同样追求解放、自由和方便，他们保持着自己的想法、兴趣和习

---

① 陈皆明：《中国养老模式：传统文化、家庭边界和代际关系》，载《西安交通大学学报（社会科学版）》2010 年第 6 期。
② 薛亚利：《"韧性"的家庭主义和"脆性"的个体主义——透视城市婚姻礼仪的代际变迁》，载吴小英主编：《家庭与性别评论（第 6 辑）》，社会科学文献出版社 2015 年版，第 70—73 页。
③ 孙向晨：《个体主义与家庭主义：新文化运动百年再反思》，载《复旦学报（社会科学版）》2015 年第 4 期。

权变型家庭：中国农村家庭的结构流变与伦理实践

惯，在日常生活中也有多样性的形态。① 当代中国成年子女与父母在日常照料、经济支持、情感慰藉等方面依然存在着密切的互惠，这种密切互惠往往被视为传统家庭主义价值观延续至今的脚注，也是对中国深厚家本位文化积淀的确认，但当前对这种重视家庭利益和承担家庭责任的家庭主义的高度认同，是在已经被现代化的、边界有伸有缩的单元范围内达成的。因此，家庭幸福是自我价值实现的一部分，其背后隐含的是对家庭情感化和生活私人化的肯定，是糅合了传统家庭主义价值和现代个体主义价值元素在内的"中国式现代家庭价值观"②。这一点在唐灿等对五个城市的亲属关系调查中也得到了证实，即具有主体性的亲属关系支撑了社会结构的弹性发展，使得家庭行为和现代生活方式高度契合。③

当社会个体被迫地接受限制自己的角色伦理，而个体在其规范的制约下又有自己的意图要表现时，往往会采取一种同结构相变通或权衡的方式来行动，④ 林村的家庭结构与关系的动态调整便是在个体与家庭之间进行权衡的努力。例如，在不同的生命阶段往往会出现代与代之间个人属性的财产公私边界交叉转换的现象。为子代完成婚嫁是每个家庭绵延的关键一环，但往往要付出沉重的经济成本，面对婚嫁时的外债压力，子代在经济收入尚可的条件下，往往需要上交一定数额的货币以共同偿还家庭债务。这个阶段持续时间很短

---

① 钟晓慧、何式凝：《协商式亲密关系：独生子女父母对家庭关系和孝道的期待——透视城市婚姻礼仪的代际变迁》，载《开放时代》2014 年第 1 期。
② 刘汶蓉：《家庭价值的变迁和延续——来自四个维度的经验证据》，载《社会科学》2011 年第 10 期。
③ 唐灿、许午晴：《中国城市家庭的亲属关系——基于五城市家庭结构与家庭关系调查》，载《江苏社会科学》2012 年第 2 期。
④ 翟学伟：《个人地位：一个概念及其分析框架——中国日常社会的真实建构》，载《中国社会科学》1999 年第 4 期。

并随着仪式性分家而结束,共同还债就变成一种被分摊到个人头上的小家庭债务,尤其是多子家庭,分家往往伴随着分债。而在单子家庭中,分家和分债现象减少,在没有经过仪式性财产分割的家庭中,子代对父代家庭的债务责任总是存在,直至新生命的诞生,新婚夫妇的责任重心才会从大家庭移向小家庭的下一代。当新的三角结构建立、小家庭重心下移时,中年一代财产的家庭公共边界开始收缩,从而其收入的个体属性显现,父子单元的财产独立才成为现实,而这种独立性并不妨碍代际互助和共产的生活实践。林村的家庭单元就是在这种分与合的模糊边界和动态调整中展开日常生活。

个体主义是构建现代社会制度的基石,家庭主义在今天仍然具有高度的合理性,个性的张扬需要家庭的制约,家的守护是个体的归属,而建构稳健的、完整的现代社会需要个体的全面崛起。[①] 当两种情感共存于家庭之内时,家庭的伦理便在生活中向日常实践靠拢,建立在父母生养之恩基础上的延时性回报是代与代之间一般性互惠的交换逻辑,而发生在生活实践中的频繁互助则是个体之间建立即时性互惠关系和亲密情感的重要基础。[②] 前者遵循的是家庭主义孝养伦理,后者则是由个体主义中常来常往的理性、对等价值所主导,两者交融在一起,共塑了家庭中分而不离、时分时合的流变样态。

---

① 孙向晨:《个体主义与家庭主义:新文化运动百年再反思》,载《复旦学报(社会科学版)》2015年第4期。
② 姚俊:《"临时主干家庭":城市家庭结构的变动和策略化——基于N市个案资料的分析》,载《青年研究》2012年第3期;郭于华:《代际关系中的公平逻辑及其变迁——对河北农村养老事件的分析》,载《中国学术》2001年第4期。

第七章

转型社会中
权变型家庭的形成机制

农村家庭的变迁往往不是单因素作用的结果，而是在多元力量的交织中发生的，其间有现代化进程中城市化的推动和转型社会的市场化冲击，也有国家的综合调控，还有家庭作为生命单元体的自身实践与需求。这些因素常常不是单独出现的，而是在和其他因素一起交融混杂后共同发挥影响力。当下中国社会的转型是多元并轨的，从前现代到现代再到后现代的跳跃式发展同时发生，为成员个体带来空前的解放和自由，但也夹带着空前的风险和无助。家庭作为个体的坚强后盾和最小归属单元，始终屹立在流动个体的生命中，其地位从未被动摇。在高速流变的市场化时代，家庭的实践方式变得多元且复杂，家庭内部的结构与关系也在不断地调衡和变动，独立个体之间的协商式互助与责任伦理、个体权利与角色义务同时交织在农村家庭之中，如何周全个体与家庭的利益成为时代的命题。要解剖这个命题，便需要将家庭放在日常的生活实践中去透视其背后的形成机制。

第一节　迈向城市化的结构性压力

市场经济的发展使人口密集起来并产生了巨大的城市，很大一

权变型家庭：中国农村家庭的结构流变与伦理实践

部分居民脱离乡村进入城市，使城市人口比重大大增加，最终形成工业体系下乡村从属于城市的现代化发展。如此，以城市化为导向的现代化浪潮把农村家庭卷入其中，通过婚嫁、教育、消费、就业等方式将成员个体纳入城乡二元结构之内。

现代化生活和城市化有着天然的联系，农村人向往城市生活，进城意味着理想的就业、便捷的生活、充裕的资源。村庄里常常听到老农发出"农村苦"的叹息，这也是农村家庭心心念念想要进城的现实原因。货币经济的发展为人们进入城市打开了新通道，那些有足够财富积累的家庭可以通过买房实现进城生活。对于年轻个体而言，最便捷的方式就是借婚嫁之机一步踏入城市的婚房，如此便拉开了婚嫁竞争的序幕，将整个农村家庭拉入城市化和现代化的竞争之列。那些无法承担城市高房价者则以相对等量的货币代之，进而倒逼彩礼标准日渐攀升。攀升的彩礼于子代而言是进城的财富积累，于家庭而言则是财富面向城市的单向流动，这往往需要父子轴联动的整个家庭的合力奋斗。这样，以货币为导向，家庭内部的资源分配、日常分工与伦理实践便开始向市场化转变。

市场经济时代，人们对家庭的贡献可以直接转化为货币，个人的价值通过市场来判定，通过经济杠杆能够清晰地衡量出每个人的价值高低，权力地位由此而来，有经济能力者为上，无经济能力者为下，那些不仅没有经济能力反而还依附于子代赡养的老人就处于价值链的最底端。在这一结构下，亲子关系轴发生倒置，丧失劳动力的祖辈便成为城市化链条中被排挤的人群。市场经济的货币度量衡为一切可计算的事物都打上了价码，城市化之路变相地成为最大限度地积累货币。从农村家庭人口继替来看，城市化方向是单向而不可逆的，一旦进城便搭建起了从乡村流向城市的资源输送渠道，

第七章 转型社会中权变型家庭的形成机制

子代进城买房得益于父辈财富的单向输出，夫妻进城务工则将新生代托付于父辈抚养，城市双职工家庭更需要乡村里亲代的进城扶持，这是一条用人力和财力支撑起的青年城市化道路，父代在输送子代进城后往往退居于村庄继续做家庭的后备资源。

城市化的发展将农村家庭的绵延之力无限延长，从为子代完成婚嫁的人生任务延长至第三代甚至第四代新生儿的隔代抚养。普查数据显示，隔代家庭从1990年的0.5%上升到2005年的3.89%，增长了七倍，其中约69%的家庭集中在农村，"含饴弄孙""传宗接代"的愉悦式老年生活成了现实中不可回避的责任传递。[①] 尚有交换价值和资源的中老年人在城市化的结构性压力中成为自食其力和继续贡献的一代，他们在村庄以土地为生，同时兼顾起务工者无力顾及的家务和幼童照料责任。在这个链条中，那些无法自理者则成为资源的纯消耗者，与家庭的发展方向相悖，是市场价值体系中的被否定的人。

城市化竞争中，青年一代是最先被波及的个体。青年一代进城的压力通过婚嫁注入血缘直系家庭单元内，亲代的伦理责任被竞争的市场无限延展，铸成一道强劲的抗逆墙，为进城的一代提供源源不断的动力，使青年一代不仅保持竞争的活力，还能够应对快速的社会转型，而老年一代则留守在村庄依靠土地自给自足。市场化就业为青年一代的城市化提供了机遇，同时也将农村家庭单元及其个体深深卷入其中，无处逃脱。以老年人为例，市场化竞争剥夺了老年人安享晚年的资格，他们作为家庭中不可或缺的一员而不得不连带性地参与到市场化竞争之中，并通过削减开支、降低消耗、从事

---

① 郝艾琳：《家庭经济策略和家庭结构》，载《开放时代》2017年第1期。

权变型家庭:中国农村家庭的结构流变与伦理实践

农耕等间接的方式贡献其价值,即便如此,在市场价值标准面前他们仍然被排挤在边缘地位。因此,他们作为能动的个体,在尚有能力时自觉地开始自养和节俭的生活,使过日子的生活实践表现为全家人与命运不断博弈的过程。[①] 这不是孝道衰落的表征,而是在城市化的单向资源流动中,农村家庭中有限的家庭资源在血缘直系家庭中的分配涉及三代甚至四代人。随着竞争加剧,对下一代的培养成本与日俱增,对上一代的投入则相对有限,这并不是"无公德"的自私行为,而是另一种更在意下一代、关注家庭未来发展的家庭公德和伦理。[②] 这样,子代在城市化过程中面临的结构性压力便通过家庭的合力向父代转移,父代在有限资源的分配中只能向土地讨生活,形成以代际和性别分工为基础的半工半耕模式。

城市化背后的城乡二元分割将农村家庭与土地牢牢捆绑,这样在城市化的发展链条中,青年一代进城务工,中老年在村务农的分工格局将人口的再生产成本被压低到极限。林村的农业经济收益不高,但却构成了农民家庭的基本生活保障。土地不仅解决了当地农民家庭的基本生活所需,还解决了边缘老人的剩余劳动力和日常休闲问题,同时也将家务劳动和抚幼工作一并归于同一时空下。这样,被市场化和城市化价值体系所更迭的、留守在村庄里的人群,尤其是老年一代,便成为城市化结构下的与土地相捆绑的有力承接者,而承受的底线全部集结在村庄里以男性村民身份为主体的土地资源之上。

[①] 吴飞:《浮生取义:对华北某县自杀现象的文化解读》,中国人民大学出版社2009年版,第34页。
[②] 狄金华、郑丹丹:《伦理沦丧抑或是伦理转向——现代化视域下中国农村家庭资源的代际分配研究》,载《社会》2016年第1期。

在向现代化和城市化的迈进中,城乡二元制度缔造了不同的福利结构,农村家庭的福利底线凝结在以男性为根系的土地和宅地之上,有了土地的兜底保障,血缘直系家庭中的亲子联动便能够最大限度地承接起外界的冲击。或者说,有了土地为留守人口和养老人员提供兜底功能,家庭内部便可以将进城的压力层层向上转移,同时又将家庭财富层层向下传递,成功搭建起单向度的城市化道路。

第二节 市场化流动中的个体困境

市场化带来个体解放的同时,也将个体置于空前的风险之中,机会、危险和种种不确定因素被自由个体本身所感知、解释、决定和处理,[①]但这些挑战都远远超出林村家庭中个体的能力范围。在现代社会中,尽管个人的自由权利在市场社会中不断扩大,但兑现这种权利的能力或者说自主性却在衰落。[②] 当挑战和风险来临,个体的应对方式不是独自对抗,而是在家庭的整体支援中去消解压力和冲击。

林镇是一个商品经济并不发达的地方,对于众多农民家庭而言,本地就业市场容纳率极其有限,无论是经商还是务工,只有走出村镇才能谋得就业岗位。因此,大量外出务工的市场机遇,为个体创造了空前的自由,也为家庭的成员流动、结构重组埋下了伏笔。市场一方面将个体从家庭中剥离出来赋予其以独立的经济权利,另一

---

① 〔德〕乌尔里希·贝克等:《个体化》,李荣山等译,北京大学出版社2011年版,第5页。
② 熊万胜、李宽、戴纯青:《个体化时代的中国式悖论及其出路——来自一个大都市的经验》,载《开放时代》2012年第10期。

权变型家庭：中国农村家庭的结构流变与伦理实践

方面却将个体置于没有制度保障的流动与风险之下，个体的福利保障只能返回家庭中去寻找。

外出就业意味着家庭内部高流动的人口结构，因城乡二元户籍制度、城市就业保障的不稳定性，独立的个体难以孤立应对外来冲击，使农村家庭不得不在分离家户的实践中共同谋生。[①] 改革开放以来，市场经济的发展影响了农村家庭的方方面面，足够的货币成为农村家庭生产、生活得以顺利进行的前提条件，最大限度地赚取货币则成为所有成员的共同目标。货币经济为一切明码标价，个体的不同禀赋通过市场机制全部转化为可以比较和度量的单一货币能力，人们的婚嫁、人情等生产、生活经过市场度量衡的计算，无一例外地被换算成数字式的经济收支。

目前，农村家庭仍然是一个集农业生产、抚幼、养老功能于一体的单元，如何最大限度地获取货币，完好地承接起家庭各项功能，直接决定了家庭成员在市场经济条件下的合理分工。劳动力价格作为理性计算的基础，在男女性别比较中，男性的务工收入远高于女性的打零工收益。林镇男性外出从事建筑工作，从技术员的月薪6000元到小工月薪3000元（2015年），统统高于女性的收入（超市收银员或促销员月薪1500—1800元，开小店月收入不足3000元，幼儿园老师月薪1800元等）。[②] 所以，在核心小家庭中，就夫妻外出务工进行二者择其一的话，必然是丈夫外出收益更大。在市场经济

[①] 李代、张春泥：《外出还是留守？——农村夫妻外出安排的经验研究》，载《社会学研究》2016年第5期。
[②] 在调研的过程中，也有女性收入高于男性的情况，比如W3在镇保险公司上班，业绩好的时候年收入六七万元，而W3的丈夫作为木匠，年薪最多五万多元（按一年300个工计算，2015年一个工180元，一年5.4万元）。但像这样的情况村里只有两户，另一户是妻子在镇里开小店，但收入并不稳定。

打造的消费时代下,父职为家庭提供必要的经济支持,昂贵的儿童发展投入和老人的医疗支出使得男性"养家人"的角色突出,而他们为家庭提供的经济支持,在一定程度上使得日常生活中的角色缺席和伦理缺位变得合理化。① 外出务工使得经济收入和在场的角色伦理不可兼得,从而将男性"养家人"置于责任伦理缺位的困境。

于外出务工谋取经济收入的男性而言,其在经济方面的贡献直接影响到其他成员的生活质量,因经济收入关乎家庭生产、生活和发展的命脉,承担经济职能便是他们的首要任务,其他职能则在资源有限的条件下予以让位。如果从权利和责任二元对立的视角来看,基于经济收益而进行的人员分工,为男性在家庭中的缺位和离场提供了充分的理由。虽然当今交通和通信技术发达,外出人员返乡条件便利,但鉴于货币经济的不可或缺性,在没有必须回家的紧迫事件时,他们完全握有不回家的主动权。男性的"养家人"角色使之在家庭的日常伦理中获得缺场的权利,相应的,在洗衣做饭等家务劳动中也被免责,成为家庭生活中的自由个体,这样,在没有强约束力的条件下,外出男性随时存在逃脱家庭伦理责任的可能性。

现实生活中的家庭实践逻辑却未必如此,血缘直系家庭的夫妻轴在男性缺场时发挥着关键作用。农村家庭中的成员并非追求私利的绝对个体,而是在关系中进行责任调和的个体。男性在家庭生活中的缺场,使得女性成为掌管家庭经济命脉的当家人。按照一般统计,村庄里外出务工男性每年在家时间最多 4 个月,其余时间需要外出谋生,否则家庭收支难以为继。女性顺理成章地掌管家庭经济

---

① 肖索未:《"严母慈祖":儿童抚育中的代际合作与权力关系》,载《社会学研究》2014 年第 6 期。

权变型家庭：中国农村家庭的结构流变与伦理实践

的日常开支，并承担起家庭的其他功能，包括抚幼、教育子代、赡养老人、照顾农田生产、家务劳动等，发生在家庭范围内的所有日常琐事皆由在场的女当家人来料理。相比较于男性，女性的首要职能是承担起家庭运转的责任与伦理，使家庭生活得以顺利开展。男性的缺场和当家人的赋权抬高了女性地位，而林村婚嫁市场对女性资源的竞争唤醒了女性的自由权利意识，一定程度上也放松了个体的道德束缚，造成婚嫁市场的异化竞争和婚姻的不稳定性。

另外，女性通过经济资源的再分配能够兼顾到自己的情感需求，获得主观的情感自由和自主的时间安排。充足的资源使用权、便利的交通条件和开放的意识观念，使得女性在家庭内外均拥有充分的自由，为女性资源返回娘家提供了机会。虽然在村落社会中，"养儿防老"的观念仍占主流，但在物质和家务劳动上，女儿给予父辈的帮助往往超过了儿子，这种帮助在父权制时代是隐性的、偷偷摸摸的、小规模的，而父权制瓦解后便随女性个体的觉醒开始大规模地走上台前。① 可以说，女性掌握的小家庭资源因其经济的独立性而使个体能够完全按照个人的需求进行自主分配，外出交友、投资教育、进城购房、附近旅游等皆在自由的维度内进行，这是夫妻关系平等协商的结果。虽然女性的自由与当家权力是男性经济管理权让渡的产物，但基于性别分工而形成的夫妻合作使两个个体的地位不相上下，即便男性是经济命脉的关键人物，但女性在家庭中的伦理性付出使家庭生活有序而和睦，其重要性并不亚于男性。就家庭而言，或许个体所拥有的政治资本不同会导致权力地位的变动，但家庭本质上并不是地位高下和权力大小的争夺场，而是合力谋求发展

---

① 石燕：《独生子女家庭关系及其影响因素研究——以镇江市为例》，江苏大学出版社2011年版，第200页。

的共同体，其出发点和根本目的是形成更理性的亲密关系。① 所以，夫妻分工不同，所拥有的权力领域不同，自由度的面向也不同。

　　成年男性和成年女性的自由是在家庭生活过程的协商性实践中获得的，未婚青年的自由则完全是基于个体能力和家庭需求的产物。当未婚青年尚未具备赚钱能力时，其对家庭的依附性显而易见，尤其是在经济方面，但在个人情感和意识形态方面并不会受到严格管控，这是基于个体偏好的自由空间。当未婚青年开始外出谋生，离开了家庭空间的约束，个体的自由度随着经济能力的支持而有所扩展，但仍然会受到其他成员的牵制，比如女青年在工厂上班时常常会受到其他亲属群体的监管，男青年的外出活动也要求对家庭保持透明度。

　　从市场经济的产权属性来看，当个体拥有独立的经济收入能力时，相互之间便有了独立的基础，代际独立与自由正是基于这一逻辑而成为现实的。市场经济时代，拥有一定量的货币就能保证基本生活的顺利延续，所以代与代之间在不同的阶段可以拥有不同的独立空间。中青年之间的独立是两个核心小家庭自负盈亏的经济独立，中老年之间的独立是生活自理方面的日常独立，此外还包括不同居住空间范围内的自由与自在。代与代之间双向的经济独立是代际自由的前提，当基本物质条件充足，只要其他条件许可，代与代之间的生活独立和个体自由便可以实现。但是，代际独立和个体自由并不意味着家庭结构原子化，而是在家庭范围内最大限度地物尽其用，实现资源整合。

　　当家庭既面临经济压力又面临生活压力时，如何合理调配人力

---

① 吴飞：《浮生取义：对华北某县自杀现象的文化解读》，中国人民大学出版社2009年版，第82—90页。

权变型家庭：中国农村家庭的结构流变与伦理实践

资源实现有效分工便是所有农村家庭的基本实践内容，此时沿血缘直系脉络而扩展的家庭边界内，所有成员都是可动员、可利用的资源对象。如此，老年人的赡养逻辑则在市场经济的环境中发生变动，虽然儿子儿媳基于家庭分工合作的角色和伦理要求而难以拒绝赡养义务的履行，但是出于货币经济与人力资源的灵活调度，外嫁女被自然地纳入养老资源之列，与家庭其他成员，在生活照料、情感慰藉和经济支持的不同方面寻找合宜的搭配组合。

让·凯勒阿尔认为父母和子女关系受到三种因素影响：家庭通过控制资源来引导子女命运的能力、家庭集体中占主体地位的功能和核心家庭被纳入集体环境中的方式。① 如果对各个家庭进行粗略计算，在所有的代际互动中，子代对父代的依附值偏高，尤其是当父代尚有充分的劳动就业能力时。但是，这种子代对父代的依附或个体对家庭的依附，不再是一种受控于家长式资源结构的强制性依赖，而是基于个体自由和经济独立的命运共同体的休戚相关。剖开独立经济个体的外衣，很容易看到代与代之间频繁的货币或实物往来，即便是在实践中形成某种分工合作模式，但在生活情境下，包括洗衣做饭、照顾新生代等家务在内，都是一种模糊边界的任务配置和行为选择，完全是根据成员的时间灵活调度，如"谁得空谁去接小孩放学"，夫妻之间、代与代之间并不存在严格的权责边界和独立原则。这是一种发生在血缘家庭内部的、基于情感和伦理需求的频繁互动。在这个意义上，家庭单元是每个个体的最终堡垒，即便是离婚率飙升，离婚现象普遍，但离婚后的独立个体或至亲缺位后的残缺家庭都可以迅速地被包容在血缘直系家庭范围内，基于代与代之

---

① 〔法〕让·凯勒阿尔等：《家庭微观社会学》，顾西兰译，商务印书馆 1998 年版，第 97 页。

间的情感、生活和经济互补而迅速弥合家庭的各项功能，为个体的发展提供坚强的后盾。

代与代之间的经济独立可以为成员个体提供去依附的基础，但家庭重大事件是超出个人能力范围的。青年个体的婚嫁行为，需要来自家庭的货币支持，婚房、高额彩礼都需要整个家庭的多年积蓄才能应对；新生儿的诞生和抚育，需要来自父辈的生活照料、情感抚慰和生产互助才能顺利实现家庭人口的继替；患有重大疾病的成员，需要来自其他成员的经济支持和日常照顾；子代的进城买房，同样需整个家庭自上而下的经济扶持，这些都是需要凝结整个家庭的财富才得以实现的向上发展。家庭不仅是经济单元体，还是一个综合各方面功能于一体的生活体，而在血缘直系范围内，所有家庭成员的经济、人力、物力都是可以打破个体的私有边界而实现家庭大融合的。在这个意义上，农村家庭本质上是基于家庭主义而得以有效运行的基本单元体，个体的生产生活一方面促进了家庭的发展，另一方面又依附于家庭的发展。

第三节　国家制度体系下的福利家庭需求

在国家—家庭—个人的关系中，国家意识形态、目标以及实际的制度运行，一开始就存在着种种难以消解的内在张力。① 现代化发展要求独立自主的个体脱离家庭的束缚走向社会，但自由的个体在市场社会中遭遇的风险却无处消弭，对家庭的需求便成为基于国家政治立场的价值诉求，这一过程贯穿国家的现代化建设，从计划经

---

① 陈映芳：《国家与家庭、个人——城市中国的家庭制度（1940—1979）》，载《交大法学》2010年第1期。

权变型家庭：中国农村家庭的结构流变与伦理实践

济时代的单位统包制到知青上山下乡运动再到市场化转轨，无一不是制度体系下的家庭复归。

传统时期，父权制度衍生的一整套福利保障使个体服从于等级礼序。中华人民共和国成立后，国家在农村地区设立从生到死的一揽子公社制福利，个体受到家庭和集体的双重保护。转型社会父权制衰落、单位制瓦解，个体从差序格局的单元组织中脱离出来进入市场，却尚未发育出独立的、能够为自我负责的个体能力，外在于个体的庇护层在现代化进程中被一层层剥离，家庭作为最小的组织、最后的堡垒必然成为每个人的港湾。在没有相关制度支持的条件下，通过农村家庭的权变而生成的应对社会风险的韧性是极其脆弱的。

市场经济时代，个体获得空前的解放，每个人被要求以独立、自由的身份支援现代化，却没有与之相配套的福利保障，家庭单元变成了最后的兜底者。个体失业了，回到家庭中来；子代买房，家庭集资；新生代诞生了，中老年人做全勤保姆；老人不能自理了，由家庭赡养。就功能而言，家庭是一个整体单元，财富是一个集合体，如此便能集众人之力承个人之灾。但毫无疑问，真正的承担者是无限付出的中老年群体，他们是家庭的脊梁骨，这既是他们的主动选择，又是无奈之举。国家养老保障金广而薄的特性难以覆盖他们的生活之需。在竞争的市场化时代，他们没有退路，只能寄希望于子代的赡养回馈，这是农村家庭单元在面对市场化冲击时父代别无选择的出路，而这份出路与农村家庭的顽强运转紧密相依。可见，谋求货币经济的现实需求，迫使个体从家庭中脱离，但脱离并不意味着独立，个体崛起最快的青年一代同时也是最依赖家庭的群体。这样，在农村社会中崛起的个体仍旧被置于家庭的责任伦理之内，使得在市场中成长起来的自主性仍旧保持着关系本位，而关系本位的轴心便是家庭。① 家庭中的每个成员个体都是关系中的个体，都在传统和转型中寻找最契合自己需要和能力的落脚点，个体无法完全独立，就必然会在家庭中寻找支持，同时个体也在家庭结构的形成和内部关系的调节中充分发挥了能量，所以家庭结构是多元而流动的。②

从国家已有的体制来看，无论是城乡二元结构体制还是尚不健全的福利制度体系，都将家庭置于社会稳定器和为个体提供无限保障的位置。自五四运动以来的意识形态宣传，皆强调女性在家庭外的劳动角色，家内劳动被意识形态所忽略，使得照料儿童成为政策真空，农村家庭只能以多元方式去应对夫妻双劳动力参与工作的情形，③ 演绎出各种各样的家庭形式以及支持方式，例如拆分式家庭、隔代家庭、留守家庭、临时家庭、同居伴侣式家庭等多种模式。④ 在农村家庭中，土地制度的保障为无数进城务工的流动人口提供了可进可退的缓冲带，但也正是这份赋予农民以托底保障的土地资源，将农民的劳动力价格锁定在廉价的产业体系内，使得流动人口不得不在生产和人口再生产的拆分模式中依附于家庭的低成本福利。

无论是大集体时期还是市场化的今天，家庭服务对个体有着无可替代、无法被消除的作用，尤其是当社会福利保障系统尚不完善时，通过价值引导和政策宣传，国家将对成员个体的生活保障、安全保护责任和社会福利一并打包给了家庭，从而也将国家和个人之

---

① 熊万胜、李宽、戴纯青：《个体化时代的中国式悖论及其出路——来自一个大都市的经验》，载《开放时代》2012 年第 10 期。
② 沈奕斐：《个体家庭 iFamily：中国城市现代化进程中的个体、家庭与国家》，上海三联书店 2013 年版，第 289 页。
③ 郝艾琳：《家庭经济策略和家庭结构》，载《开放时代》2017 年第 1 期。
④ 吴小英：《"去家庭化"还是"家庭化"：家庭论争背后的"政治正确"》，载《河北学刊》2016 年第 5 期。

权变型家庭：中国农村家庭的结构流变与伦理实践

间的种种压力、矛盾转移给了家庭。① 如此，家庭作为个体的最后保障体，不得不调整自身的结构和关系来应对社会转型的负面效应和市场化的冲击。当前国家正处于产业升级阶段，但在全球化产业布局中占据着巨大市场份额的劳动密集型产业还是农民工的主要流入地。与土地资源相捆绑的农村家庭福利保障，一方面为世界工厂大量雇用临时的、可随时置换的廉价农村劳动力提供了现实可能性，另一方面也加深了城乡二级梯度的差序福利制度烙印。

贝克等认为，全球化的今天，各国已经进入自反性现代化的转型与探索之中，个体被要求承担更多的社会责任与风险性后果，这在西方福利国家中已经开始显现。② 但是，我国的福利国家制度尚未健全，被卷入市场中的个体却同样面临这一时代命运。因此，我们可以看到以重构传统来应付现代社会状况的新要求，无论是否碎片化，现代社会中的诸方面仍然存有传统要素。③ 因此，在市场化时代，"再家庭化"趋势日渐显著，并且有增无减，这也正和现阶段国家积极倡导和谐稳定、互助合作的家庭理念不谋而合。

虽然个体能够通过市场购买的方式获得家庭服务，但对于绝大多数经济资源有限的家庭而言，灵活的人力资源调配和有效的分工合作才是家庭得以有序发展的内在方法。家庭自婚姻开始，在社会公认的约定下，通过婚姻仪式将男女结合为夫妇，以永久共处的方式来共同抚育子女。④ 林村的家庭单元便是在村庄公认的事实婚姻中

---

① 陈映芳：《国家与家庭、个人——城市中国的家庭制度（1940—1979）》，载《交大法学》2010 年第 1 期。
② 〔德〕乌尔里希·贝克、〔英〕安东尼·吉登斯、斯科特·拉什：《自反性现代化——现代社会秩序中的政治、传统与美学》，赵文书译，商务印书馆 2014 年版，第 18—22 页。
③ 〔英〕安东尼·吉登斯：《现代性与自我认同——晚期现代中的自我与社会》，夏璐译，中国人民大学出版社 2016 年版，第 192 页。
④ 费孝通：《乡土中国》，商务印书馆 2018 年版，第 169 页。

开启的，在市场化竞争中，为了确保个人的成长和家庭的有序运转，家庭不得不在血缘直系家庭边界内调动资源，共同承担起全面的福利功能。血缘直系家庭是以血缘认同和伦理关系为基础的，家庭边界内的成员在特定时期，基于家庭的伦理义务而保留共同收支、财产和经济共同体的属性，这是家庭功能得以延续的根本前提，也是个体在家庭中寻得依托的根源所在。一方面，个体要为自己的发展而谋求独立和自由；另一方面，个体还要为家庭单元的发展发挥利他主义作用，为家庭的其他成员提供必要的支持。例如，祖辈对孙辈的无偿付出，父代对子代的倾囊相助，子代对父代的养老支援等，都是在血缘直系家庭内所发生的伦理性团结。

  从内部资源流向来看，父代向子代的资源输出要远远高于子代向父代的财富流动，这是隐性的父子轴在对血缘直系家庭的有力支撑，无论是财富、情感还是生活、生产，子代个体及其核心小家庭都离不开父代源源不断的支援，正是基于这种倒置的亲子轴式付出，才将血缘家庭自上而下地联结为一体。这是一种方法论上的家庭主义，以父子轴为中心，将个体的独立与发展融入其内，并出于多种条件和情境的适应进行权变性调和，使农村家庭在实践上呈现出多种样态的外貌结构。但就其实质而言，是得益于亲子轴心的资源传递而得以践行的日常生活，只是在市场经济的浪潮下，因个体的经济独立性增强而将家庭单元所掩盖。市场经济将不同的家庭成员塑造为独立、自由的个体，家庭在市场经济的环境中蜕变为个体的资源总后方，而家庭之所以能够成为资源后备场，依赖于所有成员的共同维护和努力。在风平浪静的常态生活中，代与代之间、个体与个体之间各司其职、相互独立便能安然生活，而一旦遇到婚丧嫁娶等重大事件，家庭内的资源便在血缘直系家庭边界内主动汇集，形成一股巨大的抗逆力。

第四节　村庄场域中的伦理规则与家庭实践

个体的发展需要家庭的庇护，正如超出家庭能力范围内的事务需要村落社会的辅助一样。农村家庭在村落社会中常常需要村庄里、家庭外的力量共同合作完成红白喜事等重大事件。村庄是农村家庭的主要生活场所，既承载着当地的文化意蕴，又绵延着家庭的发展与变迁。人们生活在村庄之中，只有遵循当地的习俗文化和地方性规则才能获得相对平和的生活环境，因此每个人都在一套地方默会知识中左右逢源，并在其缝隙中寻求个人的发展。巨大的乡邻和亲属网络将农村家庭裹挟于其中，在日积月累的交往中维持着基本的伦理规范，即便外界环境不断变动，发生在家庭内的伦理实践依旧在延续。

1. 村庄场域中的伦理规约

伦理观念本身是一种维持社会结构的力量，它必须和生活事实相符合。① 市场经济发展起来以后，外出务工者增多，村庄舆论的影响力被大大削弱，但基本的伦理价值仍然被延续着，因为作为村庄中的个体虽然可以通过市场流动来脱离村庄的制约，却难以逃离来自同辈群体和家庭成员的影响。

婚嫁礼俗作为村庄历来的传统惯习，构成了农村家庭安身立命

---

① 费孝通：《乡土中国》，商务印书馆2018年版，第230页。

的起点。在林村，男性单系继嗣的一整套礼俗并没有随着父权制的衰落而被遗弃，反而在市场经济的价值论面前得以强化。以壮劳力为主的建筑行业使男性的劳动价值远高于女性的工薪水平，因此，即便女性是农村家庭生活的实际经营者，但男性在家庭中的实用性功能更为显性，因而导致一股顽强的生儿意愿，"生儿子—帮儿子娶媳妇—带孙子"也成为林村父母的人生任务。儿子不仅意味着家庭中的主要经济来源，还意味着父代年迈时有人赡养饮食起居，过世后有人坟头烧纸添香，在与土地资源相捆绑的男性单系继嗣制度下，儿子联动着农村家庭的经济水平和集体福利来源。因此，儿子的婚事关乎家庭的人口继替和向上发展，在女性资源稀缺的情况下，传统先办婚礼后领证的事实婚姻在近年来的相亲婚恋中颇为流行。在村庄舆论结构和伦理规则的双重制约下，"生米煮成熟饭"的事实婚姻被村庄文化所认可，但随着人口流动的加速，个体的自由度提高，村庄的结构性约束力松弛，事实婚姻的稳定性受到多重因素的冲击。

父代人生任务的角色规范并没有消失，反而在流动市场的冲击中更显艰巨而重大。现代社会充满风险，市场中的个体在无制度保障的条件下，只有维持家庭的完整才能从中取得相应的保护。因此，父代的人生任务不再是个体的角色义务，而是家庭整体的一种运行机制，只有完成婚嫁和人口继替，家庭的基本功能才能有所保证，这也是村庄伦理规约得以维系的原因所在。父代之所以把人生任务看得如此重要，是因为家庭的基本养老功能关乎其老有所养，也是村庄价值评价的基本标准。所以，对于林村的每一位父母来说，完成这一重大任务才算达到了人生的基本追求。而要实现这一目标，关键就是帮助子女完成婚嫁，尤其是帮儿子娶媳妇。林村流传下来的习俗认为，24岁作为本命年，不宜婚嫁，因此最佳的婚配年龄为

权变型家庭：中国农村家庭的结构流变与伦理实践

21—23岁，而在村庄这一"半熟人社会"①中，哪些人待嫁或待娶的信息都是透明公开的，年龄一到自然会有相邻亲友充当媒人去说亲，而这一风俗在性别资源失衡的婚嫁市场中被转化成一种伦理性压力。

同时，在村庄熟人社区中，每个年龄段都有一批与之共同成长的同辈群体，形成一个集体性参照，每个人的行为在群体的共同实践中才能获得合理性，而当个人的行为与集体行为不相符时，个人在集体的压力下会自动进行自我隔离，以期暂时躲避这一无形压力，同时在个体的焦虑心态下紧急追赶大部队的步伐。同辈群体的一致行为给个体带来选择性压力，比如每年春节前的扎堆结婚潮现象，女性赶在春节前频繁相亲不光是家庭的有意安排，也是个人为避免被称"老闺女"的同辈压力而不得不选择的路径。

父母的任务观会无形地向下传导，形成压力的代际传导，进而催化了当地的闪婚闪离现象。无论男女，那些已经辍学又没有固定工作的青年个体，一到22岁，父母便开始紧锣密鼓地托亲拜友帮忙介绍适宜的婚嫁对象，父母的焦虑感往往随着日常的言行潜移默化地转化为子女的困扰和压力。在农村家庭中，"老闺女"的压力还来自长辈的群体性压力传递，父代作为扶持子代成家立业的直接负责人，当子代在适龄期未能如期婚娶时，父代的自我压力和完成任务的同辈压力会一起施压于家庭内的当事人。所以，村庄社会对个体行为的规约来自同辈群体的集体性压力和家庭生活的现实需求，这些都是在日常生活实践中的现实情境产物。个体只要生活于村庄之内，就不得不在结构规约中寻找自由和空间，即婚嫁当事人只能通

---

① 贺雪峰：《半熟人社会》，载《开放时代》2002年第1期。

过频繁的相亲,在众多相亲对象中去寻找更优质的人选。除非个体跳出村庄和家庭的框架,在村庄外生活,但即便跳出了同辈群体圈的集体行动压力,也难以逃离来自家庭的父代的压力传递(见图7.1)。

图7.1　来自村庄的结构性压力

父母的人生任务其实是每个家庭的核心运转机制,并在集体性的共同信念中被进一步巩固,固化为每个家庭与生俱来的坚实追求,每个人都为之而努力。尤其在市场化竞争中,子代婚嫁没有完成则意味着整个家庭的发展与绵延就此中断,个体的价值和人生意义也就没有了依托。人生任务观衍生了婚嫁伦理,与婚嫁伦理一起被维系的还有家庭中的抚幼和养老伦理,这三重结构性压力维持着家庭内部最基本的伦理道德规范。表面上,这些伦理规约与传统家庭的继替规则无异,但在实践中,因人口流动而使得伦理的传统礼序外衣被剥离,且实现的方式更加多元化。

2. 伦理规约的家庭实践

来自村庄的集体性压力并不构成所有个体的行动结构,而只是那些无法单纯依靠自身完成婚配任务需要依赖家庭的个体的附加物。当个体具备完全的行动自由和选择空间时,村庄结构则变成一种礼俗性的网络资源,外嫁女对娘家的频繁回馈就是在这一结构下的资

权变型家庭：中国农村家庭的结构流变与伦理实践

源调衡。在嫁女的环节中，娘家作为彩礼等财富的二次分配者倾向于索要高额礼钱以期提高外嫁女的生活起点，这是村庄内市场经济下男女平等观念的普及，女儿和儿子理应一样受到家庭的庇护，而迫于儿子婚娶的经济压力，对女儿的扶持只能通过婆家来实现，来自婆家的财富代际转移经过娘家的二次分配，变成了娘家对外嫁女的情感馈赠，这一行为也暗合了因性别比例失调而出现的婚嫁市场竞争，彩礼作为竞争手段之一助长了婚嫁费用的攀升。家庭内部的婚嫁实践及外部婚嫁市场的竞争，一次次刷新了村庄中的婚嫁习俗，将传统的礼俗仪式飙升为财富经济之争。因娘家为外嫁女争取了足量的货币财富，而男工女耕的夫妻分工模式又使得女性掌握了核心小家庭的当家权，使得基于足量的财富和情感关联的外嫁女有了返回娘家的底气，这样便在村庄内普遍出现外嫁女赡养老人的现象。

虽然婚嫁市场的激烈竞争抬高了女性在家庭中的地位，但女性个体的行为选择夹杂着自主和依附的双重因素。婚前会受多种价值伦理的影响，如父母的操劳、家庭的发展、村庄的舆论、场域结构中的地位等。待婚姻生活归于平静时，新的家庭开始在实践中摸索和尝试。女性名义上是婆家人，实际生活中却是个体生活与情感相错叠的，生活在婆家的关系圈，情感上却偏向于娘家，实践逻辑从生活、情感、伦理相统一的路径转向多元的日常结构，演变出多种类型的农村家庭样态。

外嫁女基于情感连接和行动自由而自觉赡养娘家父母的行为，与对公婆的赡养形成反差，前者是基于亲密关系的情感回馈，后者则是一种道义和伦理的必然行为。于媳妇个体而言，结婚成家的私人财富是来自娘家的二次分配，来自婆家父辈的财富转移并不是针

第七章　转型社会中权变型家庭的形成机制

对特定个体的情感行为，而是对儿子成家的义务性支援以及迫于婚嫁市场竞争的经济手段，是结构下的行动而不是情感性的付出。正如许多新娘所言"不管娶谁他们都要花这么多的"。因此，儿媳与公婆的亲密关系的建立得益于日常的情感互动和生活互助，如果生活实践中的情感关系未能成功搭建，则对公婆的赡养行为只能基于一种情感缺位的形式化标准，这是一种出于对家庭整体利益的考量。因男工女耕的分工合作模式达成，在场儿媳的赡养行为是一种家庭分工安排和角色义务的双重要求，也是基于日常生活互助行为的情感性回馈，更是一种以身作则、为下一代做榜样的家庭伦理诉求。

"养儿防老"的观念在农村家庭中根深蒂固，尤其是在市场经济中制度养老尚难以兜底的情况下，老人对家庭和下一代的依赖性尤为强烈。所以，无论亲密关系建立与否，伦理性义务的履行是一种基于家庭延续和发展的必然选择，是维持家庭继替和个人利益的根本前提。与此同时，老年人也在这一现实面前更改了自我预期和行动逻辑。一方面，在尚有劳动能力时，通过与子代的日常互动、资源倾斜而培养亲密关系和情感基础；另一方面，在家庭整体的利益面前，不能寻死，否则就是给儿子的人格"判死刑"、"给家里抹黑"，败坏子代的名誉就是败坏整个血缘直系家庭的声誉。货币经济时代，衣食住行无一不需要货币开道，当经济与情感不能同时兼得时，老人也渐渐学会了"好自为之"，在能力之余不给子代添麻烦、在温饱尚可的条件下不贪图奢侈享受，注重保养身体不增添额外负担等。村庄社会中逐渐形成这样一种老人文化，而这一文化是在家庭的日常实践中逐渐成形，并获得所有成员的一致认可的。

可见，在市场经济下，当家庭的人员结构和生活安排发生相应转变后,原本的家庭伦理虽然保留了完整的形式外壳,但却更换了实质内容,原有的实践逻辑被货币经济所改写后,伦理的实践内容也随之变化,但唯一不变的是家庭作为一个整体性的功能单元体仍然拥有坚挺的运转力。

结 语

家庭在中国的语境中是一个经久不衰的话题，既是人之为人的开端，也是人之所归的终点。家庭是社会的基本细胞，从春秋战国的"修身、齐家、治国、平天下"到今天的"家和万事兴"，无不将家庭放在最重要的位置。家庭是每位成员个体的心灵归属和精神港湾。每至年关，那浩浩荡荡的春运大军翻千山渡重洋也要奔回家中。如此，家便为家。几经动荡，家庭仍以其顽强的生命力延续社会之基；几经变革，家庭仍以其坚韧的毅力维系着伦理之德；几经冲击，家庭仍以其百折不挠的抵抗力守护着在市场中散落的个体。

第一节 权变型家庭的韧度与限度

在社会转型的现代化背景下，中国农村家庭的结构、关系变迁与其说是被动的，不如说是一个自我权变和调试的过程，是在市场化、城市化条件下进行的内部结构与关系的再调整。这个过程无法沿袭西方的发展之路，而只能在中国的村落文化和日常实践中进行不断的本土化摸索。

权变型家庭：中国农村家庭的结构流变与伦理实践

1. 结构流变中的韧性适应

社会转型过程中，家庭的地位没有动摇，但家庭的面貌却发生了变化，传统以父权制度为根基的一整套伦理秩序在高速流动的市场中逐渐瓦解，家庭的诸多功能陆续移交给市场和社会，强伦理的差等秩序转向流变的多元结构，原本被家庭制度所规制的个体获得了空前的自由和独立。家庭中的每个成员在转型社会中获得与市场交易的独立资格，独立的个体在市场中自由流动成为常态，诚然，个体已经崛起。

借助市场的平台，个体能够走出家门走向都市，去追寻现代化的生活，但在面临婚嫁选择时，男性受物质条件的限制无法安居城市，只能返回村庄，在借助于直系血缘家庭之力成家后继续奋斗，女性在家庭理性思维的引导下，优选那些靠近娘家又有物质基础的对象。由此可见，诸多外出的青年一代在权衡利弊得失后又纷纷返回家乡，借助于家庭之力完成婚嫁，其中彩礼成为婚嫁伦理的重要承载物。女性个体借助于彩礼提前争取在婆家的经济权力和独立地位，女方家庭贫困者通过彩礼实现了资源互补，条件尚可者则通过对彩礼的再次分配而对外嫁女有意拉拢以备养老之需。在农村家庭中，彩礼远不是单方家庭内部的代际财富转移，而是被双方家庭反复比较和权衡的产物，其背后裹挟的是个体权益与家庭利益相交织的婚嫁伦理。婚恋从来都不是个人的事情，而是涉及两个家庭的事件，其间的利益计算也不单纯是基于某个个体的权利之争，而是在两个家庭之间经过协商和权衡的产物。在家庭的关系之中，个体并没有呈现出显著的个体化面向。

生活总是有千百姿态，家庭也是如此。林村家庭的伦理依然延续着男性单系继嗣的传统,"男娶女嫁""男人当家""男主外、女主内"等语词常被村民用来描述自己的生活模式。然而,在实践中却有多种变体出现,"男人不在家,女人也当家",夫妻之间的权力关系不再是一高一低的阶序性结构,而是一种维持家庭正常运转的平衡关系。家庭成员中,外出务工者因身份的缺场,而不得不将权力和责任一并让渡给在场的个体,例如丈夫将当家权移交给妻子,父代将经济财产的使用权转移给子代,婆婆将家务管理权下放等,家庭内部各种权力之间形成一种相对的平衡状态。因每个家庭成员都具备独立自主权,使家庭既有分的基础,又有合的需求,血缘直系家庭内部便形成了时分时合的结构样态。个体的独立和自由也以"分"的结构出现,独立属性的经济基础打开了个体自主行动之门,外出流动的身份为个体创造了暂时脱离于家庭的自由。然而,在家庭单元之中,有人离场便有人填补空缺,有人享受权利便有人承担责任,"分"并不全然出自个体的自我需求,更多的时候是源自家庭单元的伦理职责,表面结构中的"分"反而成全了实质的"合"。

农村家庭单元的合力才是维持其在转型社会中生存的动力所在。新婚时节,基于个体的情感需求,农村家庭以"合"的面貌出现,不管是否另有新居,代与代之间依旧维持着同食共灶的生活,直至新生代的出生。新生代的诞生,为代与代之间货币经济、耕地、人情关系和居住空间的分割提供了契机,但与此同时,以抚育新生代为核心,重新形成生活互助中的"合",在"恩往下流"的资源汇集过程中,血缘直系家庭形成一股新的合力结构。当代与代之间能够自负盈亏、独立生活时,"分"的趋势强烈,"分"能够为各自提供一片自由的空间,在成全自我的同时还能减少矛盾与摩擦。而当老一辈丧失自理能力时,围绕赡养的孝养伦理形成合和之势,此时,

权变型家庭：中国农村家庭的结构流变与伦理实践

外嫁女重新回到血缘直系家庭之内，养老家庭因人员或居住地的变动而呈现出流变的结构，"养儿防老"的孝道伦理实践在日常生活中被悄然改写。现代农村家庭在血缘直系的伸缩延展结构中，尚能以伦理为线索连接起每个成员个体的生活与希望，并以其顽强的韧性来承接市场化的各种意外性后果。

家庭关系中容纳着不同的个体，成员个体的独立自由和自主选择的背后是家庭的无限包容与权变。年轻夫妇外出务工，则父代和新生代组合形成隔代家庭；血缘直系家庭中的男丁外出谋生，则婆媳围绕孩童连为一体，当孩童长大，婆媳分离各自独立；赡养之际，家庭又会形成联合之势，外嫁女回归，家庭边界重新放开，家庭成员结构重新组合。在林村，家庭内部资源、关系和空间结构总是多元而变动的，在不同的情况下、不同的需求中权变为不同的生活结构，以此来支撑整个家庭的良性运转。

2. 代际转移中的发展限度

社会转型时代，农村家庭具有很强的能动性，其外在的空间结构变动中暗含着内在的经济、权力等关系格局的调衡。农村的血缘直系单元在不同的情境下往往会选择不同的方式来承接市场化的竞争，人、资源、伦理都被灵活地进行调度，以应对各种压力和冲击，但是当冲击变得超负荷时，家庭权变的韧性也会因超出其限度而变得松弛。

现代化进程中，市场将个体的自由和独立推崇至上，然而落在农村家庭单元之内，则不得不将个人的私利和角色伦理相调和。婚姻于个体而言，是幸福的归所，于家庭而言，则是伦理的开端。一方面是个体自由的情欲释放，另一方面是角色关系的伦常，两股力

结 语

量中虽前者胜出的次数更多,但后者也总是刚强有力。外出务工为每个成员提供了流动的机会,也为自由的个体带来了新的情感契机,如婚内出轨率升高、离婚现象增多等,但血缘直系家庭则为离散的个体敞开怀抱。独身的个体又回到血缘直系家庭之内,新生代的抚养从青年一代上移至中年一代,原本分居的核心小家庭重组为直系大家庭,因离婚而导致的经济损失、生活不便也由血缘直系家庭来消化,巨额的婚嫁债务和新生代的抚养成本重新将父子一体的轴心结构搭建起来。那些尚未生育就解体的青年夫妻,则变回自由个体重新在婚嫁市场中谋求再婚的机会,女性沿着血缘关系返回原生家庭形成过渡型的家庭结构,男性返回父子一体的家庭之中重新聚合资源参与婚嫁市场的资源竞争。在激烈的市场竞争中,催化了闪婚闪离的婚恋模式,各种极端的婚嫁形式也层出不穷,换亲、跨国婚姻、闪电相亲、同居等,高价彩礼"竞标"、甘冒骗婚风险而主动接纳跨国伴侣、一拍而散的事实(礼俗)婚姻等,所有的意外性后果和市场化风险通通被个体带入血缘直系家庭单元之内,婚嫁成本由家庭支付、离婚创伤由家庭抚慰、抚育新生代为家庭之责,农村家庭在现代生活形式下负重累累。

在城市化和市场化的竞争中,家庭中的经济压力在代与代之间转移,婚嫁作为撬动家庭结构、关系和伦理的起点,将经济负担平移至每个成员的身上。年近七旬的老人以自养为主,压缩开支、降低花销,家庭的养老功能因外在的经济压力和高流动的人口结构而被分割成不同时段的不同形态,自养期间独立自保,他养期间则被分摊到不同个体身上,儿子和儿媳的角色分工、儿子和女儿的伦理有别,将赡养伦理引向理性计算的生活实践。在现代化的发展叙事中,代与代之间的伦理序位发生颠倒,形成以新生代为轴心的资源

权变型家庭：中国农村家庭的结构流变与伦理实践

分布网，家庭资源自下而上逐级削减，原来厚来厚往的传统孝道难以为继，只换来清贫的老年生活。林村不乏生活凄苦的单身老年人，甚至有些人的生活只维持在温饱的生存线上，与新生代的骄奢纵养形成鲜明的对比，伦理价值和伦理实践之间存在巨大的落差。如何缩小落差、消解张力构成林村家庭的现实挑战，时分时合的结构流变和多元的实践方式被融合在家庭的循环与绵延之中，当家庭的再生产链条发生断裂时，权变的伦理支撑也失去了土壤。

农村家庭的权变并非总是能够达致个人与家庭的双赢，老人地位的下降、代与代之间不均衡的资源分配、婆媳之间权力地位的反转、离婚家庭的破碎等，均是在社会转型时期难以规避的时代命题。在林村，血缘直系家庭以其顽强的韧性将来自市场化和现代化的个体创伤包容其内，从而承接起激烈的社会转型。村庄里到处可以看到，老年人一边在街头控诉不孝子，另一边却依旧期待"浪子回头金不换"；他们一边被儿媳嫌弃，另一边却依旧卖力地替子代在田间耕作；中年人一边哭诉"生两个儿子哭一场"，另一边却依旧"砸锅卖铁、当衣卖血也要让儿子都娶上媳妇"。这是以父子轴联动为核心的农村家庭发展之痛，痛点自下而上进行传递，将最后一道防线落在孝道伦理所维系的中老年一代。至少目前，老年人绝大多数依然依靠子女来赡养，① 即便孝道伦理的实践存在名与实的错位，但是对老年人的赡养仍然通过各种变体的结构形式被维持着，只要家庭的人口继替和绵延还在弹性结构中持续着，那么家庭中代际互馈就还在亲子关系轴的互动中维系着。

---

① 陈映芳：《国家与家庭、个人——城市中国的家庭制度（1940—1979）》，载《交大法学》2010 年第 1 期。

结 语

第二节 中国农村家庭的权变与本土化转型

家庭在中国社会中不仅是一个基本单元组织的功能体,更是每个个体的身份归属、情感皈依、人生意义的终极港湾。每个家庭的背后都有一张由血缘和姻缘关系所编织的资源网,将独立的个体牢牢地嵌入于其中,每个个体天生便是关系中的成员,这是在中国语境中无法规避的原子化个体的困境。所以说,家庭在中国社会中的地位和意义影响深远,这是西方社会所无法比拟的,正是因为家庭的特殊性才使得家庭内的成员个体无法走上西方独立个体的原子化转型。可以说,中国的农村家庭有其自身的实践道路,它既不同于西方的现代化叙事,也不同于传统文化复兴中的家庭主义实体论,而是在日常生活中,根据现实条件而不断进行调整和摸索的本土化道路。

在国家现代化建设的政治叙事中,倾向于把社会转型规约为从传统走向现代的一维单线式发展,近代以来,在这种一维式进化和赶超的思潮中,中西关系便被类比于古今关系,形成"西方的今天是我们的明天"[①]的主流思想,从而将现代化建设的目标清晰化为现代分步走和多阶段赶超型的进步与发展。对于家庭领域的研究,无疑也受到这种思潮的影响。但是,在当代的本土化研究过程中,学者们越来越发现,现实的经验世界是无法用抽象的西方化理论进行简单概括的,在多元的结构与关系之下,中国农村家庭的生活实践是纷繁复杂的,表现在国家和家庭的关系上,是公私分界的问题;

---

① 冯友兰:《新理学》,北京大学出版社2014年版,第201页。

权变型家庭：中国农村家庭的结构流变与伦理实践

表现在国家和个人的关系上，是自由与福利多少的争论；表现在个人和家庭的关系上，是以家庭价值为核心的家庭主义与个人主义、女性主义之争。① 所以，家庭只是多元复杂关系和各种思潮交织于一体的表现单元，其背后是生活世界的实践性调和与现代转型的本土化摸索。

豫北林村的血缘直系家庭单元如中国多数农村家庭一般，大部分老人的晚年照料是由直系亲属来完成的，即使有些子女居住他处，父母的日常生活需求也是由子女来解决的，无论何时，父母与子女都保持着密切的关联，② 可见中国的家庭养老制度仍然充满着活力。这是因为在孝道伦理仍然获得道德认可的社会结构和文化环境中，血缘代际的生活合作与协调使得家庭养老制度得以维持，成员个体也在家庭伦理功能的延续中不断获益。③ 传统观念中子女养老的制度到现代社会仍然被视为一种天经地义的事情，但是在社会转型过程中用传统厚来厚往的高标尺来衡量那些少量的极端不养老的事实的话，肯定会得出孝道衰落、伦理式微的结论。然而，大部分家庭仍然遵循着子女养老的孝行实践，所以不能用那些占比极小的极端案例涵盖大量的现存事实。单就家庭生活中的孝行实践来说，中国人的生活世界不会被简化为西方原子化的个人，在基于利益和契约原则的市场冲击中，中国人仍然是从关系中来考虑问题的。

中国家庭发展秉承的是一种关系本位，而不是个体本位，大量的事实都证明，户分得越来越小了，但是成员之间的关系、责任仍

---

① 吴小英：《家庭政策背后的主义之争》，载《妇女研究论丛》2015 年第 2 期。
② M. K. Whyte, W. L. Parish, *Urban Life in Contemporary China*, The University of Chicago Press, 1984, pp. 13–17.
③ 陈皆明：《中国养老模式：传统文化、家庭边界和代际关系》，载《西安交通大学学报（社会科学版）》2010 年第 6 期。

然存在着。① 在家庭内部，个人从来就不是天然的权利个体，而是在关系中的责任主体人。责任和权利当然是成对出现的，作为家庭中的行为主体人，往往强调的是自己的责任，而这份责任于其他成员个体而言就是一种收益，西方人将这种因对方责任的付出而产生的个体的收益称为权利，在中国家庭中，这种收益意义上的权利是责任的附属物，而不构成18世纪西方启蒙思想中的个体天然权利。

不同于西方人把集体看作可以出入自由、以实现个人成就或娱乐的单位，血缘直系家庭作为成员的集体生活单元，同每个成员休戚相关，但对家庭的重视并不意味着为了所依赖的集体单元去放弃自己的利益，而是说个体离开了家庭单元就变成了孤独的、一无所有的人。由此，家庭是个体获利的前提，个体总是家庭的集体成员，那么为了确保家庭的绵延和个体的利益，个体只能采取灵活的方式面对不同的环境、应对不同的问题，其行为选择是变动且多方位的，形成此一时、彼一时的权变样态。②

社会变迁加剧了家庭内部的团结和人们对家庭成果的支持和依赖，提高了人们对相互依赖的家庭关系的期待。③ 这在流动性很高的外出务工选择中表现得格外明显。农村劳动力在市场经济中的大规模流动使得家庭单元呈现离散化现象，但与此同时，尚无充分的数据证明离散化导致家庭出现结构性破损，家庭通过一系列的修复、调试和权变再组合，使生产、抚育、互助、安全、情感等诸方面的

---

① 熊万胜、李宽、戴纯青：《个体化时代的中国式悖论及其出路——来自一个大都市的经验》，载《开放时代》2012年第10期。
② 翟学伟：《关系与中国社会》，中国社会科学出版社2012年版，第57—59页。
③ 顾辉：《当前家庭面临的挑战与选择》，载《学术界》2011年第9期。

权变型家庭：中国农村家庭的结构流变与伦理实践

功能仍然顽强地被维系着，达到离散中的弥合效应。① 虽然国家福利保障体系在一步步地完善中，农村家庭中的基本养老金也已经全部到位，但是任何在家庭之外建立起来的福利保障制度都只是国家对家庭责任的部分分担，并不能完全取代家庭的内部功能。② 在现代少子化现象普遍的情境下，人口的外出流动又导致了家庭成员间的地域分割，③ 因此在血缘直系家庭单元内，成员个体不得不在变动的条件中进行权宜性的调整，通过空间距离和人口结构的灵动组合，使家庭单元在经济、权力和人情等领域达到均衡状态，从而确保家庭单元的良好运转。

从豫北林村的生活实践来看，这是一个完全不同于西方个体化之路的本土化转型。单位福利体制解体后，在城市化和市场化的发展中，国家将大部分的福利保障重担转移给了家庭，成员之间的互助成为应对外部风险的最重要方式，这一方面增强了家庭的内部凝聚力，但也使家庭在成员互助出现问题时具有极大的脆弱性。④ 这种脆弱性在农村家庭的发展中尤为显著，因此在外来压力下，血缘直系家庭内部自动团结为一个应对外来风险的抗击体，并以代与代之间的纵向联合来转移横向关系中的工作与家庭的平衡问题。⑤ 这样，当农村家庭中的外出务工者面临低收入、不稳定的劳动就业市场时，他们可以避开城市高昂的生活成本而返回农村继续完成生活和人口

---

① 金一虹：《离散中的弥合——农村流动家庭研究》，载《江苏社会科学》2009 年第 2 期。
② 张秀兰、徐月宾：《建构中国的发展型家庭政策》，载《中国社会科学》2003 年第 6 期。
③ 胡湛、彭希哲：《家庭变迁背景下的中国家庭政策》，载《人口研究》2012 年第 2 期。
④ 杨善华：《中国当代城市家庭变迁与家庭凝聚力》，载《北京大学学报（哲学社会科学版）》2011 年第 2 期。
⑤ 吴小英：《家庭政策背后的主义之争》，载《妇女研究论丛》2015 年第 2 期。

结 语

的再生产，这使得中国农村家庭的转型具有典型的本土化特色。一方面，在中低端以体力为主的劳动力市场中，负有养儿育女责任的女性在工业分工体系中被置于弱势地位，使得农村家庭单元中男性的经济贡献远高于女性，从而在一定程度上得以延续了传统"男主外、女主内"的文化观念，男性当家人的权力地位在这种分工模式中被有效强化了。另一方面，家庭中男性当家人这一核心成员的缺席和婚嫁市场性别资源的严重失衡，抬高了年轻女性的权力地位，为横向的夫妻关系和纵向的亲子关系、婆媳关系提供了多元变化的基础。

在现代化的发展与转型中，传统的文化元素在市场化的冲击下仍然被延续着，只是有些因其生存的条件发生巨大变化而在实践中被篡改了实质内容。城市化和市场化的巨大发展冲垮了传统家族制度的一切纲常体制，却又在现存的工业化体系格局、城乡二元结构下将农村家庭约束在以男性为核心的、与土地相捆绑的单系继嗣制度中，与之相依存的男娶女嫁、乡土人情等一系列文化要素也得以维系。不过在已经变化的市场条件下，传统超稳定的家庭结构与关系样态早已让位于现代流变的多样化结构再组合，无论家户结构的统计数据如何，在现实生活中以父子主轴为原动力的血缘直系家庭承接着来自外界的巨大压力。另外，以抚幼和养老为中心的家庭伦理脱离了家国一体的强结构规制，变成一种应对外来风险和冲击的现实生活需求，虽然仍然强调传统道德文化的重要性，但在实践中已经悄然把高标准的厚来厚往改为有来有往的亲子互助，并通过现代家庭多样化的分工合作与动态的权衡协商来实现。

可以说，现代农村家庭的市场化转型是传统与现代完全交融的权变样态，表面上是基于代际分合互助的流变结构，实际上延续的

权变型家庭：中国农村家庭的结构流变与伦理实践

是传统伦理制度下的男性单系继替规则，并由此而维持着大量的日常惯习，且在村庄的客观环境中具有一定的约束力。在离散且流动的人口条件下，这种约束力依旧存在。那些早已被市场化所拆分的家庭单元，只有以灵动的方式联动血缘直系家庭的父子主轴，才能抵御城市化的压力和现代化的风险，最终使得分家、孝养等传统伦理在生活中均发生名实分离的现象。这即是豫北林村权变型家庭的日常实践，也是中国农村家庭正在发生的一种本土化转型。

参考文献

一、著作类

1. 〔英〕A. R. 拉德克利夫-布朗：《原始社会的结构与功能》，丁国勇译，中国社会科学出版社2009年版。

2. 〔芬兰〕E. A. 韦斯特马克：《人类婚姻史》，李彬等译，商务印书馆2015年版。

3. 〔美〕W. 古德：《家庭》，魏章玲译，社会科学文献出版社1986年版。

4. 〔美〕艾尔·巴比：《社会研究方法（第十一版）》，邱泽奇译，华夏出版社2009年版。

5. 〔英〕安东尼·吉登斯：《社会的构成：结构化的理论纲要》，李康、李猛译，中国人民大学出版社2016年版。

6. 〔英〕安东尼·吉登斯：《现代性与自我认同——晚期现代中的自我与社会》，夏璐译，中国人民大学出版社2016年版。

7. 〔英〕布罗尼斯拉夫·马林诺夫斯基：《西太平洋上的航海者》，张云江译，中国社会科学出版社2009年版。

8. 曹锦清、张乐天、陈中亚：《当代浙北乡村的社会文化变迁》，上海人民出版社2014年版。

9. 曹锦清：《如何研究中国》，上海人民出版社2010年版。

10. 陈辉：《过日子：农民的生活伦理——关中黄炎村日常生活叙事》，社会科学文献出版社 2015 年版。

11. 陈午晴：《当代中国的单位变革与家庭变迁》，河北大学出版社 2004 年版。

12. 〔美〕丹尼尔·哈里森·葛学溥：《华南的乡村生活——广东凤凰村的家族主义社会学研究》，周大鸣译，知识产权出版社 2012 年版。

13. 〔美〕道格拉斯·C. 诺思：《经济史中的结构与变迁》，陈郁、罗华平等译，上海三联书店 1994 年版。

14. 翟学伟：《关系与中国社会》，中国社会科学出版社 2012 年版。

15. 费孝通：《江村经济》，上海人民出版社 2007 年版。

16. 费孝通：《乡土中国·生育制度·乡土重建》，商务印书馆 2011 年版。

17. 冯友兰：《新理学》，北京大学出版社 2014 年版。

18. 符平：《市场的社会逻辑》，上海三联书店 2013 年版。

19. 郭俊霞：《农村家庭代际关系的现代性适应：以赣、鄂的两个乡镇为例》，山东人民出版社 2015 年版。

20. 郭咸纲：《西方管理学思想史（第三版）》，经济管理出版社 2004 年版。

21. 〔挪威〕贺美德、鲁纳编著：《"自我"中国：现代中国社会中个体的崛起》，许烨芳等译，上海译文出版社 2011 年版。

22. 贺雪峰：《村治的逻辑：农民行动单位的视角》，中国社会科学出版社 2009 年版。

23. 侯均生主编：《西方社会学理论教程》，南开大学出版社 2009 年版。

24. 胡湛：《传统与超越——中国当代家庭结构变迁与家庭政策》，社会科学文献出版社 2018 年版。

25. 〔美〕加里·斯坦利·贝克尔：《家庭论》，王献生、王宇译，商务印书馆 1998 年版。

26. 金耀基：《从传统到现代》，法律出版社 2010 年版。

27. 金一虹：《独立女性：性别与社会》，中国劳动社会保障出版社 2008 年版。

28. 金一虹：《中国新农村性别结构变迁研究：流动的父权》，南京师范大学出版社 2015 年版。

29. 〔英〕卡尔·波兰尼:《大转型:我们时代的政治与经济的起源》,冯钢、刘阳译,浙江人民出版社 2007 年版。

30. 康岚:《反馈模式的变迁:转型期城市亲子关系研究》,上海社会科学院出版社 2012 年版。

31. 〔法〕克洛德·列维-斯特劳斯:《遥远的目光》,邢克超译,中国人民大学出版社 2007 年版。

32. 雷洁琼主编:《改革以来中国农村婚姻家庭的新变化》,北京大学出版社 1994 年版。

33. 李霞:《娘家与婆家——华北农村妇女的生活空间与后台权力》,社会科学文献出版社 2010 年版。

34. 李银河:《生育与村落文化》,内蒙古大学出版社 2009 年版。

35. 李银河等:《一爷之孙》,内蒙古大学出版社 2009 年版。

36. 梁漱溟:《中国文化要义》,上海人民出版社 2005 年版。

37. 林耀华:《义序的宗族研究》,生活·读书·新知三联书店 2000 年版。

38. 〔美〕路易斯·亨利·摩尔根:《古代社会》,杨东莼、马雍、马巨译,商务印书馆 2012 年版。

39. 吕亚军:《欧盟层面家庭政策研究》,经济科学出版社 2009 年版。

40. 麻国庆:《家与中国社会结构》,文物出版社 1999 年版。

41. 马春华主编:《家庭与性别评论(第 4 辑)》,社会科学文献出版社 2011 年版。

42. 〔美〕马克·赫特尔:《变动中的家庭——跨文化的透视》,宋践、李茹等译,浙江人民出版社 1988 年版。

43. 〔奥〕迈克尔·米特罗尔等:《欧洲家庭史》,赵世玲等译,华夏出版社 1987 年版。

44. 〔英〕梅因:《古代法》,沈景一译,商务印书馆 2012 年版。

45. 〔美〕明恩溥:《中国的乡村生活》,陈午晴、唐军译,电子工业出版社 2016 年版。

46. 〔英〕莫里斯·弗里德曼：《中国东南的宗族组织》，刘晓春译，上海人民出版社 2000 年版。
47. 潘允康：《家庭社会学》，中国审计出版社 2002 年版。
48. 〔法〕皮埃尔·布迪厄：《实践感》，蒋梓骅译，译林出版社 2012 年版。
49. 乔健主编：《中国家庭及其变迁》，香港中文大学社会科学院暨香港亚太研究所 1991 年版。
50. 〔法〕让·凯勒阿尔：《家庭微观社会学》，顾西兰译，商务印书馆 1998 年版。
51. 上海社会科学院家庭研究中心编：《中国家庭研究（第七卷）》，上海社会科学院出版社 2012 年版。
52. 沈奕斐：《个体家庭 iFamily：中国城市现代化进程中的个体、家庭与国家》，上海三联书店 2013 年版。
53. 石金群：《独立与依赖——转型期的中国城市家庭代际关系》，社会科学文献出版社 2015 年版。
54. 石燕：《独生子女家庭关系及其影响因素研究——以镇江市为例》，江苏大学出版社 2011 年版。
55. 孙淑敏：《农民的择偶形态——对西北赵村的实证研究》，社会科学文献出版社 2005 年版。
56. 孙耀君：《西方管理思想史》，山西人民出版社 1987 年版。
57. 陶自祥：《论家庭继替：兼论中国农村家庭的区域类型》，中国社会科学出版社 2015 年版。
58. 王德福：《乡土中国再认识》，北京大学出版社 2015 年版。
59. 王跃生：《社会变革与婚姻家庭变动——20 世纪 30—90 年代的冀南农村》，生活·读书·新知三联书店 2006 年版。
60. 王跃生：《中国当代家庭结构变动的分析——立足于社会变革时代的农村》，中国社会科学出版社 2009 年版。
61. 王跃生、伍海霞：《当代农村代际关系研究——冀东村庄的考察》，中国社会科学出版社 2011 年版。

62. 〔美〕威廉·费尔丁·奥格本：《社会变迁——关于文化和先天的本质》，王晓毅等译，浙江人民出版社 1989 年版。

63. 〔德〕乌尔里希·贝克、〔英〕安东尼·吉登斯、斯科特·拉什：《自反性现代化——现代社会秩序中的政治、传统与美学》，赵文书译，商务印书馆 2014 年版。

64. 〔德〕乌尔里希·贝克等：《个体化》，李荣山等译，北京大学出版社 2011 年版。

65. 〔德〕乌尔里希·贝克等：《全球热恋——全球化时代的爱情与家庭》，樊荣译，北京大学出版社 2014 年版。

66. 吴飞：《浮生取义：对华北某县自杀现象的文化解读》，中国人民大学出版社 2009 年版。

67. 〔美〕西奥多·W. 舒尔茨：《改造传统农业》，梁小民译，商务印书馆 2006 年版。

68. 熊秉真：《童年忆往：中国孩子的历史》，广西师范大学出版社 2008 年版。

69. 〔美〕许烺光：《祖荫下——中国乡村的亲属、人格与社会流动》，王芃等译，南天书局 2001 年版。

70. 〔美〕阎云翔：《私人生活的变革——一个中国村庄里的爱情、家庭和亲密关系（1949—1999）》，龚小夏译，上海书店出版社 2006 年版。

71. 杨懋春：《一个中国村庄——山东台头》，江苏人民出版社 2001 年版。

72. 杨善华、沈崇麟：《城乡家庭：市场经济与非农化背景下的变迁》，浙江人民出版社 2000 年版。

73. 杨善华编著：《家庭社会学》，高等教育出版社 2006 年版。

74. 袁方主编：《社会研究方法教程》，北京大学出版社 2013 年版。

75. 岳庆平：《中国的家与国》，吉林文史出版社 1990 年版。

76. 章克明：《周易权变奇谈》，天津人民出版社 2010 年版。

77. 周福林：《我国家庭结构变迁研究》，经济管理出版社 2016 年版。

78.〔日〕滋贺秀三:《中国家族法原理》,张建国等译,商务印书馆 2012 年版。

二、论文类

1. 边馥琴、约翰·罗根:《中美家庭代际关系比较研究》,载《社会学研究》2001 年第 2 期。

2. 边燕杰、张文宏:《经济体制、社会网络与职业流动》,载《中国社会科学》2001 年第 2 期。

3. 曾毅、李伟、梁志武:《中国家庭结构的现状、区域差异及变动趋势》,载《中国人口科学》1992 年第 2 期。

4. 陈皆明:《中国养老模式:传统文化、家庭边界和代际关系》,载《西安交通大学学报(社会科学版)》2010 年第 6 期。

5. 陈其南:《房与传统中国家族制度——兼论西方人类学的中国家族研究》,载《汉学研究》1985 年第 1 期。

6. 陈映芳:《国家与家庭、个人——城市中国的家庭制度(1940—1979)》,载《交大法学》2010 年第 1 期。

7. 陈映芳:《社会生活正常化:历史转折中的"家庭化"》,载《社会学研究》2015 年第 5 期。

8. 崔应令:《婆媳关系与当代乡村和谐家庭的构建》,载《武汉大学学报(哲学社会科学版)》2007 年第 2 期。

9. 邓伟志、徐新:《当代中国家庭的变动轨迹》,载《社会科学》2000 年第 10 期。

10. 狄金华、郑丹丹:《伦理沦丧抑或是伦理转向——现代化视域下中国农村家庭资源的代际分配研究》,载《社会》2016 年第 1 期。

11. 翟学伟:《个人地位:一个概念及其分析框架——中国日常社会的真实建构》,载《中国社会科学》1999 年第 4 期。

12. 刁统菊:《不对称的平衡性:联姻宗亲之间的阶序性关系——以华北乡村为例》,载《山东社会科学》2010 年第 5 期。

13. 樊欢欢：《家庭策略研究的方法论——中国城乡解体的一个分析框架》，载《社会学研究》2000年第5期。
14. 樊欢欢：《"权威性孝道"的现代处境：对同住育儿家庭代际关系的分析》，载《学术论坛》2014年第8期。
15. 费孝通：《论中国家庭结构的变动》，载《天津社会科学》1982年第3期。
16. 费孝通：《家庭结构变动中的老年赡养问题——再论中国家庭结构的变动》，载《北京大学学报（哲学社会科学版）》1983年第3期。
17. 费孝通：《三论中国家庭结构的变动》，载《北京大学学报（哲学社会科学版）》1986年第3期。
18. 高永平：《传统框架中的现代性调适——河北省平安村1949年后的招婿婚姻》，载《社会学研究》2007年第2期。
19. 顾辉：《当前家庭面临的挑战与选择》，载《学术界》2011年第9期。
20. 桂华、贺雪峰：《再论中国农村区域差异——一个农村研究的中层理论建构》，载《开放时代》2013年第4期。
21. 桂华、余练：《婚姻市场要价：理解农村婚姻交换现象的一个框架》，载《青年研究》2010年第3期。
22. 郭于华：《代际关系中的公平逻辑及其变迁——对河北农村养老事件的分析》，载《中国学术》2001年第4期。
23. 韩玲：《论当代赣中南农村婚姻习俗中的彩礼和嫁妆》，载《农业考古》2010年第3期。
24. 郝艾琳：《家庭经济策略和家庭结构》，载《开放时代》2017年第1期。
25. 贺雪峰、郭俊霞：《试论农村代际关系的四个维度》，载《社会科学》2012年第7期。
26. 贺雪峰：《半熟人社会》，载《开放时代》2002年第1期。
27. 贺雪峰：《农村家庭代际关系的变动及其影响》，载《江海学刊》2008年第4期。
28. 贺雪峰：《农村代际关系论：兼论代际关系的价值基础》，载《社会科学研究》2009年第5期。

29. 胡湛、彭希哲：《家庭变迁背景下的中国家庭政策》，载《人口研究》2012年第2期。

30. 黄荣：《我国农村地区彩礼的社会学分析》，载《法制与社会（旬刊）》2010年第3期。

31. 黄宗智：《中国的现代家庭：来自经济史和法律史的视角》，载《开放时代》2011年第5期。

32. 金一虹：《离散中的弥合——农村流动家庭研究》，载《江苏社会科学》2009年第2期。

33. 金一虹：《流动的父权：流动农民家庭的变迁》，载《中国社会科学》2010年第4期。

34. 康岚：《代差与代同：新家庭主义价值的兴起》，载《青年研究》2012年第3期。

35. 雷洁琼：《家庭社会学二十年》，载《社会学研究》2000年第6期。

36. 李代、张春泥：《外出还是留守？——农村夫妻外出安排的经验研究》，载《社会学研究》2016年第5期。

37. 李桂梅：《现代家庭伦理精神建构的思考——兼论自由与责任》，载《道德与文明》2004年第2期。

38. 刘世定、邱泽奇：《"内卷化"概念辨析》，载《社会学研究》2004年第5期。

39. 刘汶蓉：《家庭价值的变迁和延续——来自四个维度的经验证据》，载《社会科学》2011年第10期。

40. 刘汶蓉：《孝道衰落？——成年子女支持父母的观念、行为及其影响因素》，载《青年研究》2012年第2期。

41. 刘汶蓉：《当代家庭代际支持观念与群体差异——兼论反馈模式的文化基础变迁》，载《当代青年研究》2013年第3期。

42. 刘汶蓉：《转型期的家庭代际情感与团结——基于上海两类"啃老"家庭的

比较》，载《社会科学研究》2016 年第 4 期。

43. 刘英：《中国农村核心家庭的特点》，载《社会学研究》1990 年第 4 期。

44. 卢晖临、李雪：《如何走出个案——从个案研究到扩展个案研究》，载《中国社会科学》2007 年第 1 期。

45. 陆杰华、白铭文、柳玉芝：《城市老年人居住方式意愿研究———以北京、天津、上海、重庆为例》，载《人口学刊》2008 年第 1 期。

46. 吕卓红：《川西茶馆：作为公共空间的生成和变迁》，中央民族大学 2003 年博士学位论文。

47. 马春华、石金群、李银河等：《中国城市家庭变迁的趋势和最新发现》，载《社会学研究》2011 年第 2 期。

48. 马流辉：《结构性规制与自主性建构：上海城郊"农民农"的个案研究》，华东理工大学 2014 年博士学位论文。

49. 孟宪范：《家庭：百年来的三次冲击及我们的选择》，载《清华大学学报（哲学社会科学版）》2008 年第 3 期。

50. 潘允康、林南：《中国城市现代家庭模式》，载《社会学研究》1987 年第 3 期。

51. 潘允康、林南：《中国的纵向家庭关系及对社会的影响》，载《社会学研究》1992 年第 6 期。

52. 潘允康：《关于家庭和家庭结构的研究》，载《社会》1984 年第 5 期。

53. 尚会鹏：《中原地区的"分家"现象与代际关系——以河南省开封县西村为例》，载《青年研究》1997 年第 1 期。

54. 石金群：《转型期家庭代际关系的流变：机制、逻辑与张力》，载《社会学研究》2016 年第 6 期。

55. 石人炳：《婚姻挤压和婚姻梯度对湖北省初婚市场的影响》，载《华中科技大学学报（社会科学版）》2005 年第 4 期。

56. 宋丽娜：《婚恋技术主义：农村 90 后青年的婚恋实践》，载《中国青年研究》2016 年第 9 期。

57. 孙春晨：《"人情"伦理与市场经济秩序》，载《道德与文明》1999年第1期。

58. 孙向晨：《个体主义与家庭主义：新文化运动百年再反思》，载《复旦学报（社会科学版）》2015年第4期。

59. 唐灿、马春华、石金群：《女儿赡养的伦理与公平——浙东农村家庭代际关系的性别考察》，载《社会学研究》2009年第6期。

60. 唐灿、许午晴：《中国城市家庭的亲属关系——基于五城市家庭结构与家庭关系调查》，载《江苏社会科学》2012年第2期。

61. 唐灿：《家庭现代化理论及其发展的回顾与评论》，载《社会学研究》2010年第3期。

62. 王宁：《代表性还是典型性？——个案的属性与个案研究方法的逻辑基础》，载《社会学研究》2002年第5期。

63. 王宁：《个案研究的代表性问题与抽样逻辑》，载《甘肃社会科学》2007年第5期。

64. 王欣：《农村核心家庭的现代适应与权变》，载《华南农业大学学报（社会科学版）》2016年第1期。

65. 王跃生：《当代中国家庭结构变动分析》，载《中国社会科学》2006年第1期。

66. 王跃生：《家庭结构转化和变动的理论分析——以中国农村的历史和现实经验为基础》，载《社会科学》2008年第7期。

67. 王跃生：《中国家庭代际关系的理论分析》，载《人口研究》2008年第4期。

68. 王跃生：《个体家庭、网络家庭和亲属圈家庭分析——历史与现实相结合的视角》，载《开放时代》2010年第4期。

69. 魏国学、熊启泉、谢玲红：《转型期的中国农村人口高彩礼婚姻——基于经济学视角的研究》，载《中国人口科学》2008年第4期。

70. 吴小英：《"去家庭化"还是"家庭化"：家庭论争背后的"政治正确"》，

载《河北学刊》2016 年第 5 期。

71. 吴小英：《家庭政策背后的主义之争》，载《妇女研究论丛》2015 年第 2 期。

72. 肖索未：《"严母慈祖"：儿童抚育中的代际合作与权力关系》，载《社会学研究》2014 年第 6 期。

73. 笑冬：《最后一代传统婆婆?》，载《社会学研究》2002 年第 3 期。

74. 熊万胜、李宽、戴纯青：《个体化时代的中国式悖论及其出路——来自一个大都市的经验》，载《开放时代》2012 年第 10 期。

75. 徐安琪：《城市家庭社会网络的现状和变迁》，载《上海社会科学院学术季刊》1995 年第 2 期。

76. 徐安琪：《对家庭结构的社会学与人口学的考察》，载《浙江学刊》1995 年第 1 期。

77. 徐安琪：《择偶标准：五十年变迁及其原因分析》，载《社会学研究》2000 年第 6 期。

78. 薛亚利：《"韧性"的家庭主义和"脆性"的个体主义——透视城市婚姻礼仪的代际变迁》，载吴小英主编：《家庭与性别评论（第 6 辑）》，社会科学文献出版社 2015 年版。

79. 〔美〕阎云翔、倪顺江：《中国城市青年中的父母干预型离婚与个体化》，载《国际社会科学杂志（中文版）》2016 年第 1 期。

80. 〔美〕阎云翔：《差序格局与中国文化的等级观》，载《社会学研究》2006 年第 4 期。

81. 杨华：《女孩如何在父姓村落获得人生归属？——村落"历史感"与"当地感"的视角》，载《妇女研究论丛》2013 年第 2 期。

82. 杨善华：《中国当代城市家庭变迁与家庭凝聚力》，载《北京大学学报（哲学社会科学版）》2011 年第 2 期。

83. 姚俊：《"临时主干家庭"：城市家庭结构的变动和策略化——基于 N 市个案资料的分析》，载《青年研究》2012 年第 3 期。

84. 张秀兰、徐月宾：《建构中国的发展型家庭政策》，载《中国社会科学》2003年第6期。

85. 钟晓慧：《"再家庭化"：中国城市家庭购房中的代际合作与冲突》，载《公共行政评论》2015年第1期。

86. 庄英章：《台湾农村家族对现代化的适应——一个田野调查案例的分析》，载《民族学研究集刊》1972年第34期。

三、外文类

1. Ann Swidler, Culture in Action: Symbols and Strategies, *American Sociological Review*, Vol. 51, No. 2, 1986.

2. Anthony Giddens, *Modernity and Self-Identity: Self and Society in the Late Modern Age*, Polity Press, 1991.

3. Charlotte Ikels, *Filial Piety: Practice and Discourse in Contemporary East Asia*, Stanford University Press, 2004.

4. D. C. North, Markets and Other Allocation System in History: The Challenge of Karl Polanyi, *Journal of European Economic History*, Vol. 6, No. 3, 1977.

5. Deborah Davis, Stevan Harrell (eds.), *The Impact of Post-Mao Reform on Family Life*, *Chinese Families in the Post-Mao Era*, University of California Press, 1993.

6. E. Goh, L. Kuczynski, Agency and Power of Single Children in Multi-Generational Families in Urban Xiamen, *China and Psychology*, Vol. 15, No. 4, 2009.

7. F. Chen, G. liu & C. A. Mair, Intergenerational Ties in Context: Grandparents Caring for Grandchildren in China, *Social Forces*, Vol. 90, No. 2, 2011.

8. Graham Allan, Graham Crow, *Families, Households and Society*, Palgrave, 2001.

9. Granovetter Mark, The Strength of Weak Ties, *The American Journal of Sociology*, Vol. 78, No. 6, 1973.

10. J. S. Coleman, *Foundation of Social Theory*, Belknap Press of Harvard University Press, 1990.

11. M. K. Whyte, W. L. Parish, *Urban Life in Contemporary China*, The University of Chicago Press, 1984.
12. M. Zafirovski, *A Primer on Economic Sociology: The Duality of Structure in Markets*, Nova Science Publishers, 2002.
13. Margery Wolf, *Women and the Family in Rural Taiwan*, Stanford University Press, 1972.
14. Martin King Whyte, Revolutionary Social Change and Patrilocal Residence in China, *Ethnology*, Vol. 18, No. 3, 1989.
15. Myron L. Cohen, *House United, House Divided: The Chinese Family in Taiwan*, Columbia University Press, 1976.
16. Olga Lang, *Chinese Family and Society*, Archon Books, 1968.
17. S. Demé, Cultural Conceptions of Human Motivation and Their Significance for Culture Theory, in Diana Crane (ed.), *The Sociology of Culture*, Blackwell, 1994.
18. T. Parsons, The Kinship System of the Contemporary United States, *American Anthropologist*, Vol. 45, No. 2, 1943.
19. Y. Dong, The Discovery of Parenthood: Science, Gender, and Class in Childrearing Literature During 1980's China, Paper Presented at the Association for Asian Studies Annual Meeting, Philadelphia, 2014.
20. Yanjie Bian, Bringing Strong Ties Back in: Indirect Connection, Bridges, and Job Search in China, *American Sociological Review*, Vol. 62, 1997.
21. Zygmunt Bauman, *Liquid Modernity*, Polity Press, 2000.

后　记

在写完本书后，我的家庭迎来了新生命的诞生。作为城市双职工家庭，我们不得不把父母请到身边做支援，原本在城乡两地的两个核心家庭"权变"成一个三代直系家庭，开启了同居共灶却不共财的新家庭模式。这种父母从子居、"恩往下流"的倒金字塔结构中蕴含着中国农村家庭中男性单系继嗣的家庭制度，用父母的原话来说就是"这是我家的子孙后代""儿子家蹲得住，女婿家蹲不住"。这是因为新生儿姓氏随父，所以爷爷奶奶（而不是外公外婆）有天然的义务照顾自己的后代？还是因为房子一般是男方父母重资购置，所以住起来有底气（有居住的权利）？诸如此类的观念似乎与我们一直以来宣扬的男女平等观有所出入，可是在半熟人社会的村庄里你会发现，这些观念的背后是一整套的家庭伦理。正是这些仍然鲜活于现实中的伦理实践在支撑着当代中国农村家庭的继替和发展，推动着城市化的进程，而我们这些从农村走入城市的子代们便成为个体化时代最大的受益者。当然，男性单系继嗣的家庭制度及其伦理实践在社会进一步的转型中必将继续变迁，这是时代的必然趋势。可是，此刻，当我们再度想要批判那些绵延在农村家庭中的传统伦理观念时，已然没有了底气，反倒心存感恩。谨以此书献给我们的父母和宝贝。

在本书即将出版之际，我还有许多要感谢的人，正是他们的付出和陪伴才让我的书稿得以问世。

首先要感谢的是我的恩师曹锦清先生。先生德高望重、知识渊博，他敏锐的洞察力、睿智的思辨力、以民族和国家为己任的博大胸襟无一不令人折服。先生素来朴实，他几十年如一日地读书、调研与思考，让浅薄无知的我明白了何谓学问。能有幸跟着先生做学问，是我求学生涯中最宝贵、最珍惜的时光。是恩师让我逐渐寻得了那颗甘坐冷板凳的笃志之心，让我学会用一颗求知的心去敬畏"经验世界"这本无字的大书。先生的人格魅力就是这样在简单朴实的言传身教中散发光芒，他的精神就像黑夜中矗立在高处的明亮灯塔，为我们指引前行的方向。

其次要感谢熊万胜老师。熊老师为人宽厚、性情温和，总能包容我在学术上的愚笨，并及时加以点拨。他不厌其烦、具体而微的指导，让我在学术这条道路上学会"直立行走"。他的学术造诣深厚，每次的学术讨论都能被他提升一个水平，而我琐碎的调研经验在他的知识体系中总能被深挖出一片广袤的学术丰田。我总是如此幸运，无论是学业还是生活，身后都有一群人的关心和支持，让我的为学之路暖意洋洋。感谢冷凤彩老师无微不至的关怀；感谢叶敏、马流辉、李宽、杨君、张建雷的犀利指导；感谢袁中华、刘炳辉、田雄、王阳、张彬、胡邺芳、朱灵艳、张冠磊的交流意见；感谢伍嘉冀、王婕、汪璐、殷玉芳、董玲芳、刘春林的时时鼓励。还要感谢豫北林村的父老乡亲们，正是他们敞开胸怀的热情接纳、朴实无华的真实情感和多元灵动的生活实践才构筑了本书的骨架，而我不过是一个冒昧的观察者和笨拙的记录者而已。

  最后还要感谢刘志欣老师对本书的指导，感谢北京大学出版社的朱梅全、尹璐等编辑老师的细心审阅和校对。

  未来，我将怀着这颗感恩的心继续前行。

王　欣
2021 年 9 月